ロシア革命と芸術家たち 1917-41

芸術家の勝利

Le Triomphe de l'artiste

La révolution et les artistes, Russie 1917-1941

Tzvetan Todorov

ツヴェタン・トドロフ

赤塚若樹［訳］

白水社

ロシア革命と芸術家たち１９１７―４１

芸術家の勝利

ボリス、レア、そしてサシャに捧げる

精神的な人びとの偉大さは
王、富者、司令官たちの目には映らない。
ブレーズ・パスカル

目次

第2部　カジミール・マレーヴィチ　159

凡例

■　原注は、☆1、☆2……の形式で部ごとに示し、注本文は巻末に収録する。

■　訳注は、◉1、◉2……の形式で示し、注本文は巻末に収録する。短いものは文中において〔　〕で表わす。

■　「引用の中における『引用』」は小カギ括弧「　」で表わす。

序文　革命を前にした創造的芸術家たち

一九一七年一〇月のロシア革命は近現代世界史において、とりわけ二〇世紀においてもっとも影響力のあった出来事のひとつである。その衝撃のあと共産主義の教義が、古くからある大きな宗教のようにすべての大陸で広まり、多くの国で政治生活の進むべき方向を決めた。というのも権力者によって標榜されるか、劣らず多くの国で戦うべき主要な敵と見なされるかしたからだ。一九八九年から九一年にかけてヨーロッパとロシアで共産主義が崩壊し、その結果、世界中でこのイデオロギーが衰退したとはいわないまでも弱体化はした。しかしながら現代史のこのページを捲《めく》るには、まずは注意深く読んでおかなければならない。無数の犠牲者を出した教義とそれにもとづく政治体制は、犯罪的であると糾弾され、汚辱にまみれている。共産主義の歴史全体にわたって犠牲者とその苦しみばかりを扱ってきたこの犯罪学的見地は、やむをえないものであるとはいえ、革命が惹き起こした大混乱のすべての側面を記述するにはあまりふさわしいものではない。このような規模の出来事の意味は、道徳、政治、あるいは法律という観点からの単純な有罪判決で置き換えることはできない。さまざまな局面をより詳細に検討して、出来事への理解を深め、最初の出来事から百年経った今日を生きる私たちに役立つ教訓を得るべきである。

革命という言葉を厳密に定義することができなくても、このような文脈で用いると、少なくとも二つの特徴が見いだされることがわかる。すなわち、革命は政治的・社会的秩序の唐突で、速やかで、大きな変革を目的としており、成し遂げるためには暴力にも訴える、というものだ。第一の特徴によって、革命はクーデターから区別することができる。ある指導的集団が別の集団に取って代わられるだけの話ではないからである。第二の特徴はどこででも見いだされる。たとえ暴力の発動が差し迫ったものではないにしてもだ。変化を得るために法的な手段では十分でないときに、革命に訴えることが避けられなくなる。この観点からすると革命は戦争――社会生活を支配する規範の転倒とはいわないまでも、一時的なその停止を要求する状況――に似たものとなる。人殺しが犯罪ではなくなり、敵との戦いであれば、賞賛されるべき行為にさえなるからだ。この意味において「革命」という言葉は「内乱」の婉曲表現にすぎないといえる。

十月革命は二つの条件を満たし、極端にまで推し進めている。確かにその始まりは政治権力の奪取（クーデター）にすぎなかったが、つづく一年のあいだに紛れもない革命へと変化し、社会生活の基盤そのもの――私的所有、権利、国家の体質――を変えた。こうして全体主義体制の到来を準備したのだ。暴力の行使がただちに認められ、さらにその宣言もなされている。「血みどろの、絶望的な殲滅戦が将来の行動の直接的目標として必要であるということを大衆から隠すとすれば、みずからを欺き、人民を欺くことになる」とレーニンは権力を奪取したときに書き、次のようにも述べている。「革命の時代における階級闘争は、すべての国においてつねに内戦というかたちを取らざるをえなかった」[☆1]。

革命はそれゆえに権力を奪う（暴力的）方法である。どんな方法で勝ち取ったにせよ、権力は制限を課して行使するなら、合法的なものとなりうる。しかしその場合は力による奪取なので、革命の側の権力者はより大きな力に屈してそれを失うことを懼《おそ》れ、全面的に服従しない者たちに対して不寛容になってしまう。

本書において明らかにしたいのは、革命から生まれた政治体制のさまざまな側面のひとつ、すなわち、芸術の諸領域（文学、絵画、音楽、演劇、映画）の創作者たちと国の政治指導者たちのあいだで確立されるイデオロギー的関係である。扱うのはロシアというひとつの事例にとどめ、時期についても一九一七年から四一年（ソヴィエト社会主義共和国連邦が第二次世界大戦へ参加するまで）という初期段階に限ることとし、ごくわずかな場合をのぞいて前後の時期は取り上げない。範囲はこのように限定されているとはいえ、きわめて内容豊かであり、ここでは主観的にならざるをえない基準――そうした芸術家たちが生み出した作品に対して私が抱く賞賛の気持ち――にもとづいて選んだ代表的なことがらについて検討するにとどめておく。このような選択をするがゆえに、党の命令をおとなしく実行する創作者たちには――つねにそちらが多数派ではあったが――いかなる場所も与えていない。

創作者と革命の関係はふたつの時代に確立された。ひとつは一九一七年一〇月より前の時代だ。問われるのは、革命の思想が実行に移される前に、彼らがそれに対して取った態度である。そこでの彼らの役割は積極的なものであり、起こりつつある革命に影響を与えることになるひとつのイメージを作りあげている。もうひとつの時代は、彼らと権力の代表者たちが関係を結んでいる時代であり、ひとたび革命が起きれば、それが書物の主要テーマとなる。芸術家はそのとき、彼らとは無関係に存在している現実のことがらに反応するように仕向けられる。

すべての芸術、とりわけ文学は、来たるべき革命の予兆を拠り所とする。作家には他の人びとよりも研ぎ澄まされた知覚器官が具《そな》わっているといわれている。この予兆に気づき、記述することによって、彼らはそれを強化することに一役買う。しばしばふたつの主題が取り上げられる。すなわち、古くからある世界が堕落、腐敗の段階に入ったとものとして描かれる。そして全世界的なニヒリズムの形態がそこから生じて、すべての価値の消滅と差し迫ったカタストロフの到来を明言し、そのすべてが世界の黙示録的ヴィジョンをかたちづくる、というものだ。こうした陰鬱な状況を前に、著者たちは新しい生活の希望に耳を傾け、もっと生き生きした血を探し求め、たとえそれが野蛮なものであろうと暴力的なものであろうと、若い力に訴えようとしている。若い力はすべてを破壊し、古くからある世界を一掃するのを手助けするだろう。これが新しい世界の到来に必要な条件となり、その新しい世界の最初の徴候が書き留められるのだ（こうした環境の布置が二〇年後の西欧にも見出され、そこではそれによってファシズムを受け入れる準備がなされた）。その最初の徴候があらわれるのは、このうえなく多様な作品においてである。その実例のいくつかは以下のとおりだ。

二〇世紀のはじめ、一九〇五年の革命の前に、すでにたいへん人気のあった作家のマクシム・ゴーリキーが、やがて知れ渡ることになる散文詩を発表した。タイトルを『嵐の先ぶれ（あるいは使者）』〔邦題は『海燕の歌』〕という。海燕という鳥の名称をロシア語でいうとこうなり、ゴーリキーはこの名称からの連想をうまく利用している。これは賛辞からなる。悪天候の気配がして、他の鳥たちがみな怖がって逃げ場を探しているのに、この鳥の鳴き声には嵐を待ち望む気持ちがあらわれており、そこに怒りの力、激情の炎、勝利の確信を聞き取ることができる。「嵐よ、もっと強く雷鳴を轟かせよ！」。一九〇七年にはゴーリキーの小説『母』が勢いを増す革命的行動を描いている。

一九〇九年に刊行された、象徴派の詩人アンドレイ・ベールィの小説『銀の鳩』の主題は、一見したところ革命の思想からとても遠く離れているように思える。ロシアの人里離れた地方で神秘主義的な〈想像上の〉〈鳩の宗派《セクト》〉の活動が繰り広げられており、伝統墨守のキリスト教的なものでも、異教的なものでもあるこのセクトは、何人もの人びとの運命をめちゃくちゃにする。しかしながら、伝統と迷信にどっぷりと浸かったこの世界は革命の嵐の予感につねに脅かされている。この辺鄙な田舎でも今では人びとの権利、農民に分配されるかもしれない土地、司祭への反乱、地主、当局者にかんする話が耳にされている。さまざまな声明が伝わり、さまざまな噂が流れており、それを広めているのは多彩な人びと、自由思想家となった商人の息子、街からやって来たストライキ中の労働者、さらには赤色テロを説き勧める奇妙な将軍なのだ。彼らの前には分遣隊が置かれており、暴動を鎮圧し、秩序を回復する任務を帯びている。〈鳩の宗派〉はこの反乱の波を止めることもできるだろうが、それ自体が革命的暴力の精神に汚染されている。この骨肉相食《あいは》む戦いがどうすれば終わるのか、古いロシアが持ち堪えるのか、それとも深淵に転がり落ちるのかは誰にも予測できない。

『時のざわめき』は一九二五年、ということは革命後にオーシプ・マンデリシタームが発表した物語だが、そこで作者は幼年期と青年期の思い出を扱っている。マンデリシタームは革命とはいささかも関係のないユダヤ人の家庭に生まれ、ソヴィエトの統治下に置かれつつあるロシアで暮らしたが、この変革に積極的に参加することはなかった。しかし、二〇世紀の最初期を描く彼の耳にも革命を告げる轟きは聞こえていた。一方で時代遅れの、救いがたい地方気質、没落しようとしている人びとの、死を間近に控えた生、すべての終わりを待っている状態を描き、他方で若者たちが「革命の泡」を身に帯びることを予想していた。「これは愛と名誉の問題なのだ、という思いを抱きながら、一九〇五年の少年たちは革命に向かおうとしていた」[☆2]。革命思想にこのように魅せられた経験が、二、三〇年後、ロシアの芸術家たちがソヴィエト政権に対してどのような行動を取るかを決めるさい重要な役割を果たすだろう。

革命家たち自身は、文学やほかの芸術が自分たちにどういう作用を及ぼしているかという点についていつも認識できていたわけではないが、レーニンはといえば、チェルヌィシェフスキーの小説『何をなすべきか』が自分の思考に大きな影響を与えたことを認めている。確かに傾向小説ではある。とはいえ、作品と行動のこうした直接の関係はある特定の因果関係を証明するのに必須のものというわけではない。創造的芸術家たちの作品は、さまざまな要因の結果として生じるツァイトガイスト、すなわち時代精神と呼ばれるものに共同で働きかける。正確には証明できないとはいえ、確実に存在し、作用を及ぼしている時代精神、モンテスキューにとって大切な、国民の精神の遠い親戚である時代精神。小説家、詩人、そのほかの芸術家たちはこの時代精神に責任を持つ。なぜなら、それが今度は行動を起こす人びと（いつか革命を起こす）の振る舞いに理由を与えるからである。

二〇世紀初頭にあらわれた、芸術創造のひとつの形態が、ここではとくに積極的な役割を担っている。その形態にはアヴァンギャルドという名称が与えられている。すなわち、自分たちの芸術に固有の、それまでの伝統のすべてを拒絶し、過去を一掃し、新しい原則にもとづいて作品をつくる芸術家たちの実践である。ロシアでは第一次世界大戦に先立つ何年かのあいだに、このようなアヴァンギャルドの動きが、カンディンスキー、ラリオーノフ、ゴンチャロワ、マレーヴィチをはじめとする画家たち、フレーブニコフ、マヤコフスキーをはじめとする未来派詩人たち、メイエルホリドのような演劇人に見られた。概してこうしたアヴァンギャルドたちはそれぞれ自分が自分の領域において革新者であると感じており、多くの者が社会的・政治的革命のことを――たとえ参加していなくても――たいへん好ましいものだと思っていた。言い換えれば、芸術的革新と政治的革命が類似しているのではないかと思っていたのだ。一九一七年にベールィが書いたように、「革命家と芸術家は情熱の炎によって結びついている」[☆3]。

革命家がアヴァンギャルド芸術家の作品に対して、アヴァンギャルド芸術家と同じように夢中になることはめったになかった。これは理解できる。革命の戦いは彼らの力のすべてを吸収してしまい、芸術の趣味を洗練させる時間がなかったからだ。芸術に関心があるのは、もっぱら実用的な観点からのみだった。彼らが行動するときに役に立つものでなければならなかった。ところが、「古典的」様式の作品のほうは理解しやすく、より多くの読者や観者に受け入れられた。ひとことでいえば、有用だったということだ。レーニンが未来派の言語的実験にまったく興味を示さなかったことはよく知られている（後ほどその例を見ることにしよう）。トロツキーはといえば著書『文学と革命』で革新的芸術家への不信感を表明している。「文学のアヴァンギャルドにあって、未来派は現在のほかのあらゆる流派と同じように過去の詩学の産物である」。そしてこう分析を締めくくる。「したがって、形式的な類似と比較にもとづいて未来派と共産主義をいわば同一視し、そこから未来派はプロレタリアートの芸術であると結論づけるのはおよそまともな考えだとはいいがたい」[☆4]。

それゆえに芸術家たちが思い浮かべる類似は心地よい幻想でしかなく、一部の歴史家の結論に従っているにすぎないと考えることができるだろう。「芸術のアヴァンギャルドと政治の前衛《アヴァンギャルド》は同じ解放を目指してともに冒険する夢をみることがあった」とレイモン・アロンは認めているが、ソヴィエト連邦での社会主義リアリズムの実践は反対のことを示している。「ふたつの前衛《アヴァンギャルド》の結合は誤解と例外的状況から生まれたのだ[5]」。

しかしながら、相互作用が生じる水準がより深くて、意識されず、意図や個人的趣味とは無関係なこともある。芸術作品が時代精神に影響を及ぼすのは、そのテーマを専有し、拡散させることによってのみならず、他のいろいろな思想――周縁に別の仕方で留まっている他のいろいろな思想――を維持し、活性化することによってでもある。そのとき芸術作品に助けられて広まるのは、芸術のさまざまな形態ではなく、その哲学的もしくは政治的な前提だ。いかなる限界も、いかなる伝統も考慮しなくてよい創作者の至高性という考えについても事情は同じである。過去の重圧をすべて取り払い、自分たちがまったく新しい仕方で文学や絵画や音楽といった芸術を実践すると仮定しながら、創作者たちは全能の神のように振る舞う。天地創造の最初の日々に、みずからの意志の命ずるところにのみ従った全能の神のように。そしてこの古い神が作り出されるとき、人間が自分自身について、というより自分の理想、自分自身の完璧さについて抱くイメージにもとづく以外になかったように、アヴァンギャルド芸術家は実際には古い信念と和解し、それに新しい命を授けることになったのだ。政治指導者たちはジョイス、カンディンスキー、あるいはシェーンベルクの作品を好きにならなくても、こうしたアヴァンギャルドの、社会に深い刻印を残すえり抜きの作品たちから影響を受けることになった。芸術家と革命家はお互いを造化の神《デミウルゴス》のように、造物主のように思っていたのだ[6]。

アヴァンギャルドの作品は、過去の一掃を正当化するのと同時に、意志の抗いがたい力、人間の無限の能力、それゆえに新たな超人にふさわしい超人的理想という考えを拡散し、一般化した。それは神聖な領域（人には触れる権利がない）と世俗的の領域（合法的に改善できる）のあいだにある、社会空間の区分を排除する。というのも、それは神聖な過去なるものはまるで知らず、したがって新しい聖なるもの（国民には触れる権利を持ちえないもの）を決める権利を有しているからだ。

ロシア革命勃発への芸術のこうした貢献が、よく知られた他の多くの要因に付け加わった。その要因とは、経済的（最新の産業化）、社会的（農民に土地を分与せずに行なわれた、農奴制の廃止）、軍事的（日露戦争の敗北、ならびに第一次世界大戦への参加）、政治的（権力の削減に対する君主側の抵抗）な要因などのことだ。だからといってこの貢献は無視できるものではなく、革命の動きが取る形態、ならびにそれが向かう方向に影響を及ぼした。自分がかけた魔法の結果を知らずにいる魔法使いの弟子のように、芸術家たちは革命の勝利と新しい人間の形成に貢献した。彼らの芸術の構想は革命が生んだ新しい体制の構想に似ていたのだ。

ニーチェの遺産に由来する諸概念は、政治活動にも芸術創造にも携わる革命家たちの根底にあるイデオロギーを描写するのにもっとも適しているように思われる。[☆7] このような考えには驚かれるかもしれない。ソ連時代、ニーチェの名前はファシズムとナチズムの教義に結びついており、しかもそれら教義はためらうことなくそれを引き合いに出していた。十月革命から始まる活動と結びつくことはどんなかたちにせよ、双方から禁じられていた。第二次世界大戦以後の西ヨーロッパでは状況が逆だった。ニーチェへの言及はスターリンの崇拝者に累を及ぼすようなものではなかった。スターリンへの言及こそがニーチェの讃美者から憤りをもって拒絶されていたのだ。ただちに言い添えなければならないが、いかなる場合も微妙なニュアンスに配慮した注釈は不要だった。ファシストやナチスとまったく同じように共産主義者もニーチェの思想の通俗的なイメージから着想を得ていたが、そのイメージは細部においては正確なものではなく、その出所を隠蔽してしまうものだった。レーニンとスターリンはおそらくこのドイツの哲学者の著作を読んだことがなかっただろう。しかし、思想論議にもっと関心のある同僚たち、すなわちゴーリキー、ルナチャルスキー、ボグダーノフ、トロツキー、ブハーリンはニーチェを読んでおり、彼らが生きたロシアやヨーロッパの二〇世紀初頭においてニーチェの思想は、決まり文句や目を引く表現――そもそもその創造者自身によって作り出されてはいたが、あらゆるコンテクストから切り離されてしまった決まり文句や目を引く表現――に変えられていたが、他方でたいへんにもてはやされ、新たな解釈を数多く呼び起こしていた。ロシアでは人びとは進んでディオニソス的なものにみずからを重ねて考えており、ニーチェがその反対の原理としたアポロン的なものについてロシアの注釈者たちはその具現化を西ヨーロッパに見ていた。

古典的マルクス主義は、歴史的決定論と人間の意志という、ふたつの相補的な力が歴史において作用していると考え、両者のあいだで善も悪も説明しようとしていた。ボリシェヴィキはアヴァンギャルド芸術家のように意志の働きに重きを置き、自然法や歴史の法則を顧みなかった。革命に惹き付けられた人びとはニーチェが「権力への意志」に中心的役割を担わせたことに大きな感銘を受けた。それが結びつくのが超人という概念、すなわちその意志が模範的なかたちで具現化する存在である。権力を行使するために、超人は自分の邪魔になるすべての障害、すべての敵と飽くことなく戦う準備ができている。意志と力は私たちの行動のもっとも根本的なものなので、客観的真理への、絶対的道徳の不動の特質への論及は、人を欺くものであることがわかる。存在するのは事実でも永遠の真理でもなく、いくぶんかは強制された解釈だけなのだ。芸術が価値の序列の頂上に押し上げられていることがわかる。美は（見せかけの）真理よりも好ましいので、創作者は人間のこのうえなく完璧な代表者としてあらわれるのである。

レーニンは同時代人からは権力への意志の完全な化身とみなされていた。彼を他のボリシェヴィキ指導者たちと区別するのは、できるだけ早く政治権力を奪取しなければならないという強迫観念だった。一九一七年四月にロシアに帰還すると、闘争の仲間たち全員と議論を始め、同年一〇月の権力奪取へと彼らを導いていった。この目標に到達するために、必要な手段はすべて利用するつもりでおり、道徳的な疑念から二の足を踏むようなことはなかった。党がレーニンの超人だった。つねに正しく、敵のみならず、味方――プロレタリアや農民といった一般大衆――にも自分の意志を押しつけることがあらかじめ決まっている超人である。革命がひとたび成就すれば、こうした大衆はレーニンにとっては、見識のある指導者たちの行動によって加工され、かたちづくられなければならない「人間という物質」となる。紛争や戦争は実存の深遠な真理を明らかにし、それゆえにそれは友人と敵のあいだの明瞭で、避けがたい一連の対立としてあらわれてくる。よきボリシェヴィキの特徴は戦闘における冷酷さであり、彼らが進んで採用した筆名はそこに由来する。すなわちスターリン（鋼鉄）、カーメネフ（石）、モロトフ（ハンマー）というものだ。レーニンも同様に西側のプロメテウス的伝統[☆8]のなかにいた。彼の考えでは、あらゆる社会計画は、政治的意志と技術的能力が組み合わされれば実現され（たとえば、有名になったある表現によれば、「共産主義とはソヴィエト権力プラス全国の電化である」[☆9]）、人間は機械と同じくらい効率的にならなければならなかった。その死後、スターリンに後押しされ、そればかりかソヴィエトの新しい社会に広まったイメージに一致して、レーニン自身も超人、人神とみなされるようになり、その結果として、彼の死体を防腐処置して、永遠に保存する決定がなされたのだ。

　一九二九年以後ソヴィエトの現実を支配していたスターリンの行動は、ソヴィエト政権のニーチェ的発想を支持し、より強固なものとした。経済学の専門家の助言には従わず、国の新しい指導者は社会の根本的な変革を強制した。後進国は五ヵ年計画の枠内でトップクラスの産業強国にならなければならない、ということは、四年でそれを実現する必要さえあり、同時に農業を集団化し、農民がどのような抵抗をみせても、個人による土地の開発は、国家ないし協同組合の仕事に置き換えなければならなかった。自然や歴史の支配が偶然と対立するのと同じように、計画に従う経済は、市場の判断に委ねられる経済と対立する。数百万の農民の餓死という、変化の代償は大きかったが、社会秩序のみならず、個人そのものも変えようとしていたスターリンはまったく意に介さなかった。それゆえに彼はアヴァンギャルド芸術家――その作品は新しい社会、新しい人間となる――のように振る舞い、伝統にも、すでにある生活形態にも、物質――たとえそれが人間という、そして第一段階では、生きている「物質」であっても――の抵抗にもほとんど注意を払わなかった。

スターリンは共産主義の教義が推奨するヒエラルキーを転倒させ、そのときから政治が経済を凌駕し、上部構造が下部構造に勝り、国際的な理想が強国のそれに取って代わられた。スターリンのモデルとなったのはイワン雷帝だった。彼の鉄の意志を表現する言い回しは、倦《う》むことなくくり返されるスローガンとなった。「いかなる要塞もボリシェヴィキを前に持ち堪えることはできない」、「技術がすべてを決める」、「可能性の無限の拡張」を実行しよう。スターリンのことを追従者のひとりカルル・ラデック[☆10]は「ソヴィエト社会の建築家」と呼び、国民に対する支配を専門家が無機物に対して行使する支配に喩えている。

鉄の意志をもつこのような超人の理想を体現できるのはスターリン以外にはいなかった。同時にソヴィエト連邦では紛れもない英雄崇拝が拡がった。ヒエラルキーにおいて大衆よりも上位の階層が作られた。「ソヴィエト連邦英雄」、「社会主義労働英雄」、スタハノフ労働者である。文学はしばしば同じ道を進んだ。スターリンが作家を「人間の魂の技師」と呼ぶことにしたことはよく知られている。この計画は三〇年代にとても人気のあった本『鋼鉄はいかに鍛えられたか』において模範的なかたちで示されている（鋼鉄、すなわちスターリからは、スターリンという筆名が思い出される）。主人公は重度の障害者（盲目の麻痺患者）で、障害を意志の力のみで克服し、自伝小説を書くに到るまでになる。こうした象徴的な人物たちのほかに、数百万のホモ・ソヴィエティクス（ソヴィエト的人間）が多かれ少なかれ意識的に小さなスターリンとして振る舞う。みずからの権力への意志をさらけ出し、自分が善悪の埒外にいると主張する。彼らは命令に従い、ついで他の者たちを自分に従わせる。彼らはシステムの犠牲者でも執行者でもあり、機械に押しつぶされる物質でもその機械の歯車でもあるのだ。

　同じ発想が現実生活のさまざまな領域で見いだされる。反革命・サボタージュ取締り全ロシア非常委員会《チェーカー》（政治警察）が設立した孤児院を運営しているアントン・マカレンコは、規律正しさと厳格さのソヴィエト的理想にかなう人間存在を教育という手段のみで作り出すつもりでいた。他方で、生物学は同じイデオロギー的図式に従っていることがわかった。生存種それぞれの遺伝形質を明らかにする、遺伝学の「ブルジョワ」的理論を拒否するソヴィエトの生物学は、農学者イワン・ミチューリンに後押しされていた。ミチューリンが言うには、「人間の介入によって、動物や植物のあらゆる形態を人間が望む方向により早く変化させることが可能となる」。彼の弟子であると称し、ソヴィエトの生物学を数十年にわたって支配することになるトロフィム・ルイセンコはまったく同じ意見だった。すなわち、環境に働きかけることによって、ある種を別の種に変えることができるという意見だ。「われらがソヴィエト連邦において人びとは生まれない。私は人間存在として生まれたわけではない。私が人間存在を作ったのである」。「わが国にあっては奇跡が可能なのだ[☆11]」。

スターリンの秘かなニーチェ主義の別の側面は、「事実というものはない。あるのは解釈だけである」という表現を文字どおりに受け取ることにあった。ソヴィエトのオフィシャルな言説は、次第に国の現実を共通の体験に対応していない表現で、まるで言葉が物を創り出せるかのように描写するようになっていった。国の住人たちの意識に生々しい印象を残すのは、言葉ででっち上げられた世界であって、彼らが見守っている世界ではない。真理を求めることにはもはやいかなる意味もない。とりわけ国の現代史、なかでも政権を握った共産党の歴史にかんするかぎり、現在のみならず過去もまた事情は変わらない。過去のボリシェヴィキの指導者たちを襲った粛清が続くにつれて、先行する戦いの物語を書きかえ、そこに参加した人びとの名前を消し、そこにはいなかった人びとの名前を加えなければならなくなった。普通の人びとの記憶に留められた物語を虚構の物語で置き換える作業が最高潮に達し、社会主義リアリズムの理論《ドクトリン》をともなう教義《ドグマ》へと変わった。この理論は、再現的な芸術が遵守しなければならない規範となった。そうした芸術のひとつは文学であり、そこでは、歴史の歩みは一定不変の法則に従い、それゆえに将来は現在よりもはるかに現実的なものであるという口実のもとに、現実に存在する世界を、生じるはずの世界によって置き換えることが求められるのだった。

こうしたごまかしや偽りの実践の法典化は、創造的芸術家への賛辞として――ただし、幻想を作り出す役割は政治指導者に割り当てられており、職業芸術家はたんなる作品づくりの役割に甘んじなければならないという点はのぞいて――読まれることになる。この理論は美的領域を大きく越える範囲で重視されており、スターリン統治下のソヴィエト社会の主要な特徴のひとつを純粋なかたちであらわしている。というのも、すべてが嘘で塗り固められるのを正しいこととしているからである。芸術のみならず、国の社会生活全体においても、現実を、党が出す指示に合わせて作り出される虚構によって置き換えざるをえなかった。その結果、誰もがみな幾重にも重なる欺瞞にはまり込んでいる。そのために真偽の区別そのものに混乱が生じることになり、共産主義世界の住人の意識に悪影響が及ぼされ、彼らのあいだに一種の道徳的シニシズムを生み出す。シェイクスピアの格言「全世界がひとつの舞台である」はいま新しい（そしていくぶん不吉で不気味な）意味を得る。スターリンは国全体をひとつの舞台とみなし、その住人の運命も彼らの魂の健全さも危険にさらす見世物の演出家となるのだ。

十月直後に、芸術家と革命の関係、というよりもむしろ、この革命によって組織された出逢いの別の大きな段階が始まった。ここで問題となるのはふたりの主人公の関係、すなわち芸術と権力、創造的芸術家と政治指導者の関係であり、そのためこの問題には二重の観点から取り組まなければならなくなる。すなわち、思想と社会の歴史、ならびに作品とその作者の人生の分析という観点のことであり、そこでは後者が主要な場所を占めることになる。そうすれば個人の運命を概念の一般性のなかに消し去らなくてもよくなり、あちこちに罠が仕掛けられているその段階がたとえばどのようなものであるのかを——現実の多様な苦難にも目を向けながら——検討できるようになる。この作業には驚くべきことがいくつかあった。何十年も続くプロセスの概略を示し、一部分とはいえ全体主義体験のおもな特質を明らかにし、調和と相互依存のネットワークの性質を見極めようとしているときに、その生活の劇的な、さらにいうなら悲劇的な性格を前にして大きく心を動かされるのを感じた。私はこうした芸術家たちに同情を覚え、その同情は彼らに過ちや弱さがあったとしても減ずることはなかった。

そのうえさらに美的領域での反応が付け加わった。こうした人生の波乱から私が思い出すのは、巧みな小説家なら登場人物がたどる道を説明するさいに使うエピソードである。私がその経歴を思い出す芸術家たちは、才能豊かな創作者だっただけでない（二〇世紀の最初の数十年のあいだロシアの芸術生活における彼らの数は単純素朴に驚くほど多い）。彼らの生涯そのものに紛れもない小説的特質があり、思いがけない出来事、方向転換、謎、意外な新事実が多く、しばしば殺人、自殺、裏切り、英雄的行為、勇敢な行為といった劇的な結末へといたる。

私の感動や同情といった反応については、おそらく私自身の伝記が説明してくれるだろう。本書でその経歴を語る人物たちの運命を私はまったく共有していない。そうするには生まれるのが遅すぎたし、国も違っていた。その代わり私の父の生涯はここで扱われる人物たちに近い。父が生まれたのは一九〇一年、すなわち――それぞれ私の主人公となる――エイゼンシュテインの数年後で、ショスタコーヴィチの数年前だった。若い頃、父は左翼思想を信奉し、一九二四年から一九二七年までベルリンに、表向きには教育（文献学者と歴史学者としての）を全うするために暮らした。実際には自分の時間のほとんどを他の左翼のブルガリア人学生たち――共産主義者に間接的に管理された組織で活動していた――とともにドイツで過ごし、それ以外のときは（懐具合に応じて）ボヘミアン的な生活を送り、ドイツのアヴァンギャルド演劇の舞台や現代音楽のコンサートを観に行ったり、カフェやビアホールに行ったりした。ちょっとした偶然がありさえすれば、政治活動にさらに深く身を投じることになっただろう。一九三三年にヒトラーから逃れて、ソヴィエト連邦に亡命し、のちにグラーグを体験することもありえただろう……。しかし父は一九二七年に続けるのをやめた。そしてブルガリアに帰り、結婚し、子供をもうけた……。

私は第二次世界大戦後のブルガリアで育った。父はその頃すでに共産主義政権とのあいだにいくつか揉め事を抱えていた。だが私は父の精神生活の別の面から確実に影響を受けた。父はロシア文化にとても愛着を持っていたのだ。ロシア語を見事に習得し、書棚には数多くのロシア語書籍——とりわけ一九世紀の「偉大な古典作家たち」、また同様にソヴィエトの一部の作家たち——を並べていた。このことを父は熱く語っていた。両親が私を、全科目の授業がロシア語で行なわれる高校《リセ》に入れたために、私もこの頃からこの言葉に習熟していった。学生の頃、父の書棚に二〇年代のロシアで出版されたロシア・フォルマリストの著作を見つけた。そのフランス語訳こそが、私が一九六三年にパリに居を定めてから最初に携わる仕事となった。

この仕事のおかげで、戦間期のロシアの芸術家との関係を容易なものにしてくれるもうひとりの人物と会うことができた。私が手がけた翻訳、すなわち『文学の理論——ロシア・フォルマリスト論集』の出版が間近になったとき、当時の友人のひとり（おそらくジェラール・ジュネットかニコラ・リュヴェ）がその序文を、西側に暮らしているフォルマリストで、フランスでも有名なロマン・ヤコブソン（一八九六—一九八二）に依頼してはどうかと勧めてくれた。そのとき（一九六五年）彼と知り合ったが、それから一五年にわたって彼の数多くの著作をフランス語で出版することに自分が携わり、そのために定期的に彼と会うことになるとは思ってもいなかった。そのときはまた、ヤコブソンがロシアで暮らしていた頃、画家のマレーヴィチ、未来派詩人のフレーブニコフやマヤコフスキーといった何人ものアヴァンギャルド芸術家と親しくしており、彼が知識や教養を身につけるさい、そういった芸術家たちとの友情がきわめて重要なものとなった——その一方で、彼が大学で受けた、文献学や言語学の授業はそうはならなかった——ということも知らなかった。ヤコブソンという人物のおかげで現在の私はこの世代のロシアの芸術家たちと直接のつながりを持つことができている。

私はこうした思い出に、歴史上のその時期が自分に個人的にかかわりのある過去であるかのように感じさせてくれる第三の人物を結びつけたいと思う。本人には会ったことがないが、ソヴィエトの文芸批評家リディヤ・ギンズブルグである。一九〇二年生まれの彼女は他のフォルマリストたち（トゥイニャーノフ、エイヘンバウム）とともに学び、戦時中、三年にわたって包囲されたレニングラードで暮らし、何冊もの本を出版した。亡くなる一年前の一九八九年に、彼女は（ロシア語で書かれた）最後の本を私に送ってくれた。タイトルを『作業台に就いた作家』といい、「ペレストロイカ」の時期に出版可能となった種々の文章を収めていた。そのなかのひとつは「岐路に立つ世代」と題されており、ギンズブルグが六七歳だった一九七九年のものだった。このテクストはまさに本書のテーマ、ロシアの芸術家たちと革命を論じており、私はその的確さに感銘を受けたので、おそらくそこからこのテーマへの関心が芽ばえたのだろう。著者が私にこの本を送ることを考えてくれなければ、たぶんこのことはまったく知らないままだっただろう……。先行する世代に属するこの三人を偲びつつ、この本を私の三人の子供たちに捧げる。

本書は、集団肖像と全体主義政権を前にした芸術家の個人肖像という、大きなふたつの部からなる二枚つづき《ディプティク》の絵というかたちを取っている。集団肖像のほうは、一連の短いセクションで構成されており、その時代のもっとも傑出した人物たちから選ばれた一五人の創作者――その多くは作家だが、他の芸術的実践の代表者も何人か含む――の体験を描き出している。そういった断片が物語るのは主役たちと革命の関係のさまざまな局面、もしくは彼らによってなされた多様な選択である。私はここでパノラマ風の眺望よりも、むしろ一連の静止画像を提示し、それらを併置することによって一種のモザイク画、つまりはある世代の肖像を作ることを選んだ。個人肖像のほうは、画家カジミール・マレーヴィチという、ひとりの芸術家の経歴を綿密にたどっている。マレーヴィチは、かかわったエピソード（革命前の前衛主義《アヴァンギャルディスム》、自身の理論と〈十月〉直後の革命政権を関連づける試み、失望、公的生活に包含させる新たな試み）という点でも、通った道の数の多さ（絵画と文章、芸術、政治そして哲学）という点でも、さらには経歴全体にわたっての社会参加《アンガジュマン》の強度という点でも際立っておもしろい人物であることが明らかだからである。

この相補的なふたつの肖像の後に数ページの結論が続き、そこで私はこうした過去のタブローにもとづいて、私たちが生きる現在との和解の方法もいくつか提案する。

第一部　愛から死へ

一九一七年。ロシアの生活には、外面的には四年目を迎えた戦争——ドイツとその同盟国との、疲弊する、血みどろの、途方もない出費を要する戦争——の影響があらわれており、国の内側では増大する社会騒乱の影響があらわれていた。首都のペトログラードでは二月末に反乱が起きた。臨時政府が組織され、そこでは自由主義者が多数派となったが、彼らはソヴィエト（評議会）と権力を分け合わなければならなかった。ソヴィエトは兵士と労働者を代表し、社会主義のさまざまな流れに影響され、都会の群衆の圧力にも従っていた。皇帝は退位し（三月一五日）、そうすることで数世紀来の君主制を終わらせた。歴史が動き始めた。これが二月革命である。

臨時政府が設立されてから数日のあいだに、自由主義の方針が宣言され、ロシアという国の生活を大混乱させた。死刑と検閲が廃止され、根本的な政治的自由が要求され、軍事裁判所が解体され、民族と宗教の差別が撤廃された。普通・秘密・直接選挙が確立され、女性が投票権と被選挙権を得、一日の労働時間が八時間に決められた。こういった方策が知識階級《インテリゲンツィア》や創造的芸術家の承認を得た。しかしこの政府は軍隊を掌握しておらず、また再組織化することもできなかったが、戦争を続けたいと願っており、そのために兵士の反乱を治めることができなかった。根本的な農地改革も始められず、農民に土地を分配しなかったため、田舎は騒擾状態となった。国は次第に無政府状態に向かっていき、月ごとに他にも予期せぬ出来事が続いて起こった。すなわち、第二次臨時政府をケレンスキーが率い、社会主義者の穏健派が支配したこと、その後、保守派が政権を取り戻そうと企てたが、失敗に終わったことなどだ。

帰国したばかりのレーニンが指揮する、社会主義の急進派であり少数派のボリシェヴィキは、即時和平を目指して活動し、そのおかげで彼らの聴衆は拡大した。彼らは革命の成果の番人としてあらわれたのだ。秋になると臨時政府を打ち倒すことを決めた。クーデターが一〇月末（新暦では一一月七日）にペトログラードで起こった。モスクワは一〇日後に陥落し、他の大都市も続いた。一年も経たないうちに、はじめはクーデターでしかなかったものが紛れもない革命へと変わり、旧国家のすべての要素を揺るがせた。新しいタイプの革命だった。というのも、ただちに全体主義体制を確立しようとし、権力の複数体制はいかなる形態も容認しなかった。

絶対的支配を確保しておくために一ヵ月後にボリシェヴィキは絶対的権力を持つ政治的秘密警察チェーカー（反革命・サボタージュ取締非常委員会）を創設し（その後、ＧＰＵ《ゲーペーウー》［国家政治保安部］、ＮＫＶＤ［内務人民委員部］、ＭＶＤ［内務省］、ＫＧＢ［国家保安委員会］と何度も名前を変える。私はのちほどこれを〈機関〉と呼ぶこともある）、死刑と検閲を復活させ、「ブルジョワ」（社会主義ではない）政党を禁止し、選挙による議会（そこで彼らは少数派だった）の解散を決めた。しかしこの決定的な一歩を踏み出さないうちに、創造的芸術家たちについては措置を講じていた。

全体主義体制はつねに「多」を「一」によって置き換えることを要求した。これが進行する領域自体は多数あった。政治的態度の複数性はただひとつの政党のために排除され、権限や権力は同じ手のなかにあり、情報にはもはや唯一の出所しかなく、宗教はつかの間の権力に、経済は政治に従属していると感じていた。本書が扱う期間（一九一七〜一九四一年）においては、政治的権力と創造的芸術家の関係はいくつもの段階を経ることになる。それらの段階が際立つのは、体制が社会を支配していたその範囲によってであり、それは個人の生活の領域にかかわっている。すなわち、最初に行動や振る舞い、続いて表明される考え、そして最後に芸術作品に特有の形式《フォルム》である。

第一段階にあたるのは政権奪取のすぐ後の時期（一九一七〜一九二二年）、すなわちボリシェヴィキ政府が勝利する内戦ならびに権力とその諸制度の強化の時期である。当初の態度にはふたつの側面があった。このうえない敵意に満ちた構成員については、去っていくのを安堵とともに受け入れるか、力づくで排除するか、あるいは粛清するかだ。他方で、一九一七年一二月以後ボリシェヴィキはソヴィエト政権に敵対すると思われる行為に加わっていない者たちの関心を引こうとした。創造的芸術家の代表者たちとの最初の会合が、教育人民委員アナトーリー・ルナチャルスキーの指導の下で準備された。招待客は一二〇人だったが、会議には六人しか出席しなかったらしく、そのなかで本当に名声を得ているのは三人だった。しかしボリシェヴィキの指導者たちは落胆しなかった。遅かれ早かれ創作者たちが自分たちを必要とすることがわかっていたからだ。芸術家はといえば、革命の混乱状態を前にして、もっともふさわしい反応の仕方を模索していたのだった。

第二の時期（一九二二〜一九三五年）では、政治権力はすでに十分に確立されたものと感じられており、反ソヴィエト的行動を合法的に抑圧することもできた。それゆえに新しい領土、思想や思考の領土の獲得に乗り出した。創造的芸術家はいくつかの境界は踏み越えてはならず、あからさまに反革命的な作品、あるいは体制に敵対する作品を制作することは禁じられていたが、制約を守っていれば、はじめはある程度の自由を享受することができた。それゆえにさまざまなグループや運動が生まれた。こちらのグループや運動は、長続きするのが明らかな、新しい状況に順応しようとし、内部で活発な議論を行なったが、政府からすべて容認されていた。

最後に、第三段階（一九三五〜一九四一年）では、党が（国家──警察がつねにどこにでもいる国家──を介して）管理する領土がさらに拡大し、行為や思想に続いて、個々の芸術に特有のフォルムの領域にまで拡がった。それ以後、ただひとつのフォルムが共産主義の教義に合致していると判断されることとなる。ふさわしい唯一の形式《フォルム》を選ぶと、芸術の実践を革新するという芸術的企図よりも前からある形式《フォルム》になるので、その動きは文化的反革命という意味を帯びた。それによって全体主義建設は頂点を極める。というのも、もはや政治活動のいかなる部分もそこから逃れることができなかったからだ。独ソ不可侵条約（一九三九〜一九四一年）の時代においても、ふたつの全体主義体制は暗黙のうちに（だが、公然とではなく）両者が類似していることを認めていた。

別の観点からすると、この進展は全体主義体制の漸進的拡張ではなく、芸術家と革命の恋愛関係として説明することができる。清純な恋という最初の状態にあっては、政治的指導者と創作者は幸福な調和のなかで生きることができると思い込んでいるが、関係はだんだん緊張感を孕んでいく。その関係はまったく釣り合いの取れないふたつの勢力の戦いへと次第に変化していき、最後にはそれぞれのパートナーの死へと行き着くのだ。

第1章　革命の衝撃

クーデターが起きたとき、かなり多くの創造的芸術家が亡命するか、すでに外国にいたのは確かである。とりわけディアギレフのバレエ・リュスと、彼らと関係のある、作曲家のイーゴリ・ストラヴィンスキー、画家のカップル、ナタリヤ・ゴンチャロワとミハイル・ラリオーノフのような芸術家たちがそうだった。革命後の数年のあいだに国を離れた芸術家のなかには、たとえば音楽家のセルゲイ・ラフマニノフ（一九一七年）とセルゲイ・プロコフィエフ（同年）、画家のワシーリー・カンディンスキー（一九二一年）とマルク・シャガール（一九二二年）がいる。同じ道をたどる作家も数多く、たとえばイワン・ブーニン（一九一八年出発）、マクシム・ゴーリキー（一九二一年）、あるいはマリーナ・ツヴェターエワ（一九二二年）がそうだった。未来の小説家ヴラジーミル・ナボコフは家族と共に一九一七年に去っていった。こうした亡命者のなかには（まれではあったが）それぞれ独自の事情でのちにソヴィエト・ロシアに帰国する者もいた。たとえばゴーリキー（一九三二年）、プロコフィエフ（一九三六年）あるいはツヴェターエワ（一九三九年）だ。

ほかの者たちは体制自体によって追放された。たとえばインテリゲンツィア、哲学者、神学者のある集団は一九二二年に西へ向かう船に乗せられた。レーニンはこうした措置を踏まえてたとえばスターリンにこう告げている。「ロシアを長い時間かけて掃除しましょう。〔…〕こうした敵はすべて、ロシアの外に。〔…〕理由を告げずに数百人逮捕すること――みなさん、始めましょう！〔…〕すぐに掃除しなければなりません」[☆1]。同じ頃、トロツキーは党の機関紙『プラウダ』に「独裁、おまえの鞭はどこだ？」と題された記事を発表し、知識人に対してより厳格な措置を取るように求めた。最後に、行動が新体制の原則とは折り合えないと思われる人びとに対する第三の措置については、詩人ニコライ・グミリョフのケースがわかりやすい例となる。この自主独立の精神は、反ボリシェヴィキの陰謀――本当にあったかどうかは証明されていない――に加担したとのかどで告発され、一九一九年に逮捕され、処刑された。

ブーニン、言葉の批判

一部の芸術家がどうして自分たちがかかわった激変の悪い面にまず第一に目を向けたのか――他の芸術家たちが見込みのある要素を感じ取っているにもかかわらず――を説明可能にしてくれる一般的法則を見つけるのは難しい。その代わりに気づくのは、前者は自分たちがその場に居合わせた出来事の文字どおりの記述だけにとどめており、後者のほうはそれら出来事の象徴的解釈に惹かれているという点である。

まず最初に批判の方法を代表するいくつかの例を取り上げることにしよう。

地主の息子で、第一次大戦前のロシアではよく知られた小説家だったイワン・ブーニン（一八七〇年生まれ）は、革命があらわすものすべてに対して即座に本能的な拒否感を抱いた。一九一八年にはモスクワを離れ、まだボリシェヴィキの管理に従っていない国の南部に避難した。一九二〇年にはフランスに亡命することができ、（一九五三年に）死去するまでそこに暮らしていた。一九三三年、ロシアで最初のノーベル文学賞受賞者となる。革命に対する彼の直接的な印象は、私的な日記に書き留められている。それは（モスクワでの）一九一八年の一月から三月までと、（オデッサでの）一九一九年の四月から六月までの時期を扱っており、『呪われた日々』というタイトルで出版されている。

ブーニンが憤ったのは、暴力、税の不当徴収、恣意的な殺人が急に目に付くようになったから、残虐な行為が全般的に増加し、無秩序が支配するようになったからである。このような集団的狂気を阻止しようとする者がいないことに彼は衝撃を受けた。作家として彼は言葉の濫用、とりわけ醜悪な現実を隠すのに奉仕する大げさな語に、ひときわ敏感だった。「ちょうど博愛、平等、自由が宣言された時代に、カインの憎しみ、残忍さ、そしてこのうえなく野蛮な独断の鬼神がロシアに息を吹きかけた。［…］私たちは夜も昼も死の乱痴気騒ぎのなかで生きている。そしてこのすべてが「輝かしい未来」の名において、この悪魔の暗闇から生まれてきたにちがいない」（彼はむしろ聖書風の隠喩を用いている）。言葉は恐るべき力を持っている。呪文の力を得て、それが指し示す行為を反対のものに変える。「「革命裁判所」という言葉を聞くだけでも左胸のあたりに身体的苦痛を文字どおり感じる。なぜ「委員」、なぜ「裁判所」であって、ただの訴訟ではないのか。なぜなら革命にかかわるこうした神聖不可侵な言葉がなければ、膝まで血に浸かりながらも、あれほどの勇気をもって前進することなどできはしないからだ[☆2]」。

おそらくそういう理由でブーニンは作家や知識人――言葉の正しい使い方に注意を払う職業――に対して、とくに敵意を抱いていたのだ。彼はゴーリキー、マヤコフスキー、ルナチャルスキーには一貫して敵意を抱いていたが、もっとも苛立っていたのは、詩人アレクサンドル・ブロークだった。というのも元側近で、その才能がわかっていたからだ。「熱心なボリシェヴィキ」となった裏切り者、「言語表現の不義姦通者」というわけである。一連のユダヤ人大虐殺《ポグロム》について報告したあと、ブーニンはこのような解説を加えている。「ブローク家の人びとによれば、それが意味しているのはこういうことだ――「人民は革命の音楽の虜になっている。お聴きください、革命の音楽をお聴きくださ い！」」[☆3]。

ブーニンは革命が数多くの他の人びとの精神に感じさせた魅力を理解しようとはしなかった。彼の日記に書かれているのは、概して省察というよりもむしろ観察の記録や所見だった。それをもっともよく説明してくれるのは、反乱を起こした大衆を、人間というよりもむしろ、人間以下の存在、動物に喩えている点である。「サルが人間のなかで目覚める」、「凶暴なゴリラ」。彼はいたるところで「ケダモノのような群衆」、「野蛮人であふれかえる海」を見ている。そこに彼が見いだしていると感じられるもの、それは彼が普段、貧しい人びと、無教養な人びと、社会の周辺に生きる人びとに抱いている軽蔑の念を正当化するものである。いまや人類全体がそういった人びとによって占められているのだ。「人間に対し、私は嫌悪感しか覚えない！」[☆4]。

一九一七年のブルガーコフ

ミハイル・ブルガーコフ（一八九一年生まれ）のケースはまったく異なっている。一九一七年、彼はまだ作家ではなかった。裕福な家庭（父親は大学で神学を教えていた）に生まれた彼は、ロシアの人里離れた地方で医者として働いており、ちょうどそのときモルヒネ中毒と戦っていた。中毒にかかったのはその年の夏で、一年後にようやく克服することができた。その間、革命の蜂起に巻き込まれ、ロシアのなかを何度も旅してまわった。一九一七年一二月三一日付けの、妹への手紙に彼はその印象をこうまとめている。

「古い時代は戻ってくるのだろうか。現在は、私がそのことに気づくことなく暮らすように努めているような時代だ……、見ることなく、聞くことなく！

最近モスクワとサラトフへ旅行していたとき、自分の目ですべてを見る機会がありました。できればもう二度と見たくないものです。

灰色の群衆がうなり声をあげ、まったく不快な罵りの言葉を吐きながら、列車のガラスを割るのを見ましたし、人びとを殴るのを見ました。モスクワの壊され、焼かれた家々を……、愚鈍そうな、獣のような顔を見ました。接収・封鎖された銀行の入口に殺到する群衆、店の前で列を作る飢えた人びと、取り囲まれた哀れな将校たちを見ました。結局のところ、ひとつのこと——南部、西部、東部で流れる血について——しか語っていない新聞を見ました。すべてをこの目で見、何が起こったのかをはっきりと理解したのです」[☆5]。

ブルガーコフは自分が観察する出来事を簡素な記述にとどめているように見える。こうした見方をしながら彼が亡命を考えていなかったとすれば驚くべきだろう。実際は考えており、ふたりの兄弟はフランスに移住する。一九二一年の夏、コーカサスにいるとき、彼もその可能性を具体的に検討しさえしている。しかし事の利害を検討した結果、別の道を選んだ。モスクワに居を定め、ロシアの作家としての運命を生きようとした。

それゆえに十月革命への最初のこうしたネガティヴな反応は、その前から続いていた、社会生活をめちゃくちゃなものにする無秩序な混乱状態に対するものであって、共産主義に特有の側面に対するものではなかったのである。

ゴーリキー、〈啓蒙〉の信奉者

ブーニンができるだけ早く亡命しようとし、ブルガーコフがちょうどそのときロシアに残る決心をしたとすれば、「批判」の方法の第三の代表者マクシム・ゴーリキー（一八六八年生まれ）は、もっと複雑な道筋をたどるだろう。一九二一年に立ち去り、その後一九二九年、つづいて一九三二年に訪問客として戻り、（一九三六年に）死ぬまで留まった。しかしこのそうそうたる顔ぶれのなかでのゴーリキーの位置は、あらゆる観点からして比類のないものだ。

まず最初に例外となるのは彼の出自だった。ロシアのインテリゲンツィアのメンバーはふつう小市民階級か有産階級、あるいはそれだけで知的な環境の出身だった。ゴーリキーは庶民階級の出身であり、孤児だったため、悲惨で波乱に富んだ生活を送ったことがあった。独学者だった彼は、初期の作品では下層の人びとの生活を描き、のちに自分の青春時代にかんする自伝的な物語で大きな成功を収めた。社会主義的な、しかし教条主義的ではない感性の持ち主だった（「あらゆるところで自分が異端だと感じている」と一九一七年に書いている）[☆6] 彼は、彼自身の散文詩のタイトルを借りるなら『嵐の先ぶれ』となった。一九〇五年の革命のあとロシアを離れなければならず、亡命しているあいだは他の亡命者たちが彼に気に入られようと近づいてきた。そのひとりレーニンは、この作家がロシアで多くの読者を得ていることを知っていた。ゴーリキーは一九一二年に帰国し、戦時中は国際主義の立場を守った。一九一七年、二月革命を好意をもって受け入れ、SR《エス・エル》、すなわち社会革命党（ボリシェヴィキではない）が出版する雑誌『新生活』に定期的に寄稿した。その記事は書籍『時宜を得ない思想』に収められており、最初のロシア語版が一九一七年と一九一八年に刊行されている。

ゴーリキーが行動の指針とした理想は、大まかにいえば〈啓蒙〉の理想である。十月の出来事にかんするかなり批判的な判断のおかげで、彼はブーニンと近づくことができた。もっとも、ブーニンのいささか傲慢な精神は彼には関係がなかったが（ブーニンはふたりの反応の内容がこのように近いことに気づいていなかった。ゴーリキーが新政権に共感しているとあらかじめ思い込んでいたのだ）。ボリシェヴィキのクーデターの直後に発表した記事でゴーリキーは歯に衣着せぬ物言いをした。「レーニンとその戦友たちはありとあらゆる犯罪を容認している」と（旧暦の）一一月七日には書いている。殺戮、破壊、不当逮捕、「恥ずべき、常軌を逸した、血なまぐさい犯罪」のことであり、彼はその全般的な野蛮さを告発した。正義は私刑《リンチ》に取って代わられた。法と秩序の敵であるボリシェヴィキは実際に一九世紀のテロリスト、ネチャーエフの革命的無政府主義を行動の指針としていた。帝政を廃止すると言い張りながら、彼らはよくなるところがほとんどない独裁体制を確立した。彼らは表現の自由を抑圧した。「レーニンと同じように考えない者をみな捕まえて、監獄に引きずっていくとき、レーニン政権はロマノフ朝政権とは違う行動の仕方をしているのだろうか」。レーニンがかつての専制政治を糾弾していたからといって、ゴーリキーがそれを打倒した者たちを認めるわけではない。「反対者を皆殺しにするのは、イワン雷帝からニコライ二世までロシア政府が取っていた国内政策の古くからあるが信頼し得る手法だ」。おそらく彼は、十月革命が二月革命の延長線上にあるのではなく逆戻りであり、いくつもの特徴においてかつてのロシア帝政に近づいていると述べた最初の論評者だろう。その特徴とは、下院〔憲法制定会議〕の解散、抑圧的な管理体制をともなう政治警察の設置、検閲の復活である。

このように暴力に組織的に訴える本質的な理由は、ボリシェヴィキが立てた、現実不可能な約束ばかりの空想的《ユートピア》な計画にあった。それは流血なくしては決して推し進めることができないだろうからだ。「レーニン＝トロツキーという二人組は、権力の独裁を正当化したのだ」。ゴーリキーはこうした進め方がうまくいくとは思っていなかった。「思想は身体的暴力によっては勝利することはない」☆7。レーニンは行動においては、いわば科学的な研究に従事する冷徹な実験者として振る舞った。ただし、その材料ははじめは生きている人間存在だったが、彼はそれを生命のないもののように扱っていた。「人民委員たちはロシアを実験場として利用した。ロシアの人民は彼らからすれば、細菌学の学者がチフス菌を植えつけ、血液中に抗チフス抗体を分泌させる馬のようなものだった」。ゴーリキーは指導者を直接非難しないように気をつけてはいるが、レーニンの個人的な責任、彼の性格を告発している。「レーニンは実験室の化学者のように振る舞い」、自分の実験に必要なときは生命体を死なせてもいいと思っていた。「教義の奴隷」となり、周囲の者たちの苦しみを理解しない彼の振る舞いには「田舎貴族が一般大衆の生活に対して抱く真の冷酷さ[8]」があった。

しかしながら、一九一八年の春、ゴーリキーは立場を変えた。彼の批評は以前と同様に手厳しいものだったが、もはや同じ標的に向けられてはいなかった。ボリシェヴィキと、レーニンのようなその指導者たちの空想《ユートピア》的なイデオロギーを告発するのではなく、むしろ無教養な人民たち自身、押さえのきかない者たちのそばにいる農民《ムジーク》たち、そして毎日彼らの指揮をしている――彼が「委員」と呼ぶ――者たちこそが、自分が目の当たりにしている破綻の原因だと見なしていたようだ。このようなロシアの農民たちは、生活という点ではもはやいかなる規範にも従わず、彼にとってはマルクスのではなく、一八世紀の叛逆する農民の指導者プガチョフの孫たちのように見えた。人格形成がなされていない人間は自由にはなれない。国家の構造を覆す前に、長期間にわたって文化的作業に取り組み、国を工業化し、近代化しなければならないだろう。その結果、ボリシェヴィキに対する直接的な攻撃は弱まった。ゴーリキーは彼らによる権力の掌握は長く続き、もし歴史の歩みに影響を与えたければ、革命の指導者たちを介し、その助言者になることによって行動したほうがいいということに気づいた。言い換えれば、より現実主義的になったのだ。しかし、それはまた彼が既成事実に屈し、ある勢力が勝利したときからそれを正当なものと見なしているということでもある。この論理においては、対立があるとき、人がつねに勝利者の側に就こうとするのを正当化することも視野に収めている。彼はいつも〈啓蒙〉の計画を引き合いに出していたが、いまや彼らなりの「啓蒙専制君主制」を受け入れている。

ゴーリキーと彼が辛辣な批評を発表する雑誌の他の寄稿者たちが取り入れていた批判の調子――ことあるごとに厳しく戒めていた――は、彼自身それを目論んだわけではなかったが、最後にはレーニンの気分を害してしまった。一九一八年の夏、彼が「すべての権力をソヴィエトに」というスローガンから明文化されていない行動方針「すべての権力を党に」へ、つまりは唯一で無謬の党の教義へと移行したとき、『新生活』を発行禁止にした。この身ぶりによって例証されるのは、表現とあらゆる社会的多元性の抑圧――ゴーリキーが告発していた抑圧――である。しかし、ふたりの関係は途絶えなかった。レーニンは人民出身の作家の威信の恩恵を受けることをつねに望んでいたが、作家のほうはボリシェヴィキ政権の正当性に異議を唱える「外的」批判から「内的」批判へと移行し、態度を変えようとしていた。その後の何年かのあいだ、ゴーリキーはレーニンと他の指導者たちに「友好的」な手紙を数多く送り、彼らが下さなければならないさまざまな決定について自分が抱いている意見を伝えている。ブロークや外国旅行を止められている演劇人たちといった、インテリゲンツィアの他のメンバーたちをかばうこともあれば、出版と表現の自由を守ることもあった。レーニンは求められてもいないこうした助言に激怒し、作家に、戦前滞在していた――言い換えれば、亡命していた――イタリアへ戻るよう説得した。

ゴーリキーは一九二一年にロシアを離れたが、ソヴィエトの指導者にその時々の問題にかんする判断を送り続けた。こうして一九二二年に首相への手紙において、彼はSRが行なっている迫害について論評した。「社会革命党の訴訟が殺人をもって終わるのであれば、それはあらかじめじっくりと検討された殺人、卑劣な暗殺でしょう。〔…〕革命が始まって以来、私は何千回もソヴィエト政権に、文盲と無教養の国でインテリゲンツィアを絶滅させるのはナンセンスであり犯罪であると告げてきました」[☆9]。政治局の対応はといえば、ゴーリキーにかんする記事を外国語で発表させ、外国の公衆の前で彼との関係を解消する――すなわち、彼の作品は評価しているが、誰も彼の政治思想はまともに受け取っていないことを思い出させる――というものだった。

メイエルホリド、熱狂

三人の有名な芸術家が、ボリシェヴィキ政権との一九一七年一一月の会合に赴いた。象徴主義詩人のアレクサンドル・ブローク、未来派詩人のヴラジーミル・マヤコフスキー、そして演出家のフセヴォロド・メイエルホリドである。彼らの経歴はたいへん異なっており、多様な道が革命支持へと通じていることがよくわかる。メイエルホリドやマヤコフスキーの熱狂、あるいはさらにブロークがそのとき耳にしたさまざまな要素の音楽は、ブーニン、ブルガーコフ、あるいはゴーリキーが描いた、文字によるありのままの記述とはまったく違っている。

一八七四年生まれのフセヴォロド・メイエルホリドは、二〇世紀ロシア演劇の恐るべき子供であり、スタニスラフスキー派を経たのち、長年自分の道を歩み続けた芸術家である。彼が有名になるのは、古典劇と現代劇、とりわけ象徴主義作品の因習を打破する演出によってだった。彼の芝居は政治的主題にはいかなる関心も示さなかった。戦時中はしばしばマリインスキー帝室劇場で演出をし、愛国的な題目を好んで取り上げた。

二、三月の革命の日々に引き続く興奮状態のなか、一九一七年四月一四日、「革命、戦争、そして芸術」と題された会合に赴いた。彼からすると、自分が進める芸術の革命と当時街頭で展開していた革命を結びつける最初の機会だった。「革命と演劇」と題された、当時の報告にはこのときの発言の跡が留められている。それによれば、「メイエルホリド氏は演劇の革命と街頭の革命を結びつけている。一九〇五年、モスクワの街頭で大衆の動揺が頂点に達したとき、モスクワの演劇スタジオで準備されていたのは『タンタジールの死』〔モーリス・メーテルリンク作、メイエルホリド演出〕であり、そこには目に見えないが、恐ろしい王妃が登場していた。〔…〕革命は街頭では押し潰されたが、演劇は革命的な役割を担い続けていた。いまその役割が逆転しているようだ」。この新たな遅れを取り戻せるとすれば、演劇は高みへと到るだろう☆10」。

メイエルホリドはほかの会合にも、芸術家の職業組合の組織にも参加した。しかしさまざまな境界については維持することを望んでいた。一九一七年一一月、別の会合の後、自分の考えを次のように明確に説明した。「芸術と国家の区別を話題にした。〔…〕目的は芸術と政治が無関係であると主張することにあった☆11」。彼の個人的感情は革命に好意的な方向には向かっていなかったようだ。一九一七年一二月の文化委員との会合に赴いたちょうどそのとき、同僚の演出家タイーロフに手紙を書いている。「一〇月、私は自分が置かれた環境のせいで、仕事ができない状態にありました。すべてに毒がしみ込んでおり、それが二五日に暴徒の蜂起とともに頂点に達したのです☆12」。

しかし、彼はすぐに気づかなければならなかったが、公権力の援助が演劇人には不可欠であるにもかかわらず、権力はますますボリシェヴィキの手に集中していった（ゴーリキーと同様に、自分が勝利者の意志に服従していることを正当化するのは、政治的リアリズムによってだった）。一九一八年夏、彼は共産党に加入した。戦前にはマヤコフスキーと親しくなり、そのアヴァンギャルド選集にみずからの姿を見たメイエルホリドは、マヤコフスキーの戯曲『ミステリヤ・ブッフ』をマレーヴィチの舞台装置で演出し、十月革命一周年を祝うことにした。従来のやり方を好む他のマルクス主義者たちから抵抗があったものの、彼はそれを実現した。しかし上演はたった三回だった。このときから、彼はボリシェヴィキの絶対的な支持者と誰からも見なされている。

彼は共産主義の新しい世界の創造に貢献し、革命の新しいレパートリーを構成し、「新しい時代のとどろきが聞こえる」[☆13]ようにしたいと思っていた。一九二〇年六月に行なった発表を次のように始めている。「芸術、この豊かな花の庭はプロレタリアート独裁が始まってはじめてふさわしい手のなかにある」[☆14]。同年九月、メイエルホリドは文化委員によって劇場の支配人に任命され、その地位を利用して、政治の革命に対応する演劇の革命を宣言した。「指導者の役割をしっかりと果たす彼は、委員としての服装を取り入れて、軍服と革の上着を身につけ、芸術家に結びつけられた黒のスカーフによってかろうじて人間味をもたせていた」[☆15]。彼は現存する芝居のテクストを革命的な舞台にするようある委員会に言いつけた。彼はまた、たとえば詩人のツヴェターエワのような、新しい理論を本当に理解しているわけではない者たちをためらうことなく告発した。「マリーナ・ツヴェターエワが提示した疑問にあらわれているのは、〈偉大な十月〉の思想によって聖別された者たちすべてに敵対する性質が彼女にあることである」[☆16]と彼は一九二一年に『演劇通報』に書いた。

何よりもまず演出家であるメイエルホリドがこの政治的企図に賛同しているのは日和見主義にすぎない（彼の芸術、すなわち演劇には詩や絵画より多くの物質的手段が必要となる）という印象があるかもしれない。またモスクワの暴動と象徴主義の舞台の準備が同時になされたことによって、ふたつの革命が同じものであると説明する努力がばかばかしいものであると判断できるかもしれない。また、最後にやや簡単に武器を手放したと、彼が最初から抱いていた考え、自律性への芸術の権利という考えをあまりにも早く棄てたと思うかもしれない。しかし二〇年後、後戻りする演劇の状況において、彼自身、そんなことはなく、成功したいという願望は、この方向転換においては問題にならなかったと言い切っている。一九一八年，彼は栄光の絶頂にあり、党員証はまったく必要なかった。「そういうわけで、私が出世を考えて党の仲間に加わったのではないかとは誰も疑うことができない。[☆17]むしろ彼自身言うように、「衝動的」な人間だったのだ。最初の段階で彼は人びとがこれまでにない、並外れた冒険を生きていると心から信じていたし、その冒険において人びとに付き添い、手助けができればいいと思っていた。一九三〇年、劇団のドイツとフランスへの巡業のさい、亡命して間もないある人物がメイエルホリドに、自分を見習って西側に移住してはどうかと勧めた。演出家は当時、自分に対するソヴィエト政権の敵意を知らず、そういった可能性について考えようとはしなかった。「どういう理由で」と問われて、「誠実だから」と彼は答えた。[☆18]

革命に奉仕するマヤコフスキー

ヴラジミール・マヤコフスキー（一八九三年生まれ）は第一次世界大戦の前から未来派と呼ばれる画家や詩人の運動に加わっており、そのもっとも著名な推進者のひとりでもあった。未来主義者の特徴は何よりもまず現存する芸術形式の拒否、独創的な作品を制作しなければならないという義務感にあった。独創的な作品だけが急速に変化している社会と響き合うことができ、そこから大都市や機械の世界への彼らの関心が生じた。政治思想という面では、彼らは社会の変革を望む者たち、それゆえに社会主義者たちにも共感していた。しかしながら、このふたつの動き、すなわち美的な動きと政治的な動きは平行線をたどっており、交わることがなかった。未来主義者の基本的な要求である創作の自由は、過去に対してもいわれたし（伝統的な芸術形式との関係は有利に働かなかった）、社会ないし道徳の要求に対してもいわれた。つまり、芸術は外部からの命令に従ってはいけないということだ（これについてはのちほど検討する）。マヤコフスキー自身は一時期、ボリシェヴィキに加わり、（一九〇九年に）服役さえしたが、芸術的関心が優位に立つとそこから離れた。

彼の革命志向はそのときからもっぱら彼が生み出す作品においてのみ表明されるようになったが、その仕方は生活様式が体制順応的でないのと同様だった。黄色の派手なチュニックを着、シルクハットをかぶり、顔には厚化粧をして、さまざまな公共の場所で騒々しいハプニングに参加した。ブルジョワを嫌ったが、彼がブルジョワを見分けるのは、国の経済生活において彼らが占める場所によってというよりも、むしろ彼らが持っている俗物的で、体制順応的で、偏狭な精神によってだった。

未来主義者は二月革命とそれがもたらす改革を歓んで迎え、ケレンスキー（臨時政府の指導者のひとり）が未来派と呼ぶに値するとさえ考えた。マヤコフスキーは検閲の廃止を高く評価した。当時の彼が好感を抱いていたのは社会主義というよりむしろ無政府主義だった。彼が参加する公開討論会では芸術インテリゲンツィアが組織されようとし、彼自身は「芸術の自由」と呼ばれる会を立ち上げた。芸術活動家同盟の会合に参加し、彼はそのなかでふたつの要求を表明した。すなわち、革命思想の表現のための新しい、前衛的《アヴァンギャルド》な芸術形式の必要性、と同時に政党の政策綱領に対する芸術家の自律である。彼は演説を結ぶときこう叫んだ。「ロシアの政治生活万歳！　国家から独立した芸術万歳！」。彼ははっきりと述べた。「政治にノーといっているわけではない。そうではなく、芸術には政治のための場所がないのだ」[☆19]。その後数ヵ月のあいだ、組織の問題を忘れて、詩人カフェに顔を出し、社会における真の革命すべてに先行する「精神の革命」を称賛した。

マヤコフスキーは十月革命にも賛成する。それでルナチャルスキーが招集する会合に参加したが、好んだのは二月革命のほうだった。検閲の復活は喜べなかったからだ。未来主義者がこの大混乱から生まれた新しい国家の文化生活を指導する責任を負うことを望んだ。「内容の革命――社会主義――無政府主義――は、形式の革命――未来派――を抜きにしては考えられない」と一九一八年三月には信じた。[20] しかし、まったくそんなことはないということにすぐに気づいた。そのうえ、翌月になると、彼が共感を覚える無政府主義のグループが取り締まられた。彼は十月革命一周年記念にさいして戯曲『ミステリヤ・ブッフ』をメイエルホリドに演出してもらったが、計画された何回かの上演では当局側の率直な賛同は呼び起こせなかった。そのとき、ボリシェヴィキの別の指導者ジノヴィエフはこう宣言した。「このような時代に中立性は不可能である〔…〕。芸術は中立ではありえず、文学は中立ではありえない[21]」。

これまで歩んできた道が失敗というべきものであることが確認されたことで、マヤコフスキーは方向転換することになったようだ。ロシアに押し寄せた革命運動については完全に賛成しており、自分の得意分野――「詩を作る」こと――を通してそれに同行したいと思っていたが、政治指導者の側に熱意がないことがわかってしまった。自分が提案した方法は、自分が賛同する目的に適うものではないように思われた。彼はそこから結論を導き出し、計画を全面的に変更した。そのときから自律的な芸術の代わりに実用的な芸術を擁護することにした。翌年(一九一九年)、まったく違う仕事に乗り出した。新しいソヴィエト共和国の通信社、ロスタが公表するポスターの文章を書くことである。この決断から二年のあいだに無数の文章を書くことになる。じつのところ、マヤコフスキーと同じ道を歩んだ者たち全員がこの新しい立場に賛同したのは、それがもっとも正当なものだと考えたからではなく、もっとも有力なものだったからである。つまり、打ち負かされて、彼らはそれに敬服し、それを選び取ることにしたということだ。

当時、マヤコフスキーはまだ革命の指導者たちが自分の作品について下した――そして彼にとっては厳しいものだった――判断の正確な内容を知ることができないでいた。レーニンは一九二一年五月にルナチャルスキーへ宛てた怒りの手紙のなかで、マヤコフスキーの作品には発行部数を多くする権利があるとはいえ、その多さに憤慨したと書き、その決定を「恥」と呼んで、こう言い添えた。「そんなことは愚かで、ばかげた、無茶な振る舞いです[☆22]」。こうした言葉の創意はすべて何の役に立つのだろうか。トロツキーについていえば、著書『文学と革命』において未来派に特別な場所を割り当てているが、それでもマヤコフスキーについては真の革命家というよりもむしろ「同伴者」と見ている。それ他はありえないだろう。トロツキーにとっては作家の社会的出自が作品の政治的志向を決める。それだから「私たちが未来派の詩に感じ取る革命の精神は、プロレタリアートよりもボヘミアンに愛着を抱いている」と彼は書くのだ。このことはそのリーダーにも当てはまる。「マヤコフスキーの革命的個人主義は熱意とともにプロレタリア革命に流れ込んだが、それと混ざり合うことはなかった。彼の意識下の感情は〔…〕、労働者ではなく、ボヘミアンのそれなのだ[☆23]」。トロツキーは彼の努力は高く評価していたものの、結果については慎重だった。詩人の詩のなかに自分の革命を見て取ることができなかったのだ。

自然の力に耳を傾けるブローク

二月革命と芸術の自律性に好感を抱いていたにもかかわらず、メイエルホリドが十月革命に賛同したのは、政治と美学の類似と対応を信じるのと同時に、生きたいという強い気持ちに突き動かされていたからである。新しいソヴィエト国家のために仕事をすることで、彼はその気持ちを満たしていた。マヤコフスキーも同じことをしたが、熟慮のうえ、みずから進んで、きっぱりと決断した結果として、人民に仕えることこそが最良の方法であると信じた。詩人のアレクサンドル・ブロークは三人のなかではいちばん政治から縁遠かったが、これこそが自分の運命だという気持ちに突き動かされ、全面的に、そして無条件に賛同した。絶対的な信仰の表明であり、いかなる論証も必要としなかった。それゆえに三人の行ないのなかでもっとも悲劇的なものにもなってしまった。

ブロークは二〇世紀初頭（一八八〇年生まれで、当時は二〇歳そこそこだった）のロシア詩に、〈美《うるわ》しの淑女〉への超自然的といってよい愛を歌う連作詩で華々しく登場をした。そこに満ちているのは哲学的・神学的テクストの記憶、永遠に女性的なるもの、世界霊魂、叡智の化身であるソフィアへの憧憬だった。当時ブロークはそうした理想の特質をすべて具えた若い女性と出逢い、まさに奇跡と言うべきか、結婚するにいたるのだ。詩人の作品はその後いくつもの段階をさっと通り過ぎていった。天にも昇るような高揚した気分で数年過ごしたあと、今度はアイロニー、縁日の芝居、乱れた生活の魅力、「善悪を越えた」意味の横溢を見いだし、底知れぬ絶望を酒で紛らわせることもあった。首都の薄暗い路地で見知らぬ魅力的な女性たちに出会うと、恋に陥らざるをえず、新しい連作詩のなかで讃美する。その後訪れるのは酔い醒めと落胆の時期で、それが続いた背景には一九〇五年の革命の挫折もあった。ブロークの詩は社会的なテーマに関心を示しているが、それは差し迫った大惨事、恐ろしい危機、黙示録的瞬間の予感について語るためにである。

彼の世界がこのように変貌しても、根底にある構造は手つかずのままだった。詩人は天使や悪魔に導かれることも、個人の混乱や時代の不安を歌うこともあるが、前景に置かれるもの《ルプソワール》はかわらない。ブルジョワ、俗物、日常生活にとらわれ、夢をなくした個人である。世界はいつもふたつの領域に完全に分けられている。空と大地、本質と存在、詩と平凡なものというように。変化しないのは、ブロークの詩が、詩人の仲間にせよ、一般大衆にせよ、読者を本当に魅了するという点である。

一九〇八年に書かれたいくつもの論文のなかで、ブロークは自分の新しい世界観を説明している。「自然の力と文化」◉1と題された論文では、自分のまわりで観察される精神状態の診断から話を始めている。「私たちのひとりひとりが、望むにせよ望まないにせよ、思い出すにせよ忘れるにせよ、不安、破局、断絶を内側に抱えている」☆24。ブロークの分析から明らかとなったのはニーチェ思想の影響である。世界はタイトルの言葉が指し示すふたつ極のまわりを回っている。アポロン的なものである「文化」は、理性と道徳が行使する支配、進歩への信頼、そしてさらに西ヨーロッパの側にある。これを前にして見いだされるのが、普段は従順だが、いつ荒れ狂ってもおかしくはない「自然の力」である。この方面でブロークの関心を引いた出来事は、一九〇八年一二月のメッシーナ地震だった。これによってシチリアの街は完全に破壊され、約一六万人が命を落としたのだった。地震は彼に文化の力とは比較にならないほど大きな力があることを示した。二〇年ほど前、ニーチェも火山の噴火、たとえば一八八三年のクラカタウ（インドネシア）の火山の噴火に魅せられていたことが知られている。彼はこう書いている。

「二〇万の人間が一度に消滅してしまう、というのはすごいことだ。人類はこんなふうに亡びるにちがいない！[☆25]」。

ブロークはニーチェほど恍惚となってはいないが、そのときまで眠っていた「自然」の力には同じくらい感銘を受けていた。彼はそれに別の強烈な現象を結びつけた。すなわち「ペスト、恐怖、飢餓、反乱」という、もはや地質学的なものではなく、生物学的で、すぐれて人間的な現象である。こうした現象が激しく続くと、「不条理だが魅力的な物語」が作り出される。自然の力はディオニュソス的な原理、自然界、大地、生活に結びついている。ロシアは古いヨーロッパよりもこの極に近いし、さしあたり従順だが激しい反乱も体験してきたその人民もそうだ。ブロークがこうした自然の力の総体を指すために用いている別の言葉は音楽——耳で聴くそれではなく、詩人の精神がとらえ、解読する不可視の世界の音楽——である。

一九一七年の騒乱が始まると、ブロークは期待していた人民の覚醒をそこに見て取り、喜んだ。二月には心を奪われたが、これが到来を待ち望んでいた真の革命なのかどうか、自然、ならびに荒れ狂う自然の力と混じり合う真の革命なのかどうかわからなかった。より大きな喜びをもって迎えたのは一〇月の出来事であり、期待していた過激化の証拠を差し出してくれた。それゆえに彼は文化委員が組織した会合にも赴いた。破壊、暴力に彼は不安を抱かず、詩人として大惨事《カタストロフ》の悦楽を享受することができ、いまや旧世界の崩壊の音、革命の音楽を聴くことができた。彼は一九一八年に出版された一連の論文のなかでボリシェヴィキ体制への賛同を表明している。ボリシェヴィキを支持しなければならない、なぜなら彼らは人民の熱望（自然の力と触れ合っているがゆえに、当然ながら強いものだ）をあらわしているからである。彼が認めているのは、蜂起を起こした者たちのマルクス主義ではなく、彼らが深みのあるロシア、ロシアという嵐と近い関係にあることなのだ。もし血が流れることを人民が望むなら、流れなければならない。

ブロークの視座はゴーリキーのそれとは正反対のところに位置している。詩人が区別するひと組のコンセプト、すなわち文化と自然の力において、ゴーリキーは前者を好み、後者を恐れた。人民と自然の力が近い関係にあることが、彼にとっては見込みや可能性ではなく、脅威の原因となった。このことは彼らが生きた経験によって少なくとも部分的には説明することができる。ブロークはインテリゲンツィアの子供で、彼が直接は知らなかった人民を理想化した。ゴーリキーのほうは人民の子供で、人民を内側から知っており、それに批判的なまなざしを注いでいた。彼は〈啓蒙〉の理想に賛成していた。人民は知識人によって蒙を啓かれ、教育されなければならず、ロシアは政治的解放というヨーロッパ的な道を歩まなければならなかったのだ。ゴーリキーにとって正当な目的となるもの——人民と自然の力の分離——はブロークにとっては裂傷の痛みとなる。ブロークは革命から生まれる、まったく新しい生活を夢想した。「すべてをつくりなおすこと。すべてが新しくなるように、私たちの嘘まみれで、汚れた、退屈で、醜い生活を、公正で、清く、楽しく、美しいものになるように行動すること」。この壮大な見通しを前にしたとき、つかの間の犠牲など私たちにとってはどうでもよいのではないか。「生活が価値を持つのは、それがどこまでも必要とされる限りにおいてのみである。すべてか無かのどちらかだ。予想外のものを待つこと」[☆26]。

しばらくして刊行された、『ヒューマニズムの崩壊』（一九一九年）と題された著作は、すこぶるニーチェ的な精神からの以下のような予言で結ばれている。「すでに新しい個人、新しい人類が姿を見せている。この動きが目指しているのは、倫理的、政治的、あるいは人間主義的人間ではなく、芸術的人間なのであり、人類が否応なしに目指す新しい時代の旋風と嵐のなかで、芸術的人間だけが貪欲に生き、行動することができるだろう」[☆27]。

政治権力の代表者たちとしては、留保のないこうした賛同を喜んだ。ブロークはこのようなかたちで彼らを支持した最初の重要な作家だった。確かに状況は、一九一八年はじめに彼が政治的な宣言をするだけではなく、進行中の革命にかんする自分の解釈を表明しているふたつの長い詩——独自の詩の手法にもとづき、いたるところで読まれることになるふたつのテクスト——を書き、出版したときからすると少し変化している。すなわち『十二』と『スキタイ人』である。『十二』は、首都の街路をさまよい、いつでも武器を使うつもりでいる赤軍歩哨の集団の夜の巡回にかんする物語である。彼らのひとりは、自分の恋人が他の男の腕に抱かれる現場を取り押さえ、ふたりとも殺してしまう。最後に彼らが一二人ではないということが偶然わかる。彼らの先頭に立ち、血に染まった旗の傍らで歩くのはイエス・キリストなのだった。『スキタイ人』はこの時代に人気のあった詩のテーマを取り上げている。詩人ワレーリー・ブリューソフが一九〇五年の革命のさいに書き、『未来のフン族』と題したものだ。これはアジアからやって来た未開人たちを歓迎する賛歌である。彼らは旧世界を（詩人を含めて）絶滅させるが、それと同時に、自分たちの沸き立つ血によって、その死体をよみがえらせるだろう。ブロークの詩において、アジアの遊牧民たちはロシア人（「スキタイ人」）に置き換えられており、モンゴル人と西ヨーロッパ人に挟まれ、鍛えられた彼らはリスボンとメッシーナ（ふたつの有名な地震）のエネルギーを身に帯びている。彼らは自分たちのなかに旧世界の憎しみと新世界の愛が湧き上がるのを感じる。未開人たちはすべての人びとに平和と友愛をもたらす。

ふたつの詩は革命の敵の憤激を買った。詩人はどうしてわざわざ革命の暴力を称賛し、そうすることでキリストという人物を冒瀆し、犯罪的なボリシェヴィキになぞらえるのだろうか、と。しかし革命家自身の側からの反応がはるかに好意的だったというわけでもない。トロツキーはブロークが赤軍兵士の無責任な行動について作り出しているイメージ——彼らは好きなように武器を使っている——がまったく気に入っていなかった。「このような赤軍歩哨が捕まったら、革命裁判所によって死刑を宣告されただろう」[☆28]。ブロークが描いた無政府主義的な無軌道ぶりと共産主義的な規律を混同してはいけない。ルナチャルスキーは、ブロークが武装小隊の先頭に、イエスという「哀れな骨董品」ではなく、現実の人間を置かなかったのを残念に思っていた。たとえば党書記、レーニンその人をだ！

ここで詩人と政治指導者たちのあいだにあった誤解の深さを推し量ることができる。政治指導者たちは詩人が自分たちの理想にしたがって軍隊や革命を表現することを望んだのだろう（それこそが、のちに「社会主義リアリズム」の理論が成文化することだ）が、詩人がそれらを描いたのは、彼の想像力においてあらわれてくるように、荒れ狂う自然の力を具現化したもの、すなわち風、雪、嵐としてだった。詩人も政治家もこれらイメージの実際に真実味があるかどうかは気にかけていなかったが、それは、詩人の詩句の美しさに魅せられた、かつての、あるいは今日の読者がそうであるのと同じだった。

ブロークの内的ヴィジョンが提起する問題は、何ものによってもそれを強めることも弱めることもできないという点にあった。それは詩人と世界との超自然的な、「音楽的」な、神秘的な接触の結果であり、良い点もあれば悪い点もある。それがもとづいているのは、祈りであって、合理的な論証ではない。そしてもし詩人が世界の音楽を聴くのをやめてしまったらどうなるのか。ところが、まさにそれが、幸福感に満ちた時期のあと、一九一九年にブロークに起きたことなのだ。彼は不意に革命が消滅し、場所を政治に譲ってしまったという気がして、周囲の生活も彼にとってはすっかり意味を失い、彼は徐々に鬱状態に入っていった。翼のある天使や騒乱の悪魔との関係が断ち切れ、火が消えて、彼は灰でしかなくなっていた。ブロークは飢え、疲れ、病んでいたが、癒そうとはしなかった。音楽が彼の許を去ってからはもう歩かず、呼吸をするのも難しくなっていた。隠遁し、死んでいこうとしている者であるかのようだった。一九二一年四月一八日、彼は日記に「シラミが全世界を征服しており、これはすでに終わったことなのだ」と書いた。彼の絶望は限りなかった。

しかしながら、死ぬ前に彼は自分のなかに、創造的芸術家と彼を取り囲む世界の関係にかんする自分の省察の最終状態を説明する力が残っていることを知った。それが一九二一年二月、プーシキン記念祭で行なった最後の講演であり、彼はそれに『詩人の使命について』というタイトルを付けた。これは彼の遺言にほかならなかった。使命はそのさい三つの任務に分けて詳述された。第一に、詩人は自然の力に耳を傾け、世界のさまざまな音を感じ取ることができなければならない。この点においてブロークの信念は揺るがなかった。第二に、詩人は自分が聞いた音を響きよく組み合わせ、もともとの混沌にひとつのかたちを与えなければならない。これはブロークが以前は触れずにいた任務であり、それゆえに自然の力だけではもはや十分ではなかった。そして第三に、詩人は自分の仕事の結果を自分が暮らす社会に紹介しなければならない。

講演では芸術活動のこの最後の段階に彼はとくに関心を寄せており、最近の体験にもとづく考えを述べているような印象がある。というのも、そこで彼は創作者と「人民」の分身のあいだの新たな衝突を見ていたからだ。そのとき後者を指し示していたのはプーシキンから借りた言葉「庶民」だった。これは役人や官僚（ゴーリキーは「委員」と呼んだもの）に抑圧され、統率された人びとのことだ。「詩人の行動は外的世界の秩序とはまったく相容れない」。ところが「庶民は詩人に、自分と同じように、外的世界に奉仕するよう要求する。庶民は詩人に有用であることを要求するのだ」。庶民がその結果を得ようとするのは、検閲という手段を介して、おもに完成品に働きかけることによって、作品の社会への紹介を管理することによってである。しかし、庶民は、詩人の仕事の最初のふたつの段階――世界のざわめきを聞き取ること、ならびに聞いたものを具体的なかたちにすること――にも介入したがっていると想像することができ、そうすると損害はよりいっそう重大なものになるだろう（ブロークはこれから数年のあいだに起こることを正確に予想していた）。この文書は以下のような悲痛な確認で終わっている。「詩人が死ぬのは、もはや熱望するものがないからである。生はその意味を失ったのだ」[☆29]。私たちはこのとき自然の力と人民への盲目的服従からは遠く離れている。

どうしてブロークは死んだのか。心臓病、飢え、栄養失調、疲労ゆえのことだったのは確かだ。しかし治療の拒否、死ぬことへの意志によって、みずからの死のうちに緩慢な自死を見ることができるようにもなった。彼の近親者たち、彼の医師たち、彼の崇拝者たちは、彼を救いたかっただろう。彼らはフィンランドで彼が近くの病院に運ばれたなら回復しただろうと考えていた。しかし「役人」たちは同意しない。ルナチャルスキーやゴーリキーの度重なる介入にもかかわらず、彼の外国旅行はチェーカーや党の政治局によって許可されなかった。その理由はひとたび国外に出たら、彼は反ソヴィエト的な詩を書きかねないというものだった。ブロークは一九二一年八月に息を引き取った。享年四一歳。この「自然な」死は、自死であっただけでなく、謀殺でもあった。こうして最初に三人の芸術家のうち――ふたりの同志とは違い――革命を無条件に歓迎した者が亡くなった。だが、ふたりの同志にしても、ひとり（マヤコフスキー）は一二年後に、もうひとり（メイエルホリド）は二〇年後に非業の死を遂げることになるだろう。

パステルナーク、共感と留保

最後に、十月革命への反応がたんなる賛同か拒絶のどちらかには帰着させることができない芸術家たちの集団がある。彼らはそれについてより含みのある判断を下したのだ。ここではふたつの例を取ろう。

一九一七年はじめ、ボリス・パステルナーク（一八九〇年生まれ）はウラル地方におり、行政の仕事を任せられていた。二七歳の彼は二冊目の詩集『バリエール越え』を刊行したばかりで、まだ定収入を得てはいなかった。ウラルで彼は革命思想に取り憑かれた人びとと知り合った。二月の終わりにはペトログラードに襲いかかった出来事の噂が彼らの耳にも届いた。三月、ツァーリの退位の直後に、パステルナークは生まれ故郷のモスクワへと戻った。両親はずっとそこで暮らしていた。街は興奮状態にあった。彼は全体の雰囲気に無縁のままでいることはできなかった。進行中の変化に魅せられている若い娘に恋をしていただけになおさらそうだった。

パステルナークはこの激変に心を動かされたが、ここ数ヵ月のあいだに増加した会合や委員会やデモに参加するのは控えた。通常の仕事をするにとどめ、翻訳をし、詩を書き、革命——といってもフランス革命であってロシア革命ではなかった——にかんする戯曲を計画した。彼にとって一九一七年夏の活動の最重要点は、新しい詩の本『わが妹人生』を書くことだった。それは一九二二年に出版され、たちまちのうちに著者を、現存するもっとも著名なロシアの詩人のひとりへと押し上げた。詩は彼の愛の経験（別離が際立つ）から生まれているが、同時にその数ヵ月の幸福感に満ちた雰囲気を伝え、よみがえらせてもいる。

十月革命とともにこのような興奮は終わりを告げた。その進展を見届けた日記――パステルナークが自伝的回想録『安全通行証』に書き写した日記――の回想には、政治的もしくは道徳的色彩はなく、含まれているのは出来事の外部に留まる中立的観察者の体験、美的といってよい体験だった。あらゆる方向に発砲がなされたが、射撃は「どうにもうまく終了へと到らず」、それゆえに「街路にメトロノームを配置したかった」[☆30]。この描写では、向こう一世紀にわたるロシアの運命を決する日々がどういうものであったか理解するのはいささか難しい。一九一七年一二月、ある女性への手紙から、彼がまわりで繰り広げられている戦いにもいつもほとんど無関係でいたことがわかる。「あなたに簡潔に、きっぱりと言いましょう。この出来事が鎮まり、生活が生活らしくなり、私たちが再び人間になったら（なぜなら、いまここで私たちは人間ではないからです）、すぐに私のなかからある偉大なものが姿をあらわすでしょう。小説です」。小説の出版が遅れたのが、十月革命にかんする唯一の不都合だったのだろうか。

いや、実際にはそうではなかった。手紙の最後にパステルナークは括弧に入れた言葉が伝えていることへと立ち戻っている。「お答えください、あなたのご家族の方々はこの一年のあいだに以前よりも幸せになったでしょうか。私の家族はまったく反対に全員冷酷になってしまいました。［…］冷酷に、そして絶望的になっています[☆31]」。事実、モスクワ周辺の戦いは熾烈を極め、街は飢餓状態になりはじめ、一方の側がはたらく略奪に対して、すぐにもう一方の側がさらにひどい残虐行為をもって応えていた。一九一八年のはじめにパステルナークが書いた（が、彼が生きているあいだは出版されなかった）ふたつの詩は、ふたつの新しい展開に反応している。ひとつは、ボリシェヴィキの水夫たちが、病院で療養中の、憲法制定会議のふたりの議員を暗殺したことを描いている。このスキャンダラスな暴力には、マルクスを引き合いに出す権利があるのだろうか、と詩人は問うている。

　第二の詩は、タイトルを『ロシア革命』といい、パステルナークの目に映るふたつの革命、すなわち二月革命と十月革命がかたちづくるコントラストをよりいっそうわかりやすく示している。前者はすぐに歓迎された（「きみのおかげで三月にひと息つけてじつによかった」）、というのも希望を具体化していたからだ。「すべての偉大な革命のなかでももっとも光り輝くこの革命は、血を流させないだろう」。すべてが変わったのは、一九一七年四月、封印列車に乗ってレーニンが到着したときだった。このボリシェヴィキの指導者は、容赦のない破壊をもたらした。彼は要求した。「人間を溶かしてレールを鋳造せよ！」自分の国にまったく敬意を示さず、彼は命じた。「燻《いぶ》り出せ、踏み潰せ、通れ！〔…〕、踏み潰せ、ここは祖国だ〔…〕、踏み潰せ、制約を恐れるな！」[☆32]。詩の発端は別の血なまぐさい出来事にあった。一九一七年一二月、クロンシュタットの船乗りたちが命令を出していた将校たちを捕らえ、船のボイラーのなかに生きたまま投げ込んだのだ。

　それゆえにパステルナークは当時、ボリシェヴィキにつながる思想にも環境にも個人的にはまったく共感が持てなかった。それまでの数年間に、その時代の文学や芸術が体験していた激変を感じ取っていた彼は、もっとも革新的な集団、未来派のグループに加入することにした。会合、グループの出版物に参加し、敬服する同僚の詩人たちについて書いた。彼はフレーブニコフを尊敬していたが、マヤコフスキーというカリスマ的な人物にとくに惹かれていた。彼は、詩人、画家、あらゆる種類の煽動者でもあったマヤコフスキーの、心からの――内面の本質的な部分と口から発せられる言葉を切り離すことなくなされる——社会参加に愛着を覚えていた。「役を演じるのではなく、自分の人生を演じていたのだ」[33]。実際に、未来主義者は自分たちの芸術の規則を覆しているだけではなく、世界の再構築をも夢想している。あらゆる点において革命的であろうとしていたのだ。

パステルナークは自分がアヴァンギャルドの環境においてそれほどふさわしい場所にいるわけではないということにすぐに気づくことになる。まず第一に、芸術家集団の生活に自分があまり関心がなく、彼らの活動についてよく知るようにはならず、綱領的序文も起草することができないということを理解した。マヤコフスキーを讃美していたが、会うのであれば、模倣者《エピゴーネン》に取り囲まれているときでなく、差し向かいのほうがよかった。そのうえ、彼はアヴァンギャルド芸術家、とりわけ未来主義者の態度が気に入らなかった。革新それ自体の価値を引き立たせ、古い芸術をたんに古いからという理由で糾弾するものだったからだ。彼はいつも過去の時代の作家たちを評価していた。すでに認められている形式を変質させようとはしておらず、革新家になろうともしていなかった。要するに、未来派の友人たちがもつ政治への熱い気持ちを共有していなかったのだ。そうした友人のひとりに宛てた手紙のなかで、「この時代全体の基本的な気分」が「攻撃的で執拗な無為」にあると書いており、また別の場所でも「思慮のない非政治性」にあると書いている[34]。

より根本的には、彼が取り入れている世界像のいくつもの要素が、アヴァンギャルドの芸術計画が明らかにしている人類学的構想とはあまり一致していなかった。パステルナークがこれらの要素について述べるのはあとになってからだが、処女作の頃から彼の活動にはそれがあらわれていた。彼は人間を運命から解放された生き物としては考えていなかった。『安全通行証』では人間の生が具体化するのはもっぱら他者との相互作用においてのみである——それが実現する鍵を握っているのも他者である――と書いていた。「私たちが人間を愛し、人間を愛する機会を持たなければ、私たちはみな人間になることはできなかったのだ[35]」。彼が記憶しているもっとも古い感情は、傷つきやすい者(彼にとってその典型的な姿は女性)の苦悩、あるいは近親者の死が不可避であるという考えを前にしたときに感じる哀れみだった。彼は自覚しているが、こうしたことのすべてが、ロシアの伝統においては褒め称えられる英雄的なポーズから彼を遠ざけ、日常生活に浸りきった普通で平凡な者たちのそばに置いたのだった。その結果として、革命の大混乱が生じた時期に、パステルナークはアヴァンギャルド集団とは完全に関係を断とうと思った。一九一七年春にマヤコフスキーと再会し、未来派の運動から離れてはどうかと勧めた。友人は笑い、同意した。

一九一七年から一九一八年にかけてのちょうどその頃、パステルナークは彼にしては珍しい綱領的な文章のひとつを書いた。何よりもまず自分のための備忘録であり、一九二二年になるまで出版しなかった。『いくつかの位置』(前のヴァージョンでは『本質』)と題されたその文章は、ある注目すべき考え方にもとづいている。同時代人が考えることとは違い、芸術は自律的に存在することも、ある感性の表現として存在することも目的とはしていない。芸術については、地面に水を撒き散らす噴水としてではなく、むしろスポンジとして考える必要がある。芸術の使命はみずからの外にあるものを吸収することにあり、もっぱら知覚器官に依存している。詩人は基本的に世界の観覧者であり、当初願っていたのは世界に忠実であることだった。「私たちにできる唯一のことは、私たちのなかで鳴り響く、生の声を歪めないでいることである[36]」。世界の真実を見つけ、語ることができるようにならない者は、詩人ないし芸術家としての使命を果たし損ねているのだ。

それゆえに計画にはふたつの相補的な要求が含まれていた。第一の役割は、詩人が生きる世界の精神ないし意味を捉え、伝えることだった。しかし、それができるようになるには、詩人は誠実な存在でありつづけ、自分自身で確かめられるもの以外はつくってはいけない。さもなければ、周囲のやり方にしたがって計画倒れの作品を生み出す、平板な順応主義者にしかならないだろうからだ。注意深い知覚と誠実な表現の均衡は到達するのが容易ではない。その難しさは要求の二重性から生じている。前述の忠実さは、世界と詩人自身の両方に関係しており、それはまるで一方が他方と一致しなければならないかのようだ。この要求は、たんにひとつの文学的ないし芸術的テクニックだけではなく、創作者という存在そのものにもかかわっていた。

こうした芸術概念はパステルナークが人間存在をどう見ているかにもとづいているが、これが彼に他の美的概念とのあいだに距離を置かせることになった。象徴主義者ベールィを尊敬していたにもかかわらず、詩の純粋な音楽性に対する情熱は共有しておらず、音それ自体が意味を持っているとは思っていなかった。言葉の音楽は単語の意味から独立しているわけではなかった。未来主義者フレーブニコフを讃美しているにもかかわらず、彼と自分を切り離しているものを確認しなければならなかった。「私が理解している詩は、やはり歴史において、現実生活と協力しながら展開するのだ[☆37]」。詩人が気にかけなければならないのは世界であって、文学だけではない。詩人はみずからを孤独な天才、全能の創造主、平凡な庶民とは反対の超人であると考えてはならず、みずからを非‐詩人と、俗物とさえもつながっていることを知らなければならない。一九一八年四月に書いた小品『トゥーラからの手紙』において、パステルナークは明確な対比を打ち出している。一方には、「天才を気取り、暗唱し、空疎な言葉を次々に投げつけ」、芝居がかった身振りをみせ、他人の生産性のなさを嘆き、プチブル精神に文句をいうアヴァンギャルド。他方には、トルストイに倣《なら》って、自分の行ないを良心に照らして糾明する作家たち☆38。後者は倫理的要求と美的要求を分けることができない。そこでパステルナークは詩を見限り、「バルザック風の」小説に乗り出した。出版されるのは『リュヴェルスの少女時代』と題された最初のセクションだけだった。

彼が抱く小説概念を参照すれば、彼が政治の革命――彼が体験したばかりの政治の革命――と取り結んでいる関係を理解できるようになる。それは種々雑多な要素を統合する。まず第一に、革命は議論の余地なく起こったのであり、その到来はパステルナークが暮らす国の現実をあらわしている。詩人と芸術家として彼がそれを受け入れるかどうか自問する必要はない。彼の務めは世界と生に耳を傾け始めることにある。ところが、彼が生きる国ではどちらも革命から生じている。そのうえ革命は道徳的奮起の結果である。自分と近親者たちが抑圧の下で生きていることに憤った者たちが、あるとき反乱を起こし、支配的な秩序を覆して、より正当な世界を築こうとする。この跳躍は、たとえばトルストイにあってはこう、レーニンにあってはこうというように、さまざまなかたちを取ることがあるが、これもまた異論の余地がない。それによって人間の最良の部分が明らかにされるのは、人間が過去から受け継いだ規則を問題にし、変わることがないと思っていた規範を棄てる決意をしたときである。同時にパステルナークは一九一七年から一九一八年にかけての戦闘の具体的な体験を忘れることができなかった。しかし、彼は自分が心に抱いた、革命の全体的なイメージに、それを統合することができなかった。

ツヴェターエワ、思想よりも人間を

マリーナ・ツヴェターエワは一八九二年にパステルナークと同様の環境の下で生まれた。父親は博物館の館長であり、母親は才能あるピアニストだったが、母になったとき楽器を棄てた。両親とも革命の前に死んでおり、彼女は二〇歳のときから詩を書き、発表した。この時代のインテリゲンツィアの多くの子供と同様に、ツヴェターエワは主義として革命思想に反対していたわけではない。一九〇五年の革命は血のなかで鎮圧されたが、彼女のうちに若者ゆえの熱狂を呼び起こし、恋人に向けて大まじめにこんな手紙を書くことができるほどだった。「近づいている革命の可能性こそが、私を自殺から引き留めているのです」。同じ手紙のなかで彼女はニーチェ風の口調を見いだし、戦争という最高度に強烈な時間に自分が魅せられていることを表明している。「もし戦争があるなら！　生活はどれほど胸をときめかせ、光り輝くものになるでしょう！　そのとき人は生きることもできるし、死ぬこともできる！」[☆39]。ツヴェターエワを革命思想へと引き寄せたのは、荒れ狂う自然の力、現行の秩序の拒否、非‐順応主義の大胆さだった。しかしこの若者特有の幻想は続かず、現実世界が権利を回復した。そのうえ自然の力の解放が結果として行き着く表現形式は、原初の力をそのなかに収めるものであり、排除するものであってはならなかった（この点でツヴェターエワは晩年のブロークに通じるところがある）。彼女は一九一九年にこう書いている。「私がとくに気に入っているふたつのもの、歌と寸言（一九二一年に添えられた注釈では、自然の力とそれに対する勝利！）[☆40]」。言い換えれば、アポロン的な流れがディオニュソス的な流れを支配しなければならない……。

彼女の手帳にも書簡にも二月革命についてはいかなる痕跡も見いだせない。当時、彼女の関心はただ彼女の内的生活にのみ向けられていた。二番目の子供を生んだばかりで、義理の姉妹に次のように書いている。「あらゆる種類の数多くの――純粋に内的な――計画（詩、書簡、散文）と、どこでどのように生きるかという問題に対する全面的な無関心」。あるいは、その当時、彼女の手帳には、「恋愛ものではないあらゆる悲劇（アブラハム、ルシファー、アンチゴネーなどの悲劇）に対する全面的・絶対的な無関心」。数ヵ月後、彼女は言い添えた。「この世界で私に何ができるのか。私は自分の魂に耳を傾ける[☆41]」。

十月革命はもはや彼女にこのような暇は与えなかった。まず第一に、そのせいで国が二分し（「赤軍」と「白軍」）、家族や友人の仲が引き裂かれたから、第二に、そのせいで生存手段の源が枯渇してしまった（財産は没収され、銀行は扉を閉ざした）からだ。クーデターのとき、ツヴェターエワはクリミア（「白軍」の領土）にいたが、夫と娘たちはモスクワ（「赤軍」の領土）にいた。彼女は家族の許へと急いで向かった。列車のなかでノートに夫への手紙を書き、そこでこう約束をした。「神様がこの奇蹟を実現してくれたら――あなたが生きていてくれたら――、私は犬のようにあなたのあとを付いていきます[☆42]」。彼女は家族のほかの者たちと再会し、夫とふたりで南部へと帰っていった。彼女がモスクワの子供たちの許へと戻るとすぐに夫は義勇軍（「白軍」）に参加した。そのとき幼い娘ふたりの母親としてのつらい生活が始まった。自力で、生計を立てる手段をもたず生活し、モスクワで猛威をふるっていた寒さ、飢え、病いから逃れようとした。

一九一七年一〇月から一九二〇年はじめまで、したがって二年以上にわたって、ツヴェターエワは日記をつけており、さまざまな印象とそこから始まる省察を書き留めた。三年後、一九二三年はじめ

（亡命したばかりの頃）から、本にするためにこうしたノートを整理することにした。その抜粋はいくつも亡命雑誌に発表されたが、本全体が日の目を見るのは死後だいぶ経ってからのことだった。彼女はそれに『地上の徴』という表題をつけている。これはこの波乱に満ちた時代から生まれた、もっとも活き活きと情景を描くテクストのひとつとなっている。ツヴェターエワは会話、所見、そして瞬間的になされた省察を書き写したが、それらはいかなる政策綱領を意識してなされたものではなかった。彼女の夫は白軍に参加したが、彼女の気持ちはずっと複雑だった。まず第一に、ボリシェヴィキの最悪の側面からでさえ引き出すべき積極的な結論があると思っていたからである。彼女の手帳の、一九一九年七月二四日付けのメモには「悪の言い訳」という表題がつけられており、ここでいう「悪」とはボリシェヴィズムのことだ。ツヴェターエワはこの言い訳を列挙している。「⑶天がパンよりも高価であるということを最終的に確認すること。〔…〕⑸思想の暴力ではなく、一九一九年モスクワの全体的な苦しみによって、階級の境界をなくすこと」。数年後、彼女は要約している。「共産主義は、生を内側へと追いやり、魂に逃げ道を与えた[☆43]」。

しかし、とりわけこの時代から人生の終わりまで、ツヴェターエワは人びとを「赤」か「白」かというようなカテゴリーに、あるいはさらにロシア人かドイツ人か（はじめロシアはドイツと戦争をしていた）というような人間集団のカテゴリーに、あるいはさらにユダヤ教徒かキリスト教徒かというようなカテゴリーに閉じ込めようとはしなかった。同じ「悪の言い訳」のなかで彼女は書いている。「⑷人びとを分けたり、まとめたりするのは政治的信条ではない——いかなる場合においても政治的信条ではない！——という点を最終的に確認すること（私には共産主義者にも素晴らしい友だちがいる）」。数日後、手帳に書き添えている。「私の政治的信条全体が、反抗する者、というたった一語で要約できる」。

『地上の徴』にはこの原則を例証するメモが数多く見つかる。白衛軍への好感を隠そうともせず、ツヴェターエワは型にはまった、二元論的な判断を注意して避けるようにし（「ひとつひとつの嘘が真実に向けて少なくとも一筋の光を放っている」）、そしてとりわけ、思想と人を混同しないようにした。「私が大嫌いなのは共産主義者ではなく、共産主義なのだ」（彼女はあまりにも頻繁に耳にするこの言い回しをひっくり返した。「共産主義は素晴らしい、共産主義者はひどい！」）。友人に宛てた同時期の手紙のなかでも同様のことをいっている。彼女が著書のなかで「白い精神であることが明白であるにもかかわらず、現存する、非の打ち所のない何人かの共産主義者に対する全身全霊での讃美」をはっきりと示しているのが見いだされるし、「魅力的な共産主義者と非の打ち所のない白軍兵士も見いだされる」☆44。

ツヴェターエワは赤軍と白軍の紛争を超越したところに立ち、どちらの軍勢に与することもなかった。今回は超政治的な、あるいはおそらくただたんに人間的な視点となる。狂信と盲目はどちらの側にも見いだされ、暴力と苦しみも同様だと彼女は思った。権力のためのこの激闘において、彼女はどちらの陣営にもつかなかった。このくだらない目的のために費やされる厖大なエネルギーのすべてが彼女には無駄に思えたし、その色が何であれ、どちらの犠牲者たちの死も悼むつもりでいた。一九二〇年一二月の詩には、進行中の戦いに対するこの第二の態度があらわれている。そこにはとりわけ以下のようにある。

あちこちに
血に染まった溝
そしてそれぞれの傷。

お母さん！
陶然とした私には、
それしか聞こえない、
心の底から――心の底へと。
お母さん！

みな並んで横たわっている――
彼らを区別することはできない。
見てください。ひとりの兵士を。
私たちの兵士はどこに、彼らの兵士はどこに？

彼はかつて白だった――彼はいま赤だ。
血が彼を深紅に染めたのだ。
彼はかつて赤だった――彼はいま白だ。
死が彼を白くしたのだ。☆45

ツヴェターエワは民族的所属にも同じ判断をした。革命直後にユダヤ人がしばしば赤軍と同一視され、そのことから国民の他のグループのなかで反ユダヤ主義が新たに激化することとなった。『地上の徴』

においてツヴェターエワは食べ物を求めてロシアの奥地へと旅したことを語っており、逆の例を持ち出すことも忘れてはいない。ボリシェヴィキに敵対するユダヤ人というのもいるのだ！「あらゆる種類のユダヤ人いる、あらゆる種類のロシア人がいるように」。ドイツ嫌いも同様に戦争の時代に強化された悪口だった。ツヴェターエワは日記の抜粋を「ドイツについて」と題された章で終えている。これはこの国の伝統への愛の賛歌である。彼女はこう結んでいる。「嫌悪するのがドイツだろうとロシアだろうと、私には違いがわからない☆46」。

ツヴェターエワが日記にもとづく作品を出版することができなかったのはまったく偶然ではない。ソヴィエト・ロシアでそれが刊行される可能性はまったくなかった。しかし状況はロシアの亡命者たちにあっても同様に楽なものではなかった。出版社のなかにはボリシェヴィキの下劣さを告発する話なら進んで刊行するところもあった。だが、ツヴェターエワが書くものは違っていた。彼女の本は政治的見解について語ってはいない。それは現行の集団的な力については検討も判断もせず、人びとの体験を――ただたんに人間的な視点から――描いている（人間はその人が標榜する思想に帰着させることはできない）。それはある主張を擁護するのではなく、ある真実を捉えようとしているのだ。革命直後は赤軍も白軍もこの意図を理解しようとはしなかった。彼らは賛成と反対しか知らず、両者を含む視点は存在してはならなかったのである。

第2章　自分の道を選ぶ

革命後の最初の数年のあいだにボリシェヴィキは他にも優先的に行なうべきことがあり、芸術家の指導については検閲の復活、国外追放といった、いくつかの管理上の措置にとどめていた。そのうえ、この問題はレーニンの関心を惹かなかったようだ。しかし、一九二二年になると状況が変わる。内戦が終わり、レーニンが病気になった。そのときボリシェヴィキの第一級の指導者、トロツキーが新しい社会における芸術の場所という問題に向かった。一九二二年から一九二三年にかけて書かれ、一九二四年に出版された『文学と革命』は、一九二九年に著者が追放されるまで影響力を持ち続けた。

トロツキーによって展開された命題は、正統的なマルクス主義のヴィジョンに属するものだった。思想と作品は政治的・経済的現実の機械的な産物であり、「精神は現実的なものの後ろで足を引きずって歩くほかなく」、「文化は経済の活力を糧として生きていた」。古い、革命以前の文学は、支配階級、すなわち貴族とブルジョワジーの表現だった。支配階級が逆転したのであれば、新しい文学がプロレタリアートによってもたらされ、姿をあらわさなければならない。「芸術は、この出来事を引き起こすか、あるいは体験する人びとの生を、直接的にせよ間接的にせよ、反映している」。新しい芸術は「時代と一体となる者たちによってのみ」生み出されることになる。革命を拒否することは問題とはなりえない。「十月革命の展望の外にいる者は、完全に、そしてどうしようもなく無に帰せられることになる」。しかし、この枠が設けられると、党の役割も中断する。党は芸術家の具体的な仕事に干渉する必要がなくなるからである。芸術家たちが革命に賛成なのか反対なのかがひとたびはっきりしたら、「彼らに芸術の領域における自己決定の完全な自由を与える」必要がある。この問題については芸術家自身に委ねなければならなかった。「芸術の実際の発展と新しい形式を目指す戦いは、党の関心事の一部とはならなかった[☆47]」。

芸術家たちの振る舞いの個々の行為を規制しようとしているわけではないので、彼らがソヴィエト政権に対して好意的になるように方策を採る必要があった。一九二二年六月、トロツキーは政治局の同僚たちに、作家に対して取るべき態度について文書を出した。確かに容赦のない検閲を維持する必要があるし、彼らの歩みを正しい方向へと先導する必要もあるが、それを成功させるには、鞭より飴を用いるほうが好ましい。そのためには、しかるべき機会に与えられるように、大金を蓄えておかなければならない。翌々日、今度はスターリンが急いで党の同じ指導部に文書を出した。おそらく生涯において最後となっただろうが、彼はまもなく不倶戴天の敵となる者に同意した。「同志トロツキーが提起した問題——物質的・精神的支援によって若い詩人たちの心をつかむこと——は時宜に適ったことである[☆48]」。スターリンは実際的な提案も付け足した。作家の組織のトップには、忠実だが非共産党員の人物を置くのが望ましい。そうすれば芸術家たちは外見上は自由であるということになるだろう（この外見にかんする配慮からスターリン自身も芸術家として振る舞った）。数年後の一九二五年になされた芸術家、学者および作家たちへの演説のなかで、共産主義の理論家、ニコライ・ブハーリンは勝ち誇りながらこう表明することができた。「私たちは工場で大量生産される製品のように知識人も生産しようとしているのだ☆49」。

この幸せな日を待っているあいだに、作家たち（とそのすぐあとを追いかける多く芸術家たち）はさまざまな集団と下位集団に分かれており、いずれも党の責任者たちからはそれがどういうものか認識され、また大目に見られていたが、互いに激しい戦いを繰り広げてもいた。思い返してみると、三つの大きな集団が目立っていた。そのうち二つは支配的な地位を勝ち得るためにしのぎを削っていた。ひとつ目の集団は、革命前に未来派のグループから生まれた構成主義者たちである。その象徴的人物はマヤコフスキーであり、雑誌『レフ』（「芸術左翼戦線」の頭文字）の周りに集まっていた。もうひとつは「プロレタリア」たち、革命後に生まれた集団だった。その多くのメンバーは労働者ないし農民の階層の出身であり、作品はしばしば党のスローガンを直接くり返していた。どちらも共産主義の教義、ソヴィエト政権、そして十月革命を引き合いに出しているが、構成主義者が主張しているのは、芸術の実践における革新——下位のものではあっても対応しているものとしての——である。一九一七年以前のアヴァンギャルドの後継者たちということだ。マヤコフスキーをのぞいてこの記述に関連があるのは、メイエルホリド、ロトチェンコ、エイゼンシュテイン、ショスタコーヴィチといった芸術たちである。「プロレタリア」たちは新しい思想のための新しい形式を探そうという気はなく、構成主義者の探求が彼らの作品を人民に理解できないものにしているとさえ思っていた。

トロツキーやルナチャルスキーのようなボリシェヴィキの指導者たちが第三の大集団の成員を呼んだのは「同伴者」という見下したような表現によってであった。非共産党員、非プロレタリアも共産党政権を受け入れたが、それに奉仕しようとはしなかった。たとえばザミャーチン、エセーニン、ピリニャーク、パステルナーク、ブルガーコフといった作家たちのことだ。引き続いて起こった論争において、しばしば彼らは前のふたつの集団にとっての引き立て役、スケープゴート、あざけりの的となった。彼らは自分たちが穏健派で、アヴァンギャルドの形式も共産主義の信仰告白も必要だとは思っていなかった。

こうした大きな集まりのほかに孤立した者たちもいた。未来派の詩人ヴェリミール・フレーブニコフやスプレマチズムの画家マレーヴィチのような者たちは芸術の完全な自律性を主張し、詩人アンナ・アフマートワやオーシプ・マンデリシタームのような「内的亡命者」たちの作品は、たいていの場合、新しい体制にはほとんど言及していなかった。

一九二九年、ボリシェヴィキの対抗者を犠牲にして、スターリンが権力を全面的に掌握し、このことが、さまざまな派閥による論争や競争の時代の終わりの始まりを告げることとなった。一九三二年、政治局はあらゆる文学者団体を解散させ、それらをソヴィエト作家同盟という唯一の枠組みに統合することを決めた。そうこうしているうちに「プロレタリア」たちが頭角をあらわすようになっており（一九三〇年のマヤコフスキーの自殺がそれにつながっている）、この解散はそれゆえにほかの古い団体のメンバーたちを安堵させた。

一九三二年にはまた、ある文学者団体の非公式会合のさい、スターリンは重大な意味をもつある定義を示した。すなわち、作家は「人間の魂の技師」となる定めにある、というものだ。これが意味するところは、まず第一に作家にはもはや選択の余地がないということである。作品は国民の教育に役立つものでなければならない。これはそのうえ重くのしかかる責任でもあった。失敗の場合は作家に説明を求めることができるからだ。作家という職業における選択の余地は大いに制限された。スターリンが（牧者や庭師という伝統的なイメージよりも）技師というイメージを選んだことも重要だ。というのも、それが含意するのが、人間の魂の育生は科学によって完全に把握されているということと、ソヴィエト的人間《ホモ・ソヴィエティクス》を好きなだけ生産することができるということだからである。他方で、この言葉を作家に提示することによって、スターリンは彼らにおもねろうとしていることも明らかだ。実際に技師になりうるのは彼と党の指導的地位にある彼の同志たちだけであり、作家たちは最良の場合でもプロパガンダの素朴な技術者という役割を任せられるにすぎない。

一九三四年の第一回作家同盟大会のさい、「社会主義リアリズム」という言葉が明確に用いられ、ソヴィエト芸術の進むべき道を規定したと考えられている。これを構成するふたつの言葉はいつもうまく釣り合いが取れるわけではないのではないか、と思うかもしれない。というのも、「リアリズム」は表現と現実の関係にかかわっており、それゆえに事実の範疇に属しているが、他方、「社会主義」のほうはある理想を示しており、したがって、作品に具《そな》わる、善を奨励する能力を形容しているからである。もし事実と善、「ある」と「あるべき」が調和をもって組み合わされないとしたらどうなるのか。リアリズム的であることは、社会主義を守ることに通じていないとしたらどうなるのか。作家たちとこうした問題について議論するのが好きなスターリンとしては、このような分離については考えが及ばなかった。「作家が生の真実を誠実に反映しているなら、マルクス主義へとたどり着かざるをえない」[☆50]と彼は明言している。

この変わることのない連携の説明は党のイデオローグ、アンドレイ・ジダーノフが大会の演説のなかで行なったものである。社会主義はソヴィエトの未来をあらわしているということだが、この未来は現在のなかに萌芽として含まれている。自分のまわりに見えるものをリアリズムをもって報告する作家たちは、それゆえにそこに社会主義の未来を含めなければならない。「ソヴィエト文学は私たちの主人公を描き出すことができなければならず、私たちの未来にみずからを投影できなければならない。それはユートピアではないだろう、というのも、その未来は計画された意識的な仕事によっていまから準備されているからだ[☆51]」。しかしこの未来は現在のように描写できるほど確実なものなのだろうか。確実なのだ、というのも時間の進展は偶然を知らないからである。それは歴史の法則に従い、それればかりか党の意志（計画）にも従っている。したがってそれは完全に予測可能なのである。

ピリニャーク、言い逃れをする抵抗者

革命の果実である全体主義国家は、抵抗のための場所を残さなかった。この方向へ向かう試みには明日がなかった。

ボリス・ピリニャークは一九三七年一〇月二八日に逮捕され、ルビヤンカの内務人民委員部の牢獄に閉じ込められた五日後に、内務人民委員ニコライ・エジョフへの手紙を書きたいと申し出た。その手紙はこう始まっている。「私の人生および私の行動は、この時期全体にわたり、私が反革命家であったこと、体制と政府の敵であったことを示しています」。通常、監獄で作成されるこの種の文書の内容は、あらかじめ検察官によって用意され、被告が認めるのは拷問を受けてからのことだ。ピリニャークの場合は少し異なっていた。ここかしこの加筆であることが明らかないくつかの言葉を除けば、彼の告白

の手紙には多くの真実が含まれているようだ。ピリニャークはじつに本当らしく自分の意見を書いている。彼はこう考え、そして書いた。「国の状況はとても緊迫しており、国家による、個人ならびに創作過程への抑圧のせいで、社会主義という概念そのものが損なわれ、反目と孤独の空気が生じようとしています」。ひと月後、尋問のさい、彼は細部に立ち入った。「革命の最初期から、私はソヴィエト政権への戦いに身を投じていました[☆52]」。彼が報告していることは多くの場合正しいが、不備もあった。

ピリニャークは一八九四年に生まれ、一九一四年から一九一八年の戦争の頃、執筆と出版を始めた。最初に大きな成功を収めたのは著書『裸の年』で、一九二二年に刊行されると、すぐにさまざまな言語に翻訳された。あっという間に彼はもっとも人気のあるソヴィエト作家のひとりとなった。この本の体裁は、内戦の頃の、辺鄙な地方にある村の生活の年代記である。出身階層はさまざまだが、全員ロシアの伝統に根ざした多彩な人物たちが、新しい言葉やその反対のとても古い言葉がぎっしり詰まった味のある文体で描かれていく。彼らはさまざまな政治的立場について語っているが、作者はそれを提示しても自分のものとはしなかった。人物のひとりは内戦の影響について語っている。「食べ物がなくなり、明かりが消え、水が涸れ、燃料が不足し、犬や猫さえもいなくなった（そしてネズミが繁殖しはじめた）……。もはやスプーンもなくなった酒場では、山高帽の老人たち、帽子をかぶった老女たちが痩せこけ、貪欲な指で皿のなかの残飯をつかんでいた」。

飢えや窮乏に刺激され、活発な働きをみせるのは純粋な生存本能だけである。「思想、寛大さ、恥辱、自制心など消え失せろ！　動物、たんなる動物なのだ！」。混沌は列車のなかで頂点に達し、大草原地帯《ステップ》をゆっくりと横断していく（二五年後にはときにナチスの収容所の描写を読むだろう）。ボリシェヴィキは「革の上着を着た者たち」、「感傷癖の上着ではなく、革の上着[☆53]」を着た者たちであり、彼らは障害物の前で立ち止まらず、必要なところではためらうことなく決断を下す。ひとは混沌とした、ばかげた世界に入り込んでいる印象を持ち、その印象は物語の調和の取れていない構成――種々雑多な断片の組み合わせ――によって強化される。小説の成功のせいで国家政治保安部《ゲーペーウー》の注意が著者と別の物語に向けられることになり、秘密報告書のなかでその物語については反革命的感情を引き起こす可能性があるとされた。ピリニャークはそれ以後監視された。当時、ひとに累を及ぼす存在となっていたトロツキーから賛辞を送られたので、監視はますます強化された。

次のエピソードは一九二六年のことだ。前年、ピリニャークはある噂を聞いた。陸海軍人民委員だったミハイル・フルンゼは胃潰瘍の手術によって死亡したが、その手術は党が彼に強制したものだった。スターリンの命令で死刑に処せられたといっていい。ピリニャークはこの燃えやすい素材に飛びつき、自分の著書『消されない月の話』の主題とした。筋の展開を考え出し、登場人物の名前を変え、彼らにさまざまな感情や省察を割り当てたが、同時代の人びとからすると、主題がフルンゼの死であることは明白だった。ピリニャークの物語においては、その決定と彼の死刑執行が合法的なものであり、また犠牲者によっても、「ナンバーワン」(スターリンでしかありえない)によっても受け入れられたものであるとして描かれている。上層部の要求には服従するボリシェヴィキの精神をわかりやすく説明するものとなっていたのだ。ピリニャークはここではアーサー・ケストラーの先駆者のように見える。ケストラーはオールド・ボリシェヴィキがモスクワの訴訟に対して示した同意の論理を『真昼の暗黒』において理解しようとしていた。ただし、ピリニャークは死刑執行人の側についていたが。しかしながら噂が文字で書かれたテクスト――誰もがこれを読み、解釈できる――に変わったのはこれがはじめてだった(ピリニャークは、類似点があっても、自分の物語はフルンゼの死とは関係がないことを説明する注釈――

すなわち明白な否認――を土壇場で添えた)。テクストは雑誌『ノーヴィ・ミール』のある号に掲載されたが、政治局の判断によって押収され、破棄された。この行為に伴って、出版にかかわる責任者たちが譴責された。

はじめピリニャークは驚いたふりをし、さらに類似を否定して、自分の運命は「私たちの革命的社会に結びついており」、「革命に必要な仕事を遂行する」☆54つもりでいると明言した。党の指導者たちはこの反応では不十分だと考え、スターリンはこの決議について、「ピリニャークはごまかし、われわれは騙されている」と書いた。抗議の叫びを上げる前に、作家は考え直し、第二、第三の悔悟の手紙を送り、そのなかで自分の罪を全面的に認め、無条件でその本を断罪した。今度は悔悟の言葉が受け入れられ、奇妙なほど素早く償われもした。ソヴィエトのどの雑誌でも、ピリニャーク掲載禁止の措置が解かれ、西側への旅行も自由にしてよいとされた。このような寛大さは一般的なものではなかった。ピリニャークは外国で収入を得ることもでき、これによってゆとりのある生活が送れた。

一九二九年に別の出来事が生じた。新作を検閲に提出せず、国外の亡命出版というかたちで刊行したのだ。『マホガニー』である。この本も体裁は、地方生活の一種の年代記であり、見た目は混沌としているが、実際には巧妙に計算された構成をもち、風変わりで滑稽な人物が登場してくる。著者はいつもそのうちのひとりの味方をしているわけではないし、誰もボリシェヴィキの教義を持ち出してはいない。聖愚者、天啓を受けた者が理想的な共産主義を夢想している。「彼は自分のまわりに彼のような者たち、彼のように革命に拒絶されたが、それによって鍛えられた者たちを集めていた。彼らはこの地下道を見つけ、真の共産主義を生きていた。友愛、平等、友情である」。クラウディアという若い女性が一種の快楽主義を表明している。「私は自分のしたいことをし、誰に対しても何の債務もない。〔…〕自分に関係していることしか理解しない。ほかは興味すらない」[☆55]。田舎の集産化は諷刺的に描かれており、働き者の農民たちを遇するのは富農《クラーク》や党の敵の権力なのだ。

公式の新聞雑誌は再びピリニャークに襲いかかった。彼はいまや二重の罪を犯している。ソヴィエトの現実を悪く言い、そのうえ新しい規則――未発表のテクストを外国で出版することが禁じられた――に違反しているのだ。ピリニャークの事件に、同じ違反の罪を犯しているエヴゲーニー・ザミャーチンの事件(これについては後ほど触れる)が加わった。ピリニャークは前と同じように対応した。まず潔白を装い(「私の生活と私の仕事は私たちの革命に結びついており、革命の外側に自分の将来を見ることができない」[☆56])、つづいて自分の過ちを認め、政府にソヴィエトを信奉する誓いを立て、国家の敵に対するより厳しい罰を要求した(それは第一回モスクワ裁判の時代だった)。ともかく一九二九年には有名なトロツキースト、ヴィクトル・セルジュと付き合い、フランス語で執筆するルーマニアの作家パナイト・イストラティと、彼がソヴィエト連邦訪問中に知り合い、その「目を開かせた」。フランスに戻ると、イストラティは社会主義の本場での印象を詰め込んだ物語を出版した。その後、ピリニャークは再び外国旅行の許可を、彼いわく、祖国によりいっそう奉仕するために求めると、祖国はまた許可を与えた。彼はアメリカへと赴き、断固として反アメリカ的で、親ソヴィエト的な作品を携えて戻ってきた。彼はロシア的な小説『ヴォルガはカスピ海に注ぐ』(一九三〇年)も発表し、そこで『マホガニー』の題材を再び取り上げ、不謹慎な件《くだ》りを排除し、検閲の要求にすべて従った。

ピリニャークのテクストの一部は、それゆえに抵抗の試みのように思われるが、このうえなく教条的なソヴィエトの批評家たちの嘲笑を彼に向けさせる以外の効果を持たなかった。彼に大きな信頼を寄せる者はもはや誰もいなかったようだ。体制に忠誠を尽くすと彼が表明しても、それが違反の直後のことなので（そしてその逆もまたあるので）、読者も検閲官も彼の誠実さを信じることができなかった。同時に、彼はめったに得られない、大きな特権を享受し続けていた。この一貫性のなさの背後には、〈機関〉によって入念に準備された策動がなかったのだろうかと問うこともできる。ピリニャークは彼の社会の殉教者とされる一方で、外国ではソヴィエト連邦の敵の目前で聖人に変えられようとしていた。要するに彼はそのとき敵にかんする貴重な情報源になろうとしていた。このような仮説はさしあたり検証できないが、それによって紆余曲折に意味が与えられるようになるだろう。それまでのあいだ結末は悲劇的なものだ。

マンデリシターム、匿名のビラ

秘密警察部門にあったマンデリシタームの書類を公開した著書『よみがえった言葉』のなかで、ヴィタリー・シェンタリンスキーは、マンデリシタームの逮捕につながった詩についてこのような大げさな表現を用いている。「「英雄的指導者」を非難する詩句はひとつの詩をはるかに凌ぐものとなっていた。文学の歴史には比類するものがない、市民の大胆さと勇気を示す、必死の行為だったのである」[☆57]。この言葉が正しいとしたら、ソヴィエト・ロシアにおける当時の市民の抵抗の弱さを推しはかることができる。

しかし、マンデリシタームの身振りには大胆さと勇気を示す行為が本当にあったのだろうか。彼はまず一九三三年一一月にスターリンを諷刺する詩を書き、その後数ヵ月間――一九三四年五月に逮捕されるまで――それをさまざまな友だちや知り合いに朗唱していた。この時期の前も後も詩人は当局に反対する振る舞いをみせておらず、いかなる政治計画にも参加しなかった。「陰謀家の役割を果たすマンデリシタームを想像することはまったく不可能です。策を弄することなどできない、正直な人でした」と未亡人のナジェージダ・マンデリシタームは回想録に書いている。彼の行為が前述の暴君を害することはまったくありえないし、その暴君が指導する体制を害することもありえない。その詩はマンデリシタームのまわりの狭い範囲を超えて知られることはありえなかった（誰も僅かな賭け金のために命を危険にさらそうとはしない）。この行為の――完全に予測可能な――結果は、それを実行した者が罰を受けるということだけだ。マンデリシタームの近くにいる者たちは彼にそのことを何度も言い、詩を誰にも読み聞かせないことを願った。彼も詩が盗聴されたら、死刑になる恐れがあると思った。「私たちはみな、あの詩句のせいで彼が命を落とすこともあるだろうと確信していました[58]」とナジェージダは続ける。詩人をこのような振る舞いへと仕向けた理由を問われたとき、「自殺」という言葉がすぐに思い浮かんだ。近くにいたある友人はこう言った。「どうして？　あなたは自分の首にかけた紐を自分で締めています」。確かに自分自身の死という考えは彼には馴染みのないものではなかった。「一九三四年二月、マンデリシタームはアンナ・アフマートワに打ち明けた。「私は死ぬ覚悟ができています[59]」。

詩を作り、広めることは、たぶん（政治的）目的のない行動だったが、理由のないことではなかった。近くにいる者たちが提示した疑問へのマンデリシタームの回答は、「私は沈黙することはできない」、「私には他に仕様がない[60]」というものだった。マンデリシタームは詩人としての役目を引き受けるという道徳的な義務を感じており、彼にとってはそこに真実を明らかにすることも含まれていた。政治的ではなく道徳的な行為であり、ローマ帝国の時代のキリスト教の殉教者たちの一徹さを思い出させる。彼らは、信仰の告白をすれば命がないことがわかっていたが、声高に力強く言明せざるをえなかった。「詩、それは力だ」と彼はあるときアフマートワに言い、自分に課せられていると感じている使命にふさわしくありたいと強く望んだ。もっと古いあるテクストでは、さらに芸術家の死を創作活動の最後の行為と考えていた。「芸術家の死は創作行為の連鎖から排除するのではなく、結論を示す最後の要素と見なさなければならない、と私には思われる」[☆61]。神秘的ともいえる力が彼にこの詩を書き取らせ、朗唱させた。

一群の細い首の指導者たちが彼を取り巻き、
その人間の影たちの奉仕を、彼は楽しんでいる。
ひとりは口笛を吹き、もうひとりはニャオと鳴き、別のはうめき、
任命し罰するのは彼しかいない。

数ヵ月後の一九三四年八月、第一回ソヴィエト作家同盟大会が開かれた。ある作家たち（匿名の）の集団がこの機会を利用して、大会に出席する外国の賓客たちに対して、ソヴィエトの同業者の生活と労働の状況を告発しようとした。会議に出席するロシアの代表者にも自分たちのビラを送った。どちらかが急いでそれを〈機関〉に伝えなければならなかった。〈機関〉はビラを関係書類のなかに並べ、その出所を突き止めようとした（それができたのかどうか私は知らない）。それゆえに現在、この訴えのテクストを自由に見ることができるが、おそらくこれはこの種のテクストとして唯一のものというわけではない。

ビラは外国の作家たちに強く訴えかけ、彼らがやって来たらひどい嘘をつかれるだろうということに注意を促した。

「私たちの国が、すでに一七年にわたって、自由な表現がまったく不可能な状態にあることを理解しなければならない。私たちロシアの作家は売春宿の娼婦に似ており、違いは、彼女たちが身体を売るのに対して、私たちは魂を売るという点だけだ。彼女たちには飢え死に以外の問題は存在せず、私たちも同じだ……。さらに悪いことに、私たちの家族と近親者も同様に私たちの行動に責任があると見なされている。[…]あなたがたの国では、ファシズムの犠牲者たちを救うさまざまな委員会が組織され、戦争に反対する会議が開催され、ヒトラーが焚書にした本のための書庫が作られている。これはすべてよいことだ。しかし、なぜ私たちはあなたがたが、スターリンによって推進された、この国のソヴィエトのファシズムの犠牲者を助けるのを目にすることができないのか。この犠牲者たちは本当に無実であり、そのことで同時代の人びとが憤慨し、感情を傷つけられているのに。その数は世界大戦の終結以後、地球全体の犠牲者よりもはるかに多いのに[62]」。

この政治的抵抗の行為は、同じくスターリンをファシズムになぞらえたマンデリシタームの詩と同様、即座に効果を生み出したわけではなかった。「何がきっかけでこの詩を書いたのですか、とパステルナークが問うたとき、マンデリシタームは、どんなかたちであれ、ファシズムほど嫌いなものはありません、と説明した[63]」。

ザミャーチン、最初のディストピア

　創造的芸術家が行なった、ロシアに留まりながら十月革命の結果に抵抗する試みのうち、おそらくもっとも首尾一貫していたのは、作家エヴゲーニー・ザミャーチン（一八八四年生まれ）のそれだった。一九〇五年の革命のとき、左翼への共感からボリシェヴィキに合流した。一九〇八年に投獄され、一九一一年に亡命する。同時に彼は（技師として）科学的研究を続け、文学テクストも執筆し始めており、一九一三年からは発表もする。戦争中、ボリシェヴィキから離れ、もう政治参加はしなかった。政府は彼に連合国のイギリスへ行き、造船所で働いて、ロシアに向かう船の建造を監視させた。のちに彼は自分には文学と技術という、ふたりの妻がいたと述べている。皇帝の退位を知り、一九一七年九月にペトログラードに戻った。

　二月革命がもたらした変化を称賛する彼の、十月への反応は、共同で作業をしていたゴーリキーのそれに似ていた。彼は社会革命党左派の新聞で短い記事を発表し、そのなかでボリシェヴィキから押しつけられた措置を酷評している。帝政時代の警察の行ないをくり返しているように思えたからだ。監視と迫害が再び強化され、死刑が復活し、憲法と自由が一時停止になり、普通選挙の結果が無視された。宣言されたスローガンは、それに矛盾する行動を隠すのに役立った。「人民委員の政府は、ロシアの労働者と農民の名において、まさにそのロシアの労働者と農民を含めてすべてを犠牲にするつもりでいた」。暴力、すなわち「ソヴィエトの部隊による労働者の虐殺、ソヴィエトの警察による労働者の逮捕、ソヴィエトの検閲による新聞雑誌の活動停止」が拡がった。ブロークはどうしてそこに「歯を折る見事さ」を見、それこそが「言うことをきかない奴隷の教育[64]」なのだと想像できたのだろうか。芸術家に対して革命が要求するのは、服従、「命じられた仕事をこなす芸術」だったのだ。

ザミャーチンは革命そのものに反対なのではない。そうではなくて、十月革命が革命を続けるのではなく止めてしまったと思っていた。ボリシェヴィキは反革命家だった。「思想の実現、世俗的転落、具体的勝利はただちにそのブルジョワ化を示す。〔…〕「勝利の十月革命」は〔…〕ひとたび勝利すると、規定から外れることがない。ブルジョワ化するのだ」。彼が自分自身の態度をあらわすために用いることにしたのは、異端という言葉である。「異端者だけが世界を生き生きとしたものにする〔…〕。私たちの信仰の象徴は異端なのだ」。その要請は作家にとってはとくに差し迫ったものとなる。「真の文学が存在できるのは、それを作るのがまじめで信頼に値する役人ではなく、狂人、隠遁者、異端者、夢想家、反逆者、懐疑主義者であるところだけである[65]」。共産主義のイデオロギーがこのテクストのなかでは宗教（「新しいカトリシズム」）に同化している。この言葉と同種のほかの言葉のせいで、ザミャーチンは一九一九年に逮捕されたが、すぐに釈放された。ボリシェヴィキだった過去がまだ意味を持っていた。チェーカーを前にした供述において、彼は自分が無党派だと明言し、それ以後、文学には興味を示したが、政治には興味を示さなかった。

しかし、賢くなって、（ゴーリキーがそうしたように）新しい状況――ボリシェヴィキ政権が続くことになる――に適応しようとするどころか、ザミャーチンは一九二〇年に空想未来小説の執筆を企てる。タイトルを『われら』といい、全体主義国家（ザミャーチンは本のなかで「単一国」と呼んでいる）の出現によって生み出された、最初のディストピア、すなわち負のユートピアを描いている。この原稿は広く行き渡り、彼はそれを公然と朗読したが、検閲は印刷を禁止した。この行動が示しているのは、検閲官が、自分たちの社会の特質がザミャーチンによって描かれる想像上の世界と同じであることを認識したということである（彼らは自分たちのことを不審人物であるとしたのだ！）。このように即座に認識したことは、今日の読者からするとよりいっそう驚くべきこととなる。ソヴィエト社会が一九二九年から一九五三年にかけて最盛期を迎えていたことを知っていれば、二〇年代よりまさにその時期のほうがよく似ていることに気づくからだ。

遠い未来を舞台とするこの小説が物語るのは、他の惑星を征服するための宇宙船を造る技師の話であり、彼は私たちが読む物語の作者でもあるのだ。彼は自分が属する社会の法律を全面的に支持しているが、あるときある女性の魅力に屈してしまう。やがて明らかになるのは、彼女が反逆者であり、全国的な反乱を準備していることだった。紆余曲折を経て、技師は愛人を裏切り、過ちを告白する。女性は拷問にかけられ、処刑される。この未来社会の特徴は、なによりも、「旧世界」を支配していた「私」を犠牲にして「われら」に中心的な場所を与えている点である。そのために特定のひとりの人間への愛はもはや存在しておらず、代わりに性規制法《レクス・セクスアリス》がある。それは次のことを前提としている。「どの番号［人間にはもはや名前がない］であろうとも、他のどの番号でも性的な目的のために利用する権利を有する」☆66。

国家を導くのは〈恩人〉と呼ばれるひとりの人間である。思想提唱者《イデオローグ》でもあり指導者でもある〈恩人〉に、人は神にも値する崇敬の念を抱いており、とりわけ公認の詩人たちがその礼拝を行なっている。あえて誹謗する者には死刑に処せられる。この人物にはいくつかの側面ではドストエフスキーの〈大審問官〉を思い出させ、別の側面ではレーニンを思い出させる。彼は仕事では〈守護者〉という有能な補助者に助けられている。人びとは絶え間なく監視され、盗聴されており、市民は選挙に参加するが、結果はあらかじめ決められ、知らされている。社会を組織するこのような方策のほかに、この未来世界を特徴づけるものとして、人間たちが内面において被った変質もある。人間たちが新しい秩序に賛同するさいの熱意は忘我に到るほどだ。彼らは家族にせよ友人にせよ、自分にもっとも近い人びとを生贄として国家に差し出し、密告を道徳的義務と見なしている。個人的見解は国家の決定の前に消え去る（ほぼ同時期にトロツキーがこう書いていた。「われわれの誰も自分の党に逆らって正しくなりたくもなければ、正しくなれもしない」[67]）。

ザミャーチンがパリに亡命した直後にフランスの新聞が行なったインタヴューのなかで、作家は自分の本をたんなる政治パンフレットへと矮小化させるような見方に注意を促している。「この小説は人類を脅かす二重の危険にかんする警報なのです。二重の危険とは、すなわち行政機構の肥大した権力と国家の肥大した権力のことです」[68]。彼が言い添えるには、アメリカではこの小説はフォード主義への批判として「それなりの根拠をもって」解釈された。本のなかで新しい社会のこの側面が描かれるのは、一九世紀末の「労働の科学的組織化」の考案者フレデリック・テイラーの名に因むテイラー主義という名においてである。テイラーの名前がわれらの世界では崇められている。「このテイラーはこのうえない天才である」と「旧世界」の思想家たちのあいだで言われている。テイラー主義を実際に讃美した者にレーニンとスターリン、ならびに構成主義者とメイエルホリド——その「生体力学的方法《ビオメハニカ》」は俳優の考えを動きへと移し変えることである——がいた。はじめはこれは労働界にしか適用されなかった。よき労働者はこんなふうに描かれている。「テイラー・システムに従っている、素早く律動的な身振り。それは並外れた機械のピストンのようだった。［…］人間に似た完全な機械と機械に似た完全な人間」[69]。

しかしテイラー・システムは不十分だと考えられている。考案者はそれを労働の組織の外にまで及ぶことを理解していなかった。「彼は自分のシステムに一日の二四時間を組み込むことができなかったからである」。われらの世界では、テイラー主義、すなわちより高い生産性を目指しての人間の行動にかんする科学的分析は、生活のあらゆる側面に及んでいる。住民は、子供の頃から慣れ親しんでいる、テイラーの運動部屋に足繁く通っている。そのうえこの世界では子供の教育は親の自由裁量に任されておらず、国家の制度によって確保されている。「園芸、家禽飼養、養魚を行ないながら、〔旧世界の人びとが〕この階梯の最後の段、すなわち育児まで上ることができなかったのは驚くべきことではないだろうか[☆70]」（もう一度くり返せば、ザミャーチンが嘲弄するものをトロツキーは、はるか未来のものとはいえ、現実主義的な見込みとして記述している。「子供を養い教育するという面倒な仕事は社会のイニシアチブで家庭から取り除かれている。女性はついにその半隷属状態から解放されるだろう。技術のほかに教育学が心理的にも新しい世代をかたちづくり、世論を支配するだろう[☆71]」）。

音楽さえもが「テイラーの方式」に従うだろう。さらに大仰にいえば、昔風の人間の混沌とした願望の代わりに、ここは数学的で、「律動的で、テイラー化した」幸福が当てはめられる。この点においてわれらの世界は旧《ふる》い社会に対立する。旧い社会の人びとは、完全には予測できず、抑えられない欲望にとらわれており、彼らが送る生活においては、偶然にいまだにしかるべき場所があり、自然がまだすべての秘密を漏らしてはいない。この本のふたつのテーマがひとつになり、政治形態の批判が、社会生活全体を組織する方法の批判と肩を並べる。自由を奪うことができるのは、国家の意志だけではなく、社会的条件の総体でもあり、生活の機械化が警察を引き継ぐ。

それゆえに『われら』は出版が許可されなかった。ザミャーチンはそれでも信念を曲げなかった。

この小説がそれを表明する唯一の手段というわけではない、ということは『聖ドミニクの火』（一九一九年執筆、一九二二年上演）と題された彼の戯曲を読めばわかる。著者がそこで採用した戦略は少し異なっている。彼が生きる現在を連想させるのは、もはや未来への跳躍ではなく、過去の事件の呼び戻しなのだ。この作品が描くのはスペインの異端審問の場面であり、現代ソヴィエトで行なわれていることを明らかに暗示している。抑圧の〈機関〉は、このようにザミャーチンがソヴィエト世界に帰属していないことを確かめたら、レーニンが国から追放することに決めた、知識人、哲学者、神学者からなる名高い集団に含めるつもりでいた。

ザミャーチンは逮捕され、尋問された。供述のなかで、まったく後悔の念を示しておらず、白系ロシア人の亡命も非難していない。彼からすると、知識人たち、「国の頭脳」には、自分たちの社会の欠陥と欠点を知らせる義務がある。小説のなかで彼は共産主義だけではなく、社会の保守的な要素についても批判した。〈機関〉はザミャーチンは亡命すべきだと考えたが、そうこうしているうちにボリシェヴィキの高官の何人かが彼に好意的な立場を取るようになる（一人は作家としての特質を褒め、別の者は技師としての特質を褒めた）。ザミャーチンにとっては残念なことに国外追放という罰を受けるのではなく、三週間後に釈放され、厳しい監視下に置かれた。

一九二四年、ザミャーチンは「文学、革命そしてエントロピー」というタイトルで綱領的なテクストを発表することができた。『われら』から引かれた言葉の後で述べられる命題は、一九一八年の著作に立ち戻っている。著者にとっては、小説のなかの女性反逆者にとってと同様に、世界にはエントロピーとエネルギーというふたつの力、均衡の維持と永久運動、革新、批判があり、そして革命もある。それゆえに彼は革命に賛成する。社会について暗に非難するのは、それがブルジョワ化したという点、反革命的なものになったという点である。異端者が再びあらゆる領域──科学、宗教、社会生活、芸術──の教義に対する最良の対抗措置として描かれる。「異端者は健康にとって必要なものである。彼らがいなければ、作り出さなければならない。〔…〕誤りには真実以上の価値がある」[☆72]。

この言葉は『われら』が伝えるメッセージをあまり正しく評価していないと考えることもできる。まず第一に、たとえ共通する特徴があるにしても、革命家と異端者を同一視するのは危険だった。一方は集団的な企てに参加し、他方は個人の道を歩んでいく。前者は自分たちの計画を実現するために暴力的手段を採り（「ビロード」革命を除いては）、後者はそうしない。より一般的には、前者は計画を温め、後者は世界を解釈し、それをなんらかのかたちで表現する。芸術家と作家は、周囲の順応主義では理解しえない、まだ萌芽的状態でしか存在していないものに気を配っており、それを作品のなかで表現しようとしている。しかしこの感性は革命の感性とは混同されない。後者は建設すべき未来の名において現在を断罪するからである。最後に、アヴァンギャルドやこの文脈で想起されるニーチェのように批判や変化のひとつの動きだけを際立たせると、革命と反革命を区別できなくなる。そうでないなら、どうして検閲を課すよりも検閲に異議を唱えるほうが好ましいのだろうか。どうして普通選挙のほうがソヴィエトによる選挙の占奪より好ましいのだろうか。いくつかの価値については、変化を導入するからではなく、それ自体に人は与する。

その後数年間にザミャーチンはブルガーコフと友情で結ばれ、メイエルホリド（ある戯曲の脚色のために）やショスタコーヴィチ（オペラの脚本のために）と共同で仕事をしたが、彼の名前が前面に出ることはなかった。中編小説もいくつか書き、そこにはすばらしい『洪水』も含まれる。その登場人物たちの行動は、『われら』のように国家が定めた規則に従うのではなく、彼らが気づいていない──

生死にかかわるような、このうえなく重大な行為に関係しているときでさえ――さまざまな価値によって導かれている。同じ一九二九年にソヴィエト連邦では、前述のようにふたりの作家、ピリニャークとザミャーチンへの激しい反対運動が開始され、裏切り者やスパイのように糾弾された。彼らの罪は、祖国で未刊行の作品を外国で、ということは「ブルジョワ」の国で発表したことだった。ザミャーチンの場合は、『われら』の抜粋が亡命出版から（ロシア語で）出たこととこの小説がフランス語で出版されたことだった。

ザミャーチンはこの攻撃に対して、ソヴィエト政府への長い手紙で応答した。ピリニャークとは違い、何も後悔することはなく、自分の立場を正当化した。自分の才能は批判的な性格のものであり、自分には「肯定的な主人公」を描くことができないと感じている。前共産主義的過去のみを批判することも、彼には自分がわざわざ扱うような問題ではないように思えた。それは当時の正統派、つまりは卑屈な態度を採用することになる。自分は異端者の立場のほうがいい。出版禁止になったことがわかると、彼は「一年間」外国に行くことを許可してもらおうとした。要求は拒否された。しかし二年後、ゴーリキー――彼とは友好的な関係を維持しており、そのとき帰国していた――の勧めで、要求を今度は（ちょうどそのときブルガーコフもそうしたように）スターリンへの手紙というかたちでくり返した。そのなかでピリニャークの類似した要求が好意的な回答を得たことにも言及した。しかしそのなかでピリニャークとは違い、正しくソヴィエト的な作品を書く約束はしなかった。ザミャーチンには国に留まってもらいたいという、ゴーリキーの介入が決定的なものとなった。今回は許可を得、一九三一年にパリに身を落ち着けた。いかなるときもザミャーチンは共産主義政権の圧力に屈しなかった。

ロシアからの亡命者たちとのかかわりという点では彼の状況はかなり独特なものだった。スターリンに伝えたように彼は政治的活動はしなかった。この文脈において、それは多数派の声に合流することだった。ところが彼は異端者であることのほうを好んだ。ソヴィエトのパスポートを保ち、時折ソヴィエトの新聞に寄稿し（掲載され）、ソヴィエト作家同盟のメンバーとなり、一九三五年にパリの反ファシスト大会へのソヴィエト代表団に加わった。同時に、フランス側の企画に参加するようにし、たとえばゴーリキーの戯曲『どん底』をジャン・ルノワールの映画のために脚色した。インタヴューには控え目な言葉で応じ、文学のテーマを好んだ。オルダス・ハクスリーの小説『すばらしき新世界』を読み、『われら』とのさまざまな類似点を見つけた。パリ生活が背景にあるとロシアでの生活が続けられなくなるかのようにすべてが展開した。もし共産主義体制を批判したら、自分が順応主義者になり、エントロピーを増大させるのではないかと心配しただろう。彼の西欧世界の知識では、彼が西欧世界を批判できるようになるには十分ではなかった。彼はアメリカに少し長く滞在するのを夢みていたが、病気のせいでそうなる前の一九三七年に死んだ。

　マリーナ・ツヴェターエワも同様に亡命後の環境ではたいてい居心地悪く感じており、自分が彼に似ていると思っていた。彼の葬儀には数人の知り合いと参列した。その日、彼女は友人への手紙のなかでこのように簡潔に追悼の意を表している。「彼が亡くなり悲しくてなりませんが、慰めとなるのは、最期を自由のなかで、魂の平安を得て迎えられたと思えることです。会うことはめったにありませんでしたが、会うときはいつも楽しく過ごしました。彼も私と同様、どちらの側にも属していませんでした」[☆73]。生前彼が出版した最後の中編小説『出会い』（一九三五年）においてザミャーチンが語るのは、映画の撮影に端役として参加している、ふたりの男の話である。それぞれが演じる役は、彼らが実生活では一五年ほど前に引き受けていたものだった。一方は革命派の学生であり、他方は帝政派の憲兵隊の大佐だった。ふたりは遠い昔にすでに出会っていることに気づく。大佐が学生を投獄したのだ。いま大佐は昔の犠牲者の復讐を恐れている。しかし彼は思い違いをしている。学生が近づいてくるのは、撮影の再開を待って、失敗した部分を演じるためなのだ。過去の対立が映画となった。かつての敵同士がいっしょに演技をすることもある。

バーベリあるいはありえない嘘

自分の良心と自分が暮らす社会の期待の両方を満足させなければならないソヴィエトの作家や芸術家が対峙するジレンマ、イサアク・バーベリはそれを的確にいいあらわした。

バーベリは一八九四年、オデッサのユダヤ系の家庭に生まれた。父は商人だった。はじめ彼はキエフで学び、戦争中に居を定めたペトログラードで最初のいくつかの物語を書き、ゴーリキーに注目され、励まされた。ゴーリキーは彼を称賛し、「世界を見」に行くことを勧めた。バーベリはしばらくチェーカーの通訳として、つづいて十月革命から生まれた他のさまざまな機関で働いた。その後オデッサに戻り、ジャーナリストとして雇われ、ポーランドとの戦争を行なう騎兵隊に同行した。停戦後の一九二〇年にオデッサのユダヤ人の生活や戦争にかんする物語を再び書き始め、いくつかが一九二三年に雑誌に掲載された。マヤコフスキーの勧めでモスクワに移り住み、そこで最初の何冊かの本を出し、一九二六年の『騎兵隊』によってロシアと外国の両方で名前が知られるようになった。

戦争がそこではじつに生々しく、そして荒々しく描かれ、死や強姦がすぐ後に続く。同時代の批評がこの本に見たのは、「血と涙と精液」の概要と、さらには革命の残酷さにかんする厖大な素材だった。しかし読者が何よりも感銘を受けるのは、「私」として語る語り手の態度であり、それをとおして私たちは「赤いコサック軍」への共感を分かち持つことになる。登場人物の行為はあれこれいわれることなく正当化されているようだ。というのも、それが示しているのは、彼らが送る激しい生活、革命の大義への彼らの全面的な誓いであり、このことが直ちに彼らを「善悪を越えたところに」置くことになるからである。こうして彼らは考えることなく、抗しがたい生の息吹に突き動かされて行動する。彼らは美的称賛を呼び起こし、それが倫理的判断を沈黙させる。描写は正確で、簡潔で、そっけない。革命は暴力的なものだが、それだけになおさら愛すべきものとなる。

　戦士のこのような見方から思い出されるのは、ブロークが『十二』で行ない、トロツキーに抗議の声を上げさせた表現である。いや、赤軍歩兵はそんなふうには行動していない！　バーベリの物語は、彼がその前進と退却に付き従った騎兵隊の指揮官セミョーン・ブジョンヌイの側からも同様の否定的な反応を呼び起こした。それはこれらの物語が公刊された少し後に発表された記事のなかでのことだった。指揮官によれば、作家は赤軍が一流の戦いを行なったことを理解しておらず、それを盗賊と泥棒と山賊と売春婦の群れとして描いた。同時に、そしていくぶん矛盾してもいるが、ブジョンヌイは彼が女々しい考え方を表に出していると言って非難した（彼はロシア語の女性を意味する「バーバ」と作家の名前の音の類似にもとづいて下手な冗談を言っている）。「市民バーベリがわれわれに善良な女性たちがする赤軍にかんする噂話を語って聞かせ、善良な女性たちの汚れた下着を引っかき回し、か弱い女性にふさわしい卑劣さをもって語っている……」[☆74]。バーベリはこの攻撃についてはそれほど心配しなかった。彼には有力な擁護者も数多くいた。

しかしブジョーンヌイが彼なりに把握し、解釈できたのは、『騎兵隊』の物語のひとつの側面にすぎなかった。作品は実際にはもっと複雑なのだ。暴力のこうした静かな容認に加えて、この著作は他の観方も示している。その痕跡についてはバーベリがポーランドとの戦争のあいだ、自分の印象を毎日規則正しく書き留めていたノートにすでに見いだすことができる。一九二〇年六月三日に彼はこう書いている。「小さなユダヤの哲学者。[…]その哲学はこうだ。彼らはみな自分たちが真理のために戦っていると言い、彼らはみな略奪をしている。このなかにせめてひとりくらい善良なものがいてくれたらよかったのに」。このメモは「ゲダリ」と題された物語のなかで発展させられる。主人公は小さな骨董店を経営している。この人物によれば、革命を持ち出せば十分というわけではなく、さらにそれが善良な者たちによって成し遂げられなければならない。「だが、善人は人殺しはしません。だから革命は起こすのは悪人なのです。ところがポーランド人も悪人です。では、誰がゲダリにどこまでが革命で、どこからが反革命なのか教えてくれるのでしょうか」。ゲダリは自問する。私たちが無条件で賛成できる革命、「甘美な革命はどこにあるのでしょう」。語り手はこの大義への無条件の賛同を具現する者となり、彼に答える。「インターナショナルは火薬とともに食べられ、最良の血で味つけされます……」[☆75]。

バーベリの著作はゲダリの哲学の痕跡をさりげなく留めており、彼は実際にふたつの着想の秘かな対立を語っている。同時代の批評家アブラム・レジネフがすでに述べているように、「残虐さを正当化するものはその拒否と共存している」[☆76]。バーベリが投獄されているときに行なった供述のひとつを信じるなら、この二重化された視点はバーベリにとっては一生涯中心的なものとしてあり続けた。「多くの人びとを感動させる、私の主題が自己啓示の主題――革命の時期の「善良」な人間の生活にかんする、文学的に質の高い、真実の物語――であることを理解しました☆77」。
一九二〇年からは、それゆえにバーベリは二重の呼びかけに答え、二重の要求に応えようとした。一方で、彼の文学概念に従えば、現実の人間よりも優れた登場人物たち、善悪の向こう側にいる超人たち――赤軍のコサック騎兵（あるいはオデッサの山賊）のような――の変化に富んだ生活を語る必要がある。革命の最初の段階で生まれたソヴィエト・ロシアでは、こうした規格外の行動について彼にはふたつの事例しか見つけられない。第一はチェーカー《チエキスト》関係者の生活である。彼は一九一八年にチェキストと接しており、その後も同様に付き合いがあった（マヤコフスキーの仲間のなかにも見つけられる）。生涯にわたり彼は政治警察の指導者、ゲンリフ・ヤゴダ、エジョフと交際して、資料を集め、著作のためにメモを取った。普通の人びとの運命を決定しなければならないこうした人物たちに彼は魅惑され、「聖人たちにほかならない」と友人の前で言った。

第二の事例は農民の強制された集団化の事例である。今回彼の好奇心を刺戟したのはその当事者ではなく、プロセス全体だった。「私がぜひ書きたいと思っているのは、畑のこと、集産化のこと（目下のところこれで頭がいっぱいです）、集産化のさいの人びとのこと、農業の変化のことなのです。内戦を別にすれば、これは私たちの革命でももっとも重要な現象です☆78」と一九三七年に彼は明言した。バーベリのこうした関心を知っていたので、エイゼンシュテインは一九三六年に取り組んでいた『ベージン草原』の脚本――集団化の時代に有名だったパヴリク・モロゾフの話の翻案――を共同で手がけないかと彼に提案した。これは、父親を「富農」として告発し、そのために父親によって殺されてしまった「共産主義少年団員《ピオネール》」の話（幼児殺しと親殺しの似たような話が『騎兵隊』にも出てくる）だが、映画は上映禁止となった。

バーベリは草稿を山のように書いたが、このふたつの計画はうまくいかなかった。おそらく彼の総合的な人生観、善良な人間たちの選択のために、彼はソヴィエト的生活のこうした他の展開には全面的に賛同することができなかったからでもある。逮捕の前でさえ、彼は自分がチェキストについて抱いているロマン主義的なイメージにすべてのチェキストが一致しているわけではないことを知らずにいることはできなかった。集団化については、獄中供述として保存されている珍しいテクストも、彼がそれほど幻想を抱いていなかったことを示している。マルローに彼が述べたところでは、「私はコルホーズ生活の否定的な面をくすんだ色で描いています……」[☆79]。

この二重の要求に対して、文書を書き、出版することはバーベリにはできなくなった。彼の本が刊行された一九二六年から、彼が投獄された一九三九までのあいだには、いくつかの抜粋しか発表できなかった。はじめのうち、このことはたいして問題にはならなかったが、時間とともに疑いが生じ始めた。バーベリの沈黙は、彼が体制に敵対するようになったということを意味するのだろうか。他の者には禁じられている自由を享受しているのだろうか。何度も彼は釈明するように命じられた。一九三〇年に彼は自分の質的基準がより厳格になったと表明した。「私は書くのをやめた、というのも、これまで自分がしてきたことすべてがいまとなってはもう気に入らないからだ」。彼はソヴィエト的生活をもっとよく知る必要があった。一九三四年、作家大会の前になって彼はこのテーマに立ち返る。革命を尊び、悪く描く権利を持たない。ところが、さしあたり彼にあっては「言葉が感情に見合うものにはなっていない」。一九三七年、彼は再開する。「長引いた中断の後、どうしていいかわからなくなっていたが、物事がいまでははるかにうまくいっている。書いたものも悪くはないし、出版されようとしている」。二年後彼が逮捕されたとき、投獄の第一の理由として思い浮かんだのもまた同じだった。「彼は自分の逮捕の原因が重なり合った偶然と自分の創作力にあり、後者のために ここ何年かは重要な作品が出版できなかったのだと思っている。ソヴィエト的状況において、このことはサボタージュや執筆の拒否と見なされることがあった」[☆80]。

この執拗な沈黙の真の原因は何か。一九三六年の作家同盟を前にしての発言において、バーベリはこの問いに対して十分に説得力のある答えを差し出している。彼が助けを求めたのは、さきほどふれた革命の称揚と善良な人間の称揚のあいだの、ということは政治と道徳のあいだの、おそらくその時代にはいわく言いがたい対立ではなくて、大衆ないし外的世界から来る要求と作家自身によって表明される要求のあいだの、集団の声と個人の声のあいだの対立だった。「書物とは、人間存在を通して見られた世界のことです。ところが私の考え方《システム》のなかには人間存在はなく、それは自分自身から遠く離れてしまっていた。自分に立ち戻らなければならなかった。作家として私が持ち、そして持つことができる道具は、私の感情、欲望、好みだけだった。〔…〕自分自身に対して誠実な態度――何によっても制限されない誠実さ――を示さなければならない」。言い添えられてはいないが、聴衆に暗に伝わっているのは、ソヴィエト連邦においては公共の場で「何によっても制限されない誠実さ」といった表現は許されてはいなかったということである。獄中供述において彼はまた同じ口実、この「誠実さの理論」を持ち出している。「社会がそれを必要としているにせよ、そうでないにせよ、創作者が自分の個性を深める必要があると感じていること。〔…〕道徳的ないし社会的ないかなる配慮も作家とその文体がみずからを明らかにし、花を開かせるのを止めてはいけない」[☆81]。しかしこのようにして書いたものも、党の方針に一致していない限り、公表するのは不可能となった。それゆえに誠実な態度となるのは、沈黙のなかに閉じこもることだけであり、これが謎を解く手がかりとなる。

バーベリが逮捕されたとき、かなりの数の未刊行テクストも押収された（一五ファイル分の原稿、一八の手帳やノートパッドのメモなど）。バーベリが禁止されたのは、書くことではなく出版することだった。獄中で書かれた、内務委員ベリヤ宛ての最後の手紙のなかで彼が要求したのは、自分の犯した重大な罪に対する罰を免じてもらうことではなく、逮捕によって中断した計画をよいかたちで終わらせるための時間を与えてもらうことだった。その計画とは、集団化にかんする著作、ゴーリキーにかんする著作、そしておそらく何よりも革命の熱狂の時代から最後の投獄までのみずからの旅路に関連する自伝小説——彼が最初の供述のなかで「革命の時代の「善良」な人間の生活」と呼んだもの——のことである。バーベリの要求はまったく応えてもらえなかった。おそらく彼の原稿は燃やされてしまったのだろうが、この計画の痕跡は文字として残された。彼が法廷で行なった、数多くの長い供述である。彼はこうして計画の最終的な状態については皮肉を込めて「形式が変わり、予審調書の形式となった……」☆82と言った。しかしながら、バーベリの未完の傑出した物語の草稿を得るには、そこから拷問する予審判事の明らかな介入を取り除けば十分だろう。

ブルガーコフ、悪魔を憐れむ歌

先ほど私たちがブルガーコフと別れたのは一九二一年、彼が想像力の道をあきらめて、モスクワに居を定め、職業作家になったときだった。はじめのうち彼はジャーナリストとして働いた。しかし一九二二年から小説の執筆に乗り出し、それが『白衛軍』となる。ブルガーコフの野心は大きく、ロシアで勃発した内戦にかんする三部作——トルストイの『戦争と平和』に匹敵するもの——を計画したが、第一巻しか完成できず、そのため全体の意味が変わった。小説が描いているのは白軍と赤軍の内戦ではなく、より限定された衝突、旧い帝政に忠実なロシア軍と民族主義者・革命家・反ユダヤ主義者のシモン・ペトリューラが率いるウクライナ軍の衝突である。より正確にいえば、この本は一九一八年の終わりと一九一九年のはじめペトリューラの部隊によるキーフの掌握を描いている。

物語の中心にはある家族、トゥルビン家の人びと——長男で医師のアレクセイ、弟の若いニコルカ、彼らの姉妹エレーナ——とその近親者たちがいる。『白衛軍』において最初に感銘を受けるのは、二元論的な見方が完全に不在だという点である。登場人物は全員「白衛軍」の支配圏、それゆえに——語られるエピソードにおいても、実際の内戦においても——敗者の陣営に属しているが、このうえなく多様な態度を例示している。そこで出会うのは勇気のある者と卑怯者、見栄っ張りと謙虚な人、世間知らずと賢い者、名誉と連帯の理想に動かされる人びと、エゴイズムと支配欲に動かされる人びとだ。彼らの人間性を決めるのは政治的信条ではないし、さらには国や社会階級への所属でもない。これらの人びとはゴーゴリに近い文体で、注意深く、愛情をもって、そして同時にとてもユーモラスに描かれている。ブルガーコフはまるで同時代のロシアの作家が耐えていたイデオロギー的圧力など知らないかのように書いている。

『白衛軍』は最初の部分が一九二五年に、二番目が一九二六年に雑誌に掲載されたが、そのとき雑誌が発禁になったため、ロシアの読者は最終第三部を読むことができなかった（全体がロシア語で刊行されるのは一九二七年と一九二九年のパリでのことだったが、亡命者たちのあいだではそれほど大きな反応は呼び起こさなかった。ソヴィエト連邦で刊行されるのは四〇年後のことだった）。その頃ブルガーコフは小説を戯曲に直すことを企てており、一九二五年にそれがは『トゥルビン家の日々』となる。この戯曲は拒否されたり、受け入れられたり（モスクワ芸術座によって）、禁止されたり〈機関〉によって）、許可されたり（政治局によって）したが、最終的には一九二六年一〇月に初演された。観客には大成功を収め、批評の側からは反対の意思が表明された（ブルガーコフが数えたところでは、戯曲に対する敵意のこもった反響が新聞雑誌には二九八あり、好意的な反響は三だった）。ピリニャークとともにブルガーコフは、正統なイデオロギーの番人を自称する作家たちからの攻撃をこのうえなく多く呼び起こす著者となる。小説のテクストと比べると、この戯曲は時代の空気にいくつか譲歩をしており、最終幕にボリシェヴィキの到来が差し迫っており、それが何人もの人物には好意的に受け止められるという場面を導入している。

初日の一週間前にブルガーコフは出頭を命じられ、〈機関〉の部屋で尋問を受けた。尋問録が保管されており、それが示すのは驚くほど誠実な、さらにいうなら純真なブルガーコフだ。内戦の頃を思い出し、次のように語っている。「私は全面的に白軍に共感し、撤退は嫌悪と困惑を感じながら見ていました」。現在の自分については、忠実な市民にすぎないと述べている。執筆については、他に仕様がないのだろう。「私はいつも良心にまったく恥じることがないように書き、事物は見えるように描写しています。ソヴィエト的な国々における生活の否定的な現象に私はとくに注意が引かれます。というのも、そこに直観的に作品の糧が見えるからです（私は諷刺家なのです）。私のペンから生まれる作品はときに共産主義的な世論に同調する人びとを激しく侮辱することがあります[83]」。

国の指導者たちはこの劇作品を見た。その後何百回も上演されていくが、新聞雑誌の否定的な評論のせいで、用心深いソヴィエトの劇場はブルガーコフの他の戯曲を舞台にかけなくなる。彼は大衆にとっては存在しないものとなり、同時に貧窮してしまう。がっかりした彼は一九二九年七月の、ピリニャークやザミャーチンへの反対運動のさい、ソヴィエト政府と直接スターリンに話をすることにした。彼が対象となっている排斥について文句を言い、妻とともにソヴィエト連邦から追放してくれるよう要求した。この手紙は届けられたのだろうか。いずれにせよ、返事は来ていない。

ブルガーコフはそれゆえに政府に対して第二の、よりいっそう詳細で、またしても驚くほど誠実な（彼が書くには「絶対的に誠実な」）手紙を送った。彼はすぐに、「悔悛の手紙」を、さらには「共産主義的戯曲」を書くように勧められたと述べたが、普通の生活を送りたいという願望があったにもかかわらず、彼にはそれができなかった。彼は革命に反対していたのではなく（誰にそんなことができようか。それは歴史的事実である）、出版と報道の自由に賛成していたのだ。それにもかかわらず、彼は自分の意見を説明している。彼が書いているところによれば、自分が保持しているのは、「革命のプロセスに対して示す根本的な懐疑的態度だが、革命のプロセスは私の遅れた国で展開しているものであり、それに対して私は〈偉大な進化〉という私のもっとも好きな概念を対置している」。彼が続けて言うには、その概念にもとづけば、「ロシアのインテリゲンツィアは国の最良の社会層として描く」必要がある。彼はつねに努力をして、「熱狂することなく、自分を赤軍と白軍を越えたところに置こうとし」ており、それが『白衛軍』の公平な描写となっている。しかしながら批評が好むのは彼を白軍の支持者として描くほうだ。このような政治的信条、ならびに共産主義イデオロギーからの自律の表明は前例のない大胆な行為だった。

結局、外国へ行く許可を再び求めたが、要求が通らないのであれば、「困窮、路上生活、死[☆84]」から逃れるためにせめて劇場で何らかの職を求めると付け加えた。

二週間後、ブルガーコフ家の電話が鳴った。かけてきたのはスターリンだった（これが例の、スターリンから作家への電話の最初のものだった。二番目は四年後のパステルナークへの電話で、マンデリシタームの一件があったときだった）。最高指導者はブルガーコフの手紙を読んだと言い、本当に移住したいのかと訊いた。びっくり仰天したブルガーコフは、自分が考えるには、作家は自分の国で人生を送るべきだと答えた。スターリンは即座に同意を示して、モスクワ芸術座の仕事を与え、指導者と作家の会談を将来行なう可能性があることもちらつかせた。ブルガーコフは出国を求めなかったこと――ありえないと思っていた選択肢――を長いこと後悔することになる。

スターリンがこのやりとりの勝者だった。彼はブルガーコフに何も許可しなかった。戯曲はこの先も長く上演されず、作品も出版されなかった。スターリンは作家がマヤコフスキー（少し前に命を絶った）の自殺の身振りをまねしないようにし、遠く離れてはいるが、創作者たちの必要を感じ取れる、情け深い、共産主義の皇帝というイメージを作った。この友好的といってよい、礼儀正しい会話があったことから、彼はその時代のもっとも才能豊かな作家のひとりを惹きつけることができた。実際には、この指導者の文学の領域への度重なる介入によって、芸術作品への感性がまったくないことがわかっている。彼の判断基準は、これこれの作品の「効用」がこのうえなく大きいか、このうえなく小さいかというものだけで、「効用」こそが判断を生死のどちらかに向けさせるものなのである。言い換えれば、スターリンは文学生活を政治生活と同じ実用主義的な仕方で扱い、イデオロギー的な意味づけがなされるのは事後的にでしかなかった。よく知られているように、第二次世界大戦中、彼は演説で共産主義については言及しなくなり、「愛国的」な戦争について語るのを好んだ。このように彼はブルガーコフに反応したのだった。「戯曲『トゥルビン家の日々』は面倒よりも効用のほうを多くもたらした」と一九二九年二月一日付けの手紙に書いており、それゆえに上演を続けなければならなかった。「この戯曲においてさえ、この作家においてさえ、われわれにとって役立つものを見いだすことができる」[☆85]と一〇日後に表明した。

同時にこの会話があったことで、ブルガーコフにはよい効果もあった。それがパステルナークのときと同じように、護符ないし通行証のような働きをした。というのも〈機関〉はブルガーコフに手を出そうとはしなかったからだ。モスクワ駐在のアメリカやイギリスの外交官との付き合いといった、他の者がそうしたなら厳罰に処せられるような逸脱をあえて犯したとしてもである。

一九二九年の終わりに、ということはこの出会いの直前に、ブルガーコフは新しい戯曲を書いている。モリエールの人生のいくつかの場面を描く、『篤信家の一味』〔邦題『偽善者たちのカバラ』〕と題された戯曲だ。他の作品と同様にこれも上演されることはなかった。この戯曲には特別な関心が示されている。ブルガーコフにとって新しい人物が登場しているのがここなのだ。その人物とは、絶対的権力を有する王であり、芸術家の主人でも擁護者でもある。このような人物はブルガーコフの実人生においては当時存在していなかったので、この戯曲に予言的な効力があったことを認めなければならないだろう。モリエールは高位聖職者の「一味」に迫害されたが、ルイ十四世の理解と援助に頼ることができた。ザミャーチンが一五世紀のスペイン異端審問の場面を装って、当時のロシアの現実について語っているように、ブルガーコフも一七世紀フランスの絶対君主制に直面したモリエールの幻滅の物語を通して、ソヴィエトの作家の運命を描いているのだ。そのとき彼が期待していたのは、自分にとってスターリンが同じ役割を果たし、自分を振り回す教条的で追従的な仲介者たち、すなわち検閲官、劇場支配人、批評家そして警察官から自分を救ってくれることだった。予言は翌春、現実となった。だからといって、戯曲においてブルガーコフは王を理想化しているわけではない。彼のモリエールは、自分が厚情を賜わっていても、王が暴君のままであり、おべっかを拒まず、取り巻きの者たちを侮辱していることを知っている。

　モリエールの小説風の伝記を彼は一九三二年に、ということはスターリンとの会話のあとに書き、ふたつの関係のありようをよりいっそうわかりやすいかたちで対比させている。「普通、俳優はすべての権力を情熱的に愛する。愛さないではいられないのだ！　強くて、持続する、豊かな権力だけが、舞台芸術を花開かせることができる」。彼は芸術家の側の服従と恭順の表明を正当化する。「モリエールは正しくも献辞を王とその弟に捧げた」、というのも、作品を存在させるために支払うべき代価だったからだ。「子孫たちよ！　この偉大な諷刺家には急いで石を投げなくていい。ああ、恐ろしい権力の疲れを知らない批判に服従する歌い手の道が、なんと難しいものであることか！」。ブルガーコフは、それによって禁止が避けられるのであれば、権力者の勧めに従って作品に手を加える必要があることさえ許容していた。「圧力に屈して、著者が作品の意図的な毀損に訴える。〔…〕こんなふうにトカゲは振る舞い、尻尾を捕まえられたら、それを切って逃げる。トカゲはどれもみな、命を落とすよりは尻尾がなくても生きているほうがいいということを理解しているのだ[☆86]」。それにもかかわらず、ブルガーコフは権力者が戯曲の作者に注文を出すのは慎むべきだと述べており、作家仲間に注意を促している。権力者はつねに意見を変えることができ、そのうえ、共感していると言ったとしても、それが本気であると保証するものは何もないからだ。このように詳しくみてみると、ブルガーコフは意識する戦略のさまざまな要素をここで打ち明けているように思えてくる。だからといって、彼がいつもそれに従っていたかどうかは定かではない。モリエールにかんする本は存命中は出版されることはなかった。こうした関連と対比の意味が検閲官の目から逃れることはなかった。

一九二九年から一九四〇年にかけて書かれた、ブルガーコフの最後の小説『巨匠とマルガリータ』で表現されている状況はもっと複雑だが、モリエールの運命が決まる状況を連想させる。小説に描かれる現代の場面には、人物の三つのグループが登場する。すなわち、本物の作家である巨匠とその愛人、つづいて、作家たちの人生を支配するソヴィエトの役人、嫉妬深く、教条的で、出世第一主義の同僚たち、警官たち――いずれもがブルガーコフの諷刺の対象となる――、そして最後に、モスクワへの超自然的な訪問者たち、ヴォランドとその手下たち――すぐに悪魔の化身であることがわかる――、という三つのグループである。第二グループの成員は、ソヴィエト社会の普通の代表者たちであり、巨匠とマルガリータに敵意を抱いている。その反対にヴォランドとその一味は、この役人たちを辱《はずかし》めて罰し、他方で彼らの犠牲者たちを守り、優遇する。ヴォランドはスターリンではないが、小説の象徴的な意味あいにおいては、ブルガーコフに対する国の指導者と同じ位置を占めている。悪魔の介入は作家とその愛人には都合のよいものとなる。ブルガーコフは訪問者が悪魔の世界に属していることを隠していないが、それ以上に悪魔の力、ならびに何人かの特権者に対する悪魔の格別の計らいに、彼が好感を抱いていることを隠してはいない。『われら』のザミャーチンのように語るなら、現実のモスクワでは〈恩人〉とその命令に従って行動する守護者たちのあいだには対立がない、と説明しなければならないだろうか。ブルガーコフが想像する思考・行動の形態《コンフィギュレーション》はソヴィエトの現実には一致していない。

この思考・行動の形態は二〇年代にブルガーコフが表明した見解にも一致していない。三〇年代を通じて、彼はスターリンが自分を呼び戻してくれることを期待し続けたし、また、スターリンに手紙を書き続け、自分が受けている迫害について知らせ、自分と会ってくれるように頼んでいた。彼の近親者たちについては、保存されている四通の手紙以外にも、数多くの手紙を書いており、「ターザン」と署名され、すぐに破棄されてしまっている。彼は国の最高指導者との想像上のとっぴな会話を語って聞かせて友人たちを笑わせた。そのあいだブルガーコフの著作は出版が禁止されていた。戯曲ははじめ許可されたが、批評の圧力に屈して拒否されてしまった。外国へ行く許可を求めても、回答がないままだった。

一九三六年に窮余の一策として、ブルガーコフはソヴィエト連邦の歴史の教科書を書くためのコンクールに参加している。もしコンクールで勝てたら、少なくとも金銭的困窮から逃れられるだけの賞金が得られそうだった。しかし数ヵ月後、コンクールの条件が、技術的にもイデオロギー的にもあまりにも厳しいことがわかり、それに従うことができなくなった。同時に思い切った手を打つことにした。スターリンを主人公にして戯曲を書くことにしたのだ。彼には白系ロシア人しか描けないということをもう誰も彼には言えないのだろう! 芸術座は熱意をもっており、ブルガーコフは仕事を始めた。彼が素材に選んだのは、新人革命家スターリンの青春時代の波乱のいくつかだった。『バトゥーム』のテクストが劇場へ届けられたのは一九三九年だったが、上演するためには戯曲の主人公に同意を求めなければならなかった。回答が届くのは数ヵ月後だった。指導者はとても気に入ったが、上演許可は下りなかった。おそらく存命中のスターリンは素朴な人間世界の外に出ようとしており、また舞台で彼を演じ、普通の人のように歩き、話すのは無礼だったからだろう。作品は作家の状況にいささかも安らぎをもたらさなかったが、これは破局から逃れることを期待してマンデリシタームが一九三七年に書いた『スターリン頌歌』がそうだったのと同じだ。完全な服従の表明は自立の宣言よりもさらにスターリンから好意を引き出すことができなかったようだ。

ブルガーコフは一九四〇年五月に自宅で死んだ。非業の死を遂げたわけではなく、投獄にも流刑にもならなかったが、著作の大部分が引き出しの奥で埃をかぶっていた。権力を前にして、彼は徐々に譲歩していった。対立の解決は不確かなままだった。

一致を求めるパステルナーク

ボリス・パステルナークはバーベリが特定化したジレンマに別の表現を与えた。すなわち、自分の良心と自分が生きる社会の両方を満足させる必要がある作家のジレンマにである。

十月革命から何年か経って、彼は二重の要求に直面していることがわかった。彼の考えでは、詩人であるためには、一方で人民や時代に耳を傾けなければならず、他方で自分自身に忠実であり、絶対的な誠実さも守らなければならなかった。それゆえに彼は外的世界と自分の感情の接点を見いだそうとした。「ほら、私もソヴィエト的になりました」[☆87]と彼は友人の詩人への手紙に書いた。一九二一年一二月、彼はソヴィエト大会に参加し、目の前でレーニンが国の電化の考えを開陳した。その印象を詩『高尚な病』に移し替えていることから判断すると、世界が向かうべき方向を決める、ソヴィエト国家の指導者の造物主としての側面にとくに敏感だった。彼の言葉にもとづくなら、それは「わめく物語」[☆88]である。パステルナークは、たとえ党員ではなくても自分は共産主義者であり、それはピョートル大帝とプーシキンがすでにそうだったという意味においてである、と対話者たちに好んで説明していた。ちょうどその頃、トロツキーから呼び出された。トロツキーは文学の企画について長い時間をかけて問いただし、パステルナークが社会的テーマを扱うのを「控えている」のを見るのは残念だと述べた。パステルナークはあいまいな態度を取り続けたが、翌日になっていい回答が見つかった。自分の著作『わが妹人生』は「その言葉の最良の意味において革命的[☆89]」である、というのも、革命のように、人間の本性を明らかにしているからだ、というものだった。彼の考えでは、人間の自然権の宣言がアメリカやフランスの革命とともにあるのは偶然ではなかった。トロツキーが十月革命を「ブルジョワの」革命と同等に扱う論拠を理解できたかどうかは定かではない！

ある公認の詩人への手紙で、パステルナークは数年後にこう書いている。「私は十月革命に私たちの空気の化学的特性を、この歴史的時代の要素を見ることに慣れました」。ある調査に答えて、彼は党の中央委員会の決議は、中央委員会自体が吸いたい「歴史の空気」を吹き出しており、それのおかげで彼も「完全に歴史のなかの人間[☆90]」になることができたと述べている。個人の経験に結びついた抒情的様式から、集団的経験のほうがふさわしい叙事的様式へと移行しようともしており、またとくに最初のロシア革命に捧げる長い詩も書いた。彼は革命のテーマのほうが「利益になる」ことを知っていたが、どの作品も彼を十分に満足させることなかった。

体制から敬意を払われている作家たちとの関係は単純ではなかった。「プロレタリア詩人」デミヤン・ベードヌイ（「貧しい」を意味するペンネーム）は彼には無関心なままだった。実際は詩人というわけではなかったのだ。もっとも偉大なソヴィエト作家と公式に見なされていたマクシム・ゴーリキー（「苦い」）との関係はまったく別だった。もっとも当時、彼は〔イタリアの〕ソレントの別荘に住んでいたのだが。パステルナークは彼を尊敬し讃美しており、彼の前では目立たないようにしていたいと思うほどだった。長詩『一九〇五年』を刊行するさい、ようやくソヴィエト的作品を生み出せたと思った彼は、追従ともいえる献辞を添えてゴーリキーに贈った。「時代の至高の表現にして根拠であるゴーリキー氏へ、このうえない敬意を込めた深い愛とともに、Ｂ・Ｐ」お世辞が功を奏し、ゴーリキーが（ほどほどの）賛辞の手紙で応えた。パステルナークは次の手紙でさらに賛辞を重ね、ゴーリキーへの「感謝」に言及している。「例外的な性格ゆえに唯一の歴史の化身としてのあなたへの感謝。もしあなたがロシアの歴史のなかにいなかったら、革命から私に何が残るのか、そしてその真実がどこにあるのか私にはわかりません」[☆91]。ゴーゴリの威光、つまりはその象徴的な力は途轍もなく大きいといわなければならず、パステルナークは彼を全能の父の場所に置いた。

　パステルナークの心につねにあったもうひとつの大きな例は、戦時中未来派の友人だったマヤコフスキーである。しかし、まず最初に二〇年代のあいだマヤコフスキーは誰からも認められている存在というわけではもはやなく、「プロレタリア」作家たちから絶えず攻撃の的にされてさえいた。彼らが非難していたのはマヤコフスキーのあまりにもモダニズム的な書き方だった（あとでわかるように、彼が「名誉を回復」されると同時に称賛の対象となるのは、自殺から五年後の一九三五年になってからだった）。他方で、何よりもパステルナークがそのとき彼の作品について下していた判断が根本的に変わっている。マヤコフスキーがソヴィエト政権の立場を支持して以後、パステルナークは彼のことがだんだんと理解できなくなり、彼の「宣伝家の熱意」を前にして途方に暮れていると述べていた。このふたりの詩人の関係は、マヤコフスキーが創設したグループと雑誌『レフ』との関連において緊張を孕《はら》むものとなっていった。時間が経つにつれて、この集団はパステルナークには耐えがたいものとなっていった。彼は自分の名前を協力者のリストから外してくれるよう頼んだが、編集者たちは聞こえないふりをした。彼は公式の手紙（一九二七年）で要求をくり返した。マヤコフスキーへは個人的な手紙も送っており、そこで彼にありもしない大隊、無用な集団の指導者役など辞めるよう強く促した。別の公式の（しかし出版はされない）手紙のなかでは仲違いの理由を説明している。「『レフ』が私を落ち込ませ、不快にさせたのは、豊かなソヴィエト主義、すなわち耐えがたい卑屈さ、すなわち騒動を起こすようにという公式の委任状を手にしながら騒動を起こそうとする傾向です[92]」。こうした非難は彼がグループに関連があると見ているものすべて――メンバー、スポークスマンのマヤコフスキー、未来派、文学批評のフォルマリズム――に及んだ。

回想録『永遠の人質』〔邦題『パステルナーク　詩人の愛』〕において、彼の愛人オリガ・イヴィンスカヤはパステルナークが若い頃の友人と秘かな議論を長いこと続けていたと証言している。二〇年代にマヤコフスキーという人物が彼を魅了した。マヤコフスキーは人民の運命と自分自身の運命を一致させようとしているように思えたからだ。それは彼自身が熱望したもので、本物の作品を書くには不可欠な条件であるように思えたのだ。彼にはマヤコフスキーが革命を見事に体現しているように思えた。だが同時に、彼は古い友人の政治的選択だけでなく詩にも反対したのだ！　一九三〇年のマヤコフスキーの自殺によって彼が知ったのは、詩人が宣伝活動家《プロパガンディスト》としての役割に満足していなかったということである。一体化というよりも、対立がそこを住むさまざまな人物たちの関係を特徴づけているが、それが抑えられた対立だったということに気づく。マリーナ・ツヴェターエワは彼の死の直後にそれをよく理解した。「一二年間、人間マヤコフスキーが詩人マヤコフスキーを殺そうとしていた。一三年目に詩人が立ち上がり、人間を殺した」と彼女は書いており、次のようにも記している。「マヤコフスキーの自殺は私には戦闘員による詩人の粛清のように思えた[93]」。誰が誰を殺したのかを知ることは実際にはそれほど重要ではない。本質的なのは、それが死闘であって、調和した一体化ではまったくなかったという点である。

最低限の仕事をこなすにとどめる公的な宣言においてであろうと、その価値が自分にははっきりしないように思える叙事的作品においてであろうと、あるいは革命の前ぶれとの個人的関係においてであろうと、パステルナークは創作に必要と思える、私的なものと公的なものの融合を実現するのに苦労していた。パリ在住のロシア人へ送った手紙のなかで、パステルナークは出口のない状況について語っている。当時のソヴィエト詩人たちは外部からもたらされたジレンマに直面していた。「幻想を持たずに苦しむか、みずからを欺き、他人を欺くことによって成功を収めるか[☆94]」。パステルナークはある時は一方の方法を試し、またある時はもう一方の方法を試したが、決して満足することはなかった。

二〇年代の終わりは彼にとってはとくに気の滅入る時代だった。ソヴィエト連邦の政治的状況は悪化する一方だった。従妹で、心の許せる友人でもあるオリガ・フレイデンベルグへの手紙のなかで彼は自分の立場を分析している。叙事詩『スペクトルスキー』を執筆しているとき、彼は革命後の出来事を客観的・外的視点からではなく、「個人的な見方において」、「そのすべてを私たちが体験したように」描かなければならない段階に到った。ところが、「それは多少とも誠実になされたときにのみ興味深いものとなります」。そしてそこで物事は動きを止める。彼は本当は自分が体験したばかりのことはまったく好きになれなかった。自分のまわりの状況を次のように見ていた。「恐怖政治が再び始まりましたが、かつてはそこに見いだされた道徳的な基礎も根拠もないままですし、他方では有利な取り引きや出世主義や騒ぎにならない小さな罪がだいぶ目につくようになりました。というのも、かつては正当な罰を与える天使のように思われていた聖人や厳格派が、久しい以前からもはやそうではなくなってしまっているからです[☆95]」。パステルナークが革命について抱いている考えがここではっきりと述べられる。革命が起きようとしているとき、人は恐怖政治を認めないでいることもできたし、道徳的誘因をそこに認めることもできた。それはかつての搾取者への正当な罰のようにも思え、正義の観念に身も心も捧げている人びとのなかで具現化されていった。ところが、革命の狂信者、理想のために死ぬ覚悟ができている聖人はいなくなり、その代わりにあらわれたのは、自分たちの満足だけを気にかける卑しい出世主義者や金儲け主義者だった。それゆえに、いまやあるのはふたつの世界のうち悪いほうなのだ。すなわち、利己主義とシニシズムに奉仕する恐怖政治である。

ソヴィエトの国民は一九二九年から一九三〇年にかけて新たな衝撃を受けた。党は国の工業と農業を同時に改革することにしたのだ。それによって制御できない混沌状態となり、そのせいで、現実のものにせよ想像上のものにせよ、あらゆる抵抗の抑圧が強化されてしまった。集団化のさいいうことをきかなかった農民たちに罰が課せられたが、パステルナークが外国に住む妹に送った手紙のなかにその最初の反響を見いだすことができる。「いまやすべての人がたいへん強い圧力の下で暮らしていますが、都会の住人が生活を送るさいに受ける制約も、村々で起こることと比べれば、特権でしかありません。そこで取られる措置には昔ながらの大きな意味があります」。同じ年の少しあとでパステルナークは外国へ――そのときはゴーリキーへ――送った手紙のなかでも再び集団化の効果について言及している。「この冬、都会は田舎で起こったことと比べれば、まったく理由づけのいらない明白な特権的状況のなかにあり、都会の住人は犠牲者たちを訪問しに行き、彼らの混乱と不幸について彼らを褒め称えるように言われました☆96」。ちょうどそのとき都会では、より具体的には知的・芸術的環境においては、当局が何も咎められるべきところがない者たちを非難し始めていた。そして疑わしいと宣告された者は誰でも有罪と見なされ、その罪はたいていの場合、死をもって罰せられた。

一九三〇年の春の終わりにパステルナークは正真正銘の袋小路に入り込んでしまったような気がした。そのことを従妹にも打ち明けている。「終わりという意識がますます頻繁に頭をよぎるようになっています。私の場合それが生じているのは何かより決定的なものから、自分の仕事について考えていることからです。［…］私は無力で、仕事を再開することができません。現在《いま》を創り出すことには参加しませんでしたし、それに対する真の愛が私にはありません。将来への展望がなく、自分に何が起こるのかもわかりません」[☆97]。書けるようになるためには、詩人は時代と調和していなければならない。だが、たとえ無理をしても、パステルナークにはそこで自分の姿を見分けることができなかった。どうすればいいのだろうか。とはいえ、他のときには彼にはそれができると思っていた。一九三四年の作家大会——他の参加者たちから栄誉を称えられ、耳障りのいいことを言われた——のときと、この出来事に続く数ヵ月のあいだに、彼は自分を時代と人民に近づける気力を再び見いだしたような気がした。一九三四年の終わりに父親への手紙にこう書いている。「私は時代と国家の一部になり、国家の関心が自分の関心となりました」[☆98]。しかし一九三五年の春にパリで開催された文化擁護のための大会に強制的に参加させられたことで、長いこと落ち込んだ気分が続いた。

この問題の解決策をパステルナークは話し相手を変えることによって見いだした。対話がなされるのは詩人と人民のあいだではなく、詩人と暴君、スターリンその人とのあいだとなったのだ！一九三四年のマンデリシタームの逮捕を含むさまざまな事情もあって、彼は何度もスターリンに個人的に手紙を書いており、これが最高指導者から詩人への有名な電話へとつながっていく[☆99]。この会話に詩人が満足することはなかったが、それがあったという事実自体がのちに帝政時代の通行証のような役割を果たしていく。パステルナークが何をしようとも、もはや〈機関〉に不安を感じることはなかった。

暴君の（稀な）こうした好意はどこから来るのだろうか。おそらくスターリンが言葉による表現の大家だと思っている者たち、すなわち詩人たちを前にして感じる迷信的といっていい敬意からだろう（それを示すのは、マンデリシタームにかんする電話での会話の最中に彼が執拗に問うたこの質問である。「ところで彼は大家なのか」）。原則としての敬意。というのも、パステルナークの詩を彼が自分で評価したとは考えにくいからだ。

パステルナークにあっては、この好意によって、反対の意味をもつふたつの振る舞いが生じ、最初のふたつの要求が順番に、そして十分に満たされる。まず彼は『芸術家』と題する詩を書いており、それは一九三六年一月一日付けの、政権側の公式出版物に掲載された。その詩は「芸術家」という肩書きをもつふたりの人物を並置することによって構成されている。ひとりは詩人で、作品の前半で描かれる。後半はまったく別の種類の芸術家が取り上げられている。旧い石の壁（クレムリンの壁）の後ろに隠れて、「ひとりの人間ではなく／ひとつの活動」が生きている。政治指導者――ここではスターリン――が造物主と見なされており、外部から加えられるいかなる制限も考慮することなく、絶対の権限をもって新しい世界を造っている。この点において彼は芸術家に似ているが、彼の素材はもはや言葉や色ではなく、人間存在や社会制度である。彼は「行為の天才」、「地球規模の行為」なのだ。芸術家と政治指導者は平行する道を歩んでおり、パステルナークの表現によれば、両者によって「二声のフーガ」が構成されている。伝統的な詩人が想像力において実現していることをスターリンは世界史の規模で成し遂げている。彼は人間の運命を変える。彼の作品は新しい人間と新しい社会なのだ。途轍もない規模で仕事をする指導者が断行するのは、もっとも大胆な者だけが夢みられることである。彼には個々人の必要や欲望にかかずらっている余裕はない。

スターリンが政治指導者の職務を行なうなかで選んだ「芸術家」としての道がどういうものであるのかを、パステルナークが同様の洞察をもって見分けることができたのは感心できる。だが、作家が登場人物についてそうするように、人の運命を意のままにできるこの「芸術家」に対する彼の感心を共有はしなくてよいし、ふたつのタイプの「芸術家」を同一視しなくてよいし、両者の調和に満ちた協力を想像しなくてもよい。

他方では、こうして自分の庇護者を称えたあとで、パステルナークは「社会の注文」への全面的な服従から徐々に自分を解放していくことにした。国の指導者たちはもはやロシアの人民の正当な代弁者としては見なされておらず、詩人はもはや自分自身の良心の声にしか従わないことに決めた。このような道を通って、彼は二〇年後、内的にはまったく自由な状態で書いた小説『ドクトル・ジバゴ』の出版へと到った。二〇年間はオリジナル作品をほとんど出版できず、収入はおもに翻訳によるものだった。

第3章　文化的反革命

一九三四年の第一回ソヴィエト作家同盟大会は、作家たちを共通の目的へと導いていく道の多様性が消滅したことを明確にした。そのプロセスが始まったのは一九三二年のことで、そのとき、文学のグループと運動をすべて解散するという党の決定があり、それは「人間の魂の技師」というスターリンの表現によって法典化された。一九三五年から一九三六年のあいだに政治権力と芸術的実践の新しい、第三の局面が始まり、それがかかわるのはもはや作品のイデオロギー的傾向ではなく、作品がイデオロギー的傾向に奉仕するさいの芸術的手段ということになった。

変化の兆しはスターリンが手紙に添えた言葉に見いだされる。その手紙とは一九三五年一一月の終わりに彼の許に届き、その後、部下のひとりに送ったものだ。最初の手紙を書いたのは、長い間マヤコフスキーの近くにいたリーリャ・ブリークであり、亡くなった詩人の作品へのあからさまな無関心に対する不平と援助の求めであるとされていた。スターリンはブリークの要求を満たすように言い、以下のような解説を付け加えた。「マヤコフスキーは私たちソヴィエトの時代においてもっとも素晴らしく、もっとも才能のある詩人だったし、いまもそうあり続けている。彼の想い出と作品への無関心は罪である」☆100。この言葉は数日後に報道され、芸術界に数多くの反応を呼び起こすことになったが、芸術界は介入の意味を誤解していた。スターリンはマヤコフスキーの美的な好みを擁護したのではなく、使われている手法を含めて芸術の創造の序列はひとつしかなく、この序列の確立は党とその指導者の権限に属するということを述べたのだった。この判断に賛成できない者は誰でも犯罪者として扱われる恐れがあった。

この重大な出来事の結果は、ひと月後に『プラウダ』に匿名（ということは公的な地位をあらわす）の記事が掲載されたことで広く世間に知られることになった。その記事はショスタコーヴィチのオペラ『ムツェンスク郡のマクベス夫人』を取り上げたもので、「音楽の代わりに荒唐無稽」と題されていた。あとに続く他のいくつかの記事も、バレエ（ショスタコーヴィチの別の作品『明るい小川』にかんする）、映画、建築、絵画、演劇にかんする同様の内容だった。エイゼンシュテインもこの組織的な運動においては標的のひとりだった。メイエルホリドと彼の劇場も標的となり、攻撃が演出家――形式的自由を熱望する芸術家たちにとっての中心人物――にとっては致命的なものとなることがわかる。文学はこの一連の動きのなかに入っていなかった。というのも、すでに方向転換し「社会主義リアリズム」の道を歩んでいたからである。いまや次に続くのは、統一と別の芸術原則の監視のための大会だった。こうしたプロセスが終わりを迎えるのは、芸術問題委員会が創設された一九三六年のことである。委員会をやがて率いるのはプラトン・ケルジェンツェフなる人物だった。この人物こそが十分に従っていないと判断されるソヴィエト芸術家たちの行ないを管理する責任者となるのだった。最初の一撃が理論上は芸術のなかでもっともイデオロギー的でない音楽を対象としたことには大きな意味がある。「形式」がそのときから「思想」の性質も帯びることとなった。逆説的には、新しい標的となったのは、正確には、マヤコフスキーの美的な好みを共有した芸術家たちだったのだ。文化の反革命が戦いに勝ったのである。

ショスタコーヴィチ――音楽と言葉

ドミートリー・ショスタコーヴィチは一九〇六年にリベラルな信条をもった家庭に生まれ、父親は技師だった。生まれ持った音楽の才能のおかげで一九一九年には音楽院に進んだ。一九二二年に父親が死んだあと、息子は自分で生計を立てなければならず、サイレント映画上映のさいのピアノ伴奏者として働いた。芸術的な好みから、マヤコフスキーと雑誌『レフ』のまわりに集う構成主義者たちの許へと向かった。一九二七年に彼はすでに庇護してくれていたメイエルホリドの家に暮らした。その頃重要な作品をいくつか作曲している。『交響曲第一番』（一九二六年）のあと、オペラ『鼻』（ゴーゴリ原作）が続いた。一九二九年、マヤコフスキーの戯曲『南京虫』のための音楽を書いている。この作品はメイエルホリドが演出し、アレクサンドル・ロトチェンコが舞台装置を担当した。

それに続く数年のあいだ、ショスタコーヴィチは第二のオペラ『ムツェンスク郡のマクベス夫人』の作曲を手がけていた。着想を得たのはニコライ・レスコフの中編小説であり、一九世紀後半を舞台に、家庭内でヒロインが犯す殺人が物語られていく。ショスタコーヴィチがこの物語に込めた意味がじつにはっきりと浮かび上がってくるのは、着想を得ているレスコフの中編小説を対比させたときである。このロシアの物語作家はカテリーナの運命を語っているが、その環境は長々と論じてはいない。いかなる道徳的判断も下すことなく、不幸な結婚生活を送る若い女性をとらえた情熱の破滅的な結果を描き出している。彼女は店の使用人のひとり、セルゲイに対する欲望を満たすためにどんなことでもするつもりでいる。夫を欺くだけでなく、一人、そして二人、そして三人と殺人も犯し、その後、愛人にできた女を殺し、同時にみずから命を絶った。

オペラの台本《リブレット》の著者のひとりでもあったショスタコーヴィチは、自分が味方をするカテリーナと、憎むべきではないにせよ、愚かで軽蔑すべき存在として描かれる男たち全員との著しい対比を打ち出している。それは、実際に当時のソヴィエト的イデオロギーがそうすることを勧めていたように否定的な仕方で描かれる金持ちや権力者だけではない。家父長制的秩序の擁護者たちである商人は確かに残酷で執念深いが、人民がそれほどよいわけでもない。たとえば、彼らの従業員、あるいは結婚式の招待客、あるいはシベリアへ向かう徒刑囚である。警官は愚鈍で腐敗しているが、小学校の先生は彼らからすると反対の存在でいられるのに、今度は嘲笑されてしまう（中編小説にはないエピソード）。セルゲイは他と同様にいいわけではなく、偽善と虚言を他の悪徳に加えている。

カテリーナは反対にヒロインとして登場している。これについてショスタコーヴィチは何度も――オペラを書いているときも――自分の考えを説明している。「カテリーナは夫と義父を殺すが、私は好感を抱いている」。「彼女が犯した殺人は周囲の人びとに対する反逆なのだ」。「個人的に私がカテリーナに見るのは、ロシアに特有の、悲痛で残酷な家庭環境に屈する、善良でたくましく抜け目のない女性である」。また彼が言うには、このオペラはロシア史における女性たちの運命を描く、三部作ないし四部作の最初の作品になるものと考えられていた。のちにこう付け加えている。「カテリーナは周囲の人びとよりもはるかに上のレベルにある［…］。彼女を取り巻くのは怪物たちだ［…］ある種の状況において殺人は犯罪ではない」。ヒロインの純粋さを守るために、彼はレスコフ作品にあった、誤解を招きそうないくつかのエピソード——夫の財産の相続人になる可能性のあった甥の殺害、あるいは自分の子供を捨てること——を省いた。

ショスタコーヴィチはこうしてレスコフ作品にはないコントラストを描くに到った。彼は自分の作品を「悲劇と諷刺のオペラ」と呼んだ。諷刺がかかわるのは、男たちが具現する支配的な秩序であり、悲劇とは、それに反抗するが、打ち負かすことのできない女のそれである。共同生活の規則を考慮せず、自分の欲望にのみ従う個人が讃美される。社会は嘲笑され、断罪される。レスコフは、欲望の力によって破滅した人物の物語を抑制の効いた文体で語っており、ショスタコーヴィチは情熱に生きることを選び、憎むべき男性的秩序に打ちのめされて死んでいく女性への賛辞を謳い上げている。

ショスタコーヴィチが施している第二の改変は、反抗の性質そのもの、ならびに彼女が人間のアイデンティティについて明らかにしていることにかかわっている。オペラの歴史においておそらくはじめて作曲家が官能的快楽を物語の中心的テーマとしている。個人の解放は性的成熟を経た上でのものなのだ。ショスタコーヴィチ自身がそう考えていた。回想録で彼が書くには、オペラは当時、全身全霊で愛していた婚約者に捧げられている。[☆101]オペラを作曲しているとき、親友への手紙にこう書いていた。「私はとても気分がいい、ここに［…］妻がいるのですから（心と身体の歓び）、これ以上何もいりません。「彼女は私にとても優しい」『死せる魂』からの引用］。彼女の言葉、身振り、あるいはお腹の鳴る音のひとつひとつが、言葉に尽くせない喜びで私を満たしてくれます[☆102]」。官能的なものが、作品の最初から最後まで全体に、そしてカテリーナという人物にも、男たちという人物にも行き渡っている。

レスコフの世界や文体との対比もはっきりしている。これを確かめるために、あちらこちらで描かれるカテリーナとセルゲイの最初の抱擁のときを比べてみさえすればよい。ショスタコーヴィチは舞台にベッドを置き、男性の欲望の曲線を音楽で説明した。レスコフは、部屋の静寂が乱すのが、時計の規則的なチクタクという「何の邪魔にもならない」音だけだということを示すにとどめていた。

オペラの初演は一九三四年にモスクワとレニングラードで同時に行なわれた。ロシアの大衆は直ちにショスタコーヴィチの二重のメッセージを把握した。すなわち、個人の自由の称揚、不服従への訴え、そして同時にソヴィエトの文脈では前代未聞の官能性の賛歌である。『ムツェンスク郡のマクベス夫人』はふたつの舞台で例外的な成功を収めた。一九三四年と一九三五年の二年間でオペラはモスクワでおよそ百回、レニングラードでも同じくらい上演されている。これは「ソヴィエト・オペラの最初の古典」である。この作品は外国でも上演され、つねに成功を収めた（が、アメリカの新聞は「ポルノフォニー」であるとしてショスタコーヴィチを非難した）。

一九三六年一月、オペラはボリショイ劇場で再び舞台にかけられた。スターリンが政治局のメンバー数人を伴って聴きに来た。翌々日に出たのが『プラウダ』の記事、すなわちオペラの徹底的なこき下ろしだった。それに向けられた非難は二重のものだった。第一はとくに作曲家とその音楽にかかわっており、「プチブル的な形式主義」と非難した。この言葉が意味するのはメロディとハーモニーという点でクラシックの伝統からは完全な隔たりがあるということだ。形式的特徴はただちに社会学の用語でいいあらわされる。昔風の音楽はすべての人びとに差し向けられ、ショスタコーヴィチの現代音楽は唯美主義者の小グループに差し向けられる。第二の非難はどちらかというとレスコフの中編小説についてなされた解釈に向けられている。『ムツェンスク郡のマクベス夫人』は自然主義であると非難されている。彼は官能的なものにあまりにも大きな場所を与えているというのだ。登場人物はみな「獣」のように振る舞い、愛はこのうえなく「俗悪」なかたちで表現されている。おそらくスターリンの考えにもとづいているその記事は、セルゲイが鞭で打たれる場面にも同じ野蛮さがあらわれているとしており、スターリンが同じ一九三六年の終わりから、数十万の人びとの拷問や死刑を命じることを思い出すと、この事実はなかなか興味深い。しかしこのような暴力は、オペラにおけるように、「実際に私たちの目の前で」は振るわれないというのが正しい。

このふたつの非難の組み合わせが一貫したものではないと考えることもできるだろう。ある種の文脈では「形式主義」と「自然主義」は正反対の組み合わせの意味を持つからだ。しかし、この記事から始まった文化的攻撃の範囲において、両者の意味は近づいている。「形式主義」という言葉はときには革命とソヴィエト政権へのどんな反対をも含めるようにして用いられるが、ここではより明確に、個人的な追求を進めることで既成の伝統から外れている形式にもとづく活動を指している。記事は、「左翼急進主義」という言葉によって同じ欠陥——本書で言及されているメイエルホリドがそのために有罪となった罪——をあらわしている。すなわち革命をそれにふさわしい場所がない領域にも拡げることである。なにしろ人民は単純で慣れ親しんだものを好むからだ。「左翼急進主義」という言葉は同時にイデオロギーという点でトロツキー——スターリンに対する「左派の反対」の先頭にいるとみなされている——に近いということを示すことができる。「自然主義」については、この言葉が指し示しているのは、何よりも性的・官能的な愛の表象——個人をとらえ、社会生活を支配する法を無視して、個人的な意趣晴らし（殺人）に及ぶように仕向ける情熱——であることに気づく。ショスタコーヴィチによるこのような物語の解釈は、それゆえに無政府主義への呼びかけ、支配的秩序に対する個人的反抗への呼びかけの物語、言い換えれば、集団と個人の対立の物語である。すなわち作曲家と音楽的伝統の対立、ヒロインと社会秩序の対立である。こうした理由から、オペラは上演されなくなるのだった。

記事に脅迫が含まれているのはほぼ明らかだった。「この遊びは非常に悪い終わり方をするかもしれない」。ショスタコーヴィチはそれをこのように理解した。自分にかんする記事をよく読んで調べて（そのとき地方にいた）、彼は「大切でかけがえのない」と思っている人物、イワン・ソレルチンスキーに電報を打った。「私が戻るまで何もしないでもらいたい」。帰宅すると、彼はスターリンに手紙を書き、謁見を求めた。返事を待っているとき、公的な発言はすべて差し控えた。こうして月末には友人への手紙を次のように書き始めている。「私はモスクワで静かに暮らしています。外出せず、家にこもっています。合図を待っています」。そして手紙の結びにはこう書いた。「たいていはずっと家にこもって待っています」[103]。ショスタコーヴィチが謁見できたのはスターリンではなく、芸術問題にかんする政治的な責任者であり、おそらく彼の作品にかんする記事の筆者[104]であるケルジェンツェフ〔現在ショスタコーヴィチ研究においては記事の筆者はジャーナリストのダヴィド・ザスラフスキーとされている〕で、ケルジェンツェフから彼はこの出来事からどのような結論を引き出すべきか説明を受けた。悔悟の手紙を書くよりも、このうえなく多くの人民にもわかるように作曲の目指す方向を変え、「西欧の表現主義者」（マーラー？　ベルク？）の影響から解放され、そしていままでもロシアやウクライナやジョージアの村々で聴けるような、田舎の民俗音楽に慣れ親しむことだというのだった。もはやあらかじめ台本《リブレット》を当局に提出せずに新しいオペラの作曲を始めてはならなかった[105]。いずれにせよ、スターリンにとっては明らかに国外追放されるか死ぬかする作曲家よりも従順な作曲家がいるほうがよかったのだ。

ショスタコーヴィチは村々にロシアの民俗音楽を研究しに出かけはしなかった。彼は受けたばかりの叱責から自分自身で結論を引き出した。音楽作品の演奏ないし創作のための優先順位を入れ替え、当局から承認を得られるものを特別扱いした。こうして女性への圧力というテーマで新しいオペラを書くのはあきらめ、『交響曲第四番』を書き上げたが、人前では演奏させないことにした。『交響曲第五番』を作曲し、これのほうが人びとの好みに合うことを期待した（そして彼の見方は的確だった）。彼はソヴィエト映画数本の音楽（パステルナークが外国の古典の翻訳によって生み出したのにほぼ類似した作品）を書いた。

だからといってショスタコーヴィチは、一九三六年一月の終わりに、自分がやがて逮捕されるのを寝室でスーツケース片手に待っているときに味わった死の恐怖を忘れたわけではなかった。それゆえにより重大な決意をしていた。すなわち、外的世界との将来のコミュニケーションのために――それが公的に発せられた言葉によるものなのか、あるいは音楽によるものなのかに応じて――まったく異なるふたつの戦略を採用するというものだ。

前者については、当局の要求への全面的な服従を選んだ。自分に委ねられた共同書簡に署名し、他人が提案した内容の記事を新聞・雑誌で発表し、正式な会議では自分で書いてはいない原稿で演説をした。政治的なことがらに長期間関与することも受け入れた。一九四七年、ソ連邦最高会議の議員となり、一九六〇年、作曲家同盟の初期に選ばれ、一九六一年からは共産党の党員となる。同様に、作品に体制順応主義的な標題――『一九一七年』、『祖国の詩』、『わが祖国に太陽は輝く』――をつけるのを厭わず、合唱とオーケストラのための『人民委員への誓い』あるいは『ソヴィエト民警行進曲』を書くことも厭わなかった……。これは腹話術の極端なかたちだった。彼は自分のものではない言葉を語っていたということだ。

断わっておかなければならないが、彼はそれについてはすでにずっと以前から別の形式を実践していた。会話のなかやソレルチンスキーのような近い友人への手紙のなかで、しばしば彼はさまざまな言葉を自分自身のものとしてではなく、別の著者の引用として述べていた。たとえば彼が暗唱しているらしいゴーゴリのアイロニカルな言葉である。別のときにはどこにでもあるような常套句で、まさにその凡庸さゆえに文字どおりに受け取られることはないはずのものだった。たとえば彼はある友人への手紙に「私は多くの本を読んでいます。間違いなく読書のおかげで私たちは精神と心に無限の糧を得ています」と書いたが、最後のフレーズは彼の見解を表明しているのではなく、オペラ『エヴゲーニー・オネーギン』のセリフをくり返しているのだということを知らせる必要はなかった。あるいはさらに、別の手紙ではこう書いている。「昨日、このうえなく幸せなことに、スタハノフ労働者会議の閉会式に出席できました。〔…〕ヴォロシーロフの演説に心をとらえられましたが、スターリンの話を聴くと節度を失い、会場の人たち全員と「万歳！」と叫び、ずっと拍手をしていました。〔…〕当然その日は私の人生でもっとも素晴らしい日となりました。私はスターリンの姿を見、その話を聴いたのです」[☆106]。「荒唐無稽」が彼の人生に断絶をもたらしたあと、彼は、ゴーゴリが公的なやりとりではいつも大いに活用していた、言葉の使い方をさらに展開させたようだ。

音楽はその反対に妥協をできる限り避ける領域だった。いくつかの単発的な注文を別にすると、彼は自分の作品を自分の好きなように創り続けた。彼が作曲する音楽は標題音楽であり、それを示す言葉がまったくなかったとしても、ひとつの決まった意味を持っていた。時折、聴衆の解釈を方向づけるために、作品のなかに他の作品からの音楽の引用を持ち込んでおり、そこではそれがどういう意味なのか確実にわかるようになっていた。別のときには、あいまいな言葉でそれを示している。たとえば彼が「ファシズムの犠牲者」を想起させるときは、その全体のなかにスターリン主義の犠牲者も含めることができた。彼はまたより明確な註釈も残しており、たとえばずっと後の『弦楽四重奏曲第八番』（一九六〇年）ではこうだ。「イデオロギー的には断罪すべき四重奏曲を、私は自分の思い出のために書くことを決めた。〔…〕そのなかで自分のさまざまな曲や革命歌『苛酷な徒刑に苦しめられて』の主題を使った。〔…〕革命の犠牲者の慰霊のためにロシアの歌を聴かせる」☆107。

ショスタコーヴィチが採った戦略はよいものであることが明らかとなった。一九四一年にスターリン賞第一席を受賞し、これは、彼が許され、元の地位に復帰したというしるしであり、音楽が文学や映画ほどは狭い枠をはめることができないというしるしでもあった。それでもやはりショスタコーヴィチは一九四八年か、あるいはそれ以後になるとまた攻撃されることとなった。その一方で、彼が犠牲にしたものが何もなかったというわけではない。それは公人としてのアイデンティティである。ソヴィエトの同時代人の目からすると、彼が万一の場合に備えて体制に忠実な従僕として振る舞い、体制を強化し称賛するためにできることはすべてした。彼が言うこととは反対のことを考えていることは、国民には知られていないままだった。本当のショスタコーヴィチは体制を糾弾しており、それに仕えているのは偽物なのだとは言えなかった。まさにこのふたつの役割を彼は異なる大衆のために交互に演じており、それらを、統合失調症になるほどまで、できるだけ切り離しておこうとした。

彼が選んだ戦略は彼の命を救ったが、それに高くついた。四〇年間着けていた仮面は顔になった。一九五三年にスターリンが死んでも彼は自由になれなかった。だが、そのとき以後、自由な自己表現は不可能にしても、命の心配をすることなく、自分自身に誠実でありつづけることは可能となった。

ショスタコーヴィチの同時代人で『人生と運命』の著者であるワシーリー・グロスマンはそのように振る舞っている。一九五三年以後、彼は体制から特別な計らいや敬意を得なくても、大きな作品を書くことができた。偶然の一致ながら、グロスマンという名前がはじめて〈機関〉の報告書に登場したのは、「荒唐無稽」の記事にかんする作家たちの否定的な意見を集めたときのことだった。グロスマンは密告者を前にしてこう言ったらしい。「私の意見では、このような記事は書いてはなりません。ショスタコーヴィチを待ち受ける運命はきわめて苛酷なものでしょう……」☆108。

エイゼンシュテイン、勝った者が負けになる

セルゲイ・エイゼンシュテインは一八九八年に生まれた。十月革命の大義にはすぐに賛同し、赤軍に加わった。のちに劇場の舞台装置のデザインを手がけ、仕事を讃美しているメイエルホリドの講義に登録した。彼は構成主義者、マヤコフスキーの友人たち、そして雑誌『レフ』の美的な好みに自分と同じものを認めた。構成主義者たちによるソヴィエト政権の支持は「プロレタリア」たちからなるライバル集団の支持と同様に無条件のものだったが、彼らのほうが芸術的な面ではラディカルだった。エイゼンシュテインは舞台演出を試してみたが、映画へと向かった。彼の考えでは、芸術作品の目的は知識や描写的・物語的な方法での世界の表象でも、作者の内面の表現でもなく、観客に対して行使されるある種の行動でなければならなかった。作品は大衆の精神のなかに効果を生み出す刺戟の総体であり、その目的に達するために用いられる手段の性質はほとんどどうでもよかった。彼の作品

の登場人物は個人ではなく（個人的な特徴への関心は、彼からすると、ブルジョワ的な遺物と見なされている）、類型《タイプ》、人の姿をしたカテゴリー、神話や伝説の主人公である。映画『ストライキ』、『戦艦ポチョムキン』（何にもまして）、『十月』（ボリシェヴィキよる政権奪取について）は支配的なイデオロギーに完全に一致していたが、芸術の行政責任者は美的領域で留保せざるをえなくなった。次の映画『全線』は集団化の最初にかんするもので、さらに大きな異議が差し挟まれた。

一九二九年にエイゼンシュテインは、ふたりの協力者に伴われて、西欧（ドイツ、フランス、アメリカ）への長い旅行に出かけた。豊かな経験となったが、監督はどの企画も実現させることができなかった。スターリンから電報で呼び出されて、この一行は一九三二年にソヴィエト連邦に戻った。エイゼンシュテインの評判は絶大だったが、多くの嫉妬や敵意も抱かせていた。映画産業の中央集権化が進行しており、その部局長シュミャツキーはエイゼンシュテインを敵視していた。最上級の地位を取り戻すために、エイゼンシュテインは新しい作品を制作しなければならず、それが彼にとって最初のトーキーとなるのだった。彼は同時代のソヴィエトの現実を知らないと非難された。彼が扱うことにしたのは、そのとき注目されているテーマ、コルホーズ（集団的企業）への賛同者と富農《クラーク》（個人主義者）の対立であり、これは当時の政治とソヴィエトのプロパガンダの大きな主題でもあった。彼の関心をとくに惹きつけていたのは、少し前に噂になった（バーベリのところですでにふれた）エピソードだった。一三歳の少年で、「ピオネール」の組織のメンバーであるパヴリク・モロゾフが、富農である自分の父親がコルホーズの活動を妨害していることに気づき、当局に告発すると、当局によって父親は流刑に処せられる。パヴリクのほうは家族の他の者たちに殺されてしまう。少年の態度はソヴィエト連邦のすべての子供たちが見習うべき模範とされた。彼にとってソヴィエト国家への愛着は家族の絆に勝るものだった。

エイゼンシュテインはこの主題が攻撃できないものだと考えた。と同時に、彼がこれに惹きつけられたのは親殺しと幼児殺し（アブラハムとイサク、アガメムノンとイピゲネイア）というテーマのおかげで、神話的な響きを帯びているからでもあった。このテーマに彼は個人的に心を動かされるところがあった。彼は脚本を読み込み、企画が上層部で承認され、撮影を始めることができた。しかし一九三五年の終わりにシュミャツキーとソヴィエト映画の他の幹部たちは躊躇していると表明し、完成した作品についてはエイゼンシュテインのスタイルがストレートに出すぎていると非難した。彼らにはあまりに演劇的に思えたのだ。映画は聖書の人物への間接的な言及が多すぎるし（顎髭も多すぎる！）、象徴も多すぎるが、リアリズムが十分ではない。提案された修正個所は、ときに物語の本質的な部分にかかわっていた。たとえば、若い主人公は生きていることはできないのだろうか、などだ。

自立を表明するには都合のよいときではなかった。一九三六年一月、『プラウダ』にショスタコーヴィチを非難する例の記事が掲載され、他の諸芸術への同様の攻撃もそれに続いた。同年、第一回「モスクワ裁判」、すなわちジノヴィエフとカーメネフの裁判が開かれた。エイゼンシュテインを含むソヴィエトの映画人たちは、スターリン讃美をくり返し、犯罪者の厳罰を求める公開書簡に署名した。エイゼンシュテインは自分の映画の第二ヴァージョンを撮る許可を得た。脚本を改訂したのはエイゼンシュテインの友人のバーベリだった。エイゼンシュテインには以前『騎兵隊』を原作に映画を撮る企画があった。ふたりの友人は、そうとは知らずに、ともに〈機関〉の側の監視の対象となった。

一九三六年の春と秋に映画の第二ヴァージョンの撮影が行なわれた。短い休息のあと、新たな批判の一斉射撃が続いた。映画が語る葛藤は社会学的な文脈を欠いており、大昔の物語という印象があった（これはおそらくエイゼンシュテインの意図に合っている）。非難は「形式主義」という、すでに有害なものと見なされていた——これ以後は反革命の同意語にもなった——言葉のもとにまとめられた。「明らかに形式主義的な処理」、「創作の諸問題の形式主義的解決」、「形式主義の傾向」、「不穏当個所が削除されていない形式主義」……。シュミャツキーの一般的結論はこうだ。この「根本的に有害で、好ましくない映画[☆109]」は棄てなければならない。管理者は首相に映画の作者の告発——作家同盟の指導者がマンデリシタームに対して行ない、その流刑へとつながったものに比肩しうる告発——を促した。しかしながら、今回は結果は逆だった。エイゼンシュテインは心配せず、政治局の決定はこの件についてはたいへん異なるものとなった。シュミャツキーは「同志エイゼンシュテインに任務（テーマ）を与え、彼の脚本などを検査しながら、彼を利用して[☆110]」ほしいと頼まれた。このような寛大な措置が取られたのは、おそらくエイゼンシュテインがまだ利用可能であると見なされていたからである。思い出す必要があるのは、『戦艦ポチョムキン』がソヴィエト国家の大義にもたらした象徴的な恩恵が並外れて大きかったことだ。シュミャツキーはフィルムのスプールをつかんで、壊すだけにとどめた。この物語のエピローグは驚くべきものとなった。エイゼンシュテインが大目にみられた一方で、ソヴィエト映画の献身的な指導者が逮捕され、少しあとで「人民の敵」として銃殺された。彼がいろいろあるなかでもとくに非難されたのは、映画『ベージン草原』に対してあまりに好意的だったという点だった……。

エイゼンシュテインは実際に最善を尽くして有用であろうとした。一三世紀のロシア大公アレクサンドル・ネフスキーがドイツ騎士団との戦いに勝つ愛国的映画を作家パヴレンコの脚本で撮ることを受け入れた。パヴレンコはおそらく〈機関〉の係官であり、脚本はスターリンによって直接管理されることになる。この映画人は新聞や雑誌にスターリンやソヴィエト国家を称える愛国的色彩の強い記事をいくつも発表した。一九四〇年、彼はモスクワの大きな映画制作スタジオ、モスフィルムの所長に抜擢された。このころバーベリ、トレチヤコフ、あるいはその師メイエルホリドのような彼の側近の何人かは逮捕され、裁かれ、処刑された。エイゼンシュテインは表には出てこなかったが、自分の家にメイエルホリドの記録資料を持ち帰り、そうすることによって破棄されることから守った。

ドイツとの戦争中、ネフスキーの映画がソヴィエトのスクリーンに再び映写され（一九三九年から一九四一までの独ソ不可侵条約の時期は上映作品から外されていた）、エイゼンシュテインはそれまでに考えていた、愛国的な響きのある他の企画に取り組むことができた。それは、一六世紀にロシアの全公国をひとつの国家に統一することができたイワン雷帝にかかわる企画だった。この主題にエイゼンシュテインが惹き付けられたのにはいくつかの理由がある。一六世紀のロシアの歴史とスターリンの時代の歴史を対比させることによって、現在の独裁者を褒めちぎりながらも、現代の体制について彼が賛同しかねている部分がどのようなものであるのかを説明できると思ったのだった。戦争という状況のせいで撮影は困難なものとなったが、企画の愛国的側面のおかげで彼がよりいっそう好意的に受け入れられるのが確実となった。エイゼンシュテインはこれを二部作として、つづいて三部作として構想した。第一部ではイワンが権力の座に着くまでが語られ、第二部では貴族《ボヤール》、自分の特権を守りたい封建領主たちとの戦いが語られる。この戦いの指揮を執るのがイワンであり、それを助けるのが親衛隊《オプリーチニキ》――彼がつくり、彼に直接仕えるために雇われている軍隊――である（『ベージン草原』でのように、この人物が選んだ関係のほうが、この人物が継承した関係よりも価値が高い）。第三部ではロシアの外部の敵との戦いと、最初の勝利のあとイワンの精神において湧き起こる疑念と後悔が語られるはずだった。

映画の第一部は一九四三年から一九四四にかけて撮られ、スターリンはこれを観て、承認した。スターリンのように映画のイワンはすべての行為をたったひとつの思想で正当化し、統一国家の強い権力を確固としたものにしている。スターリンのように映画のイワンは潜在的な競争相手（貴族《ボヤール》）を迫害し、古くからいる側近よりも、彼にすべてを負っている新参者たちを好んだ。スターリンのように映画のイワンは情け容赦なく、裏切り者と見なした者たちの首をためらうことなく切り落とした。映画はスターリン賞を受賞した。これは公的な大成功だった。

第二部は一九四四年から一九四五年にかけて撮られ、一九四六年の春にエイゼンシュテインは手紙を書き送り、承認を求めた。ああ、残念、スターリンは第二部が気に入らず、疑問点を党執行部の会議で伝えた。彼が寄せた批判は二重のものだった。エイゼンシュテインは親衛隊《オプリーチニキ》を必ずしも十分に肯定的な光の下で提示しておらず、イワン自身は受け入れがたい弱さを見せている。「イワン雷帝は意志が強く、決断力のある人間だが、エイゼンシュテインにあっては、意志の弱いハムレットのようなものとなっている」[☆111]。監督は真実への要求を捨てて、みずからの形式主義的な気持ちを優先している。それゆえにスターリンは、ツァーリとその下劣な行為の実行者たちの肖像に陰影をつけ、いくつかの留保や疑念に場所を与えようとするエイゼンシュテインの企てを敏感に感じ取っており、それらをなくしたいと思った。その結果、映画の上映は認可されなかった。

六ヶ月後、エイゼンシュテインとイワン（とその前にはネフスキー）を演じた俳優はクレムリンに召喚され、最高指導者と謁見した。このとき最高指導者に付き添っていたのはふたりの忠実な僕《しもべ》、モロトフとジダーノフだった。エイゼンシュテインは会話を書き残している。スターリンは以前の批判をくり返した。親衛隊《オプリーチニキ》があまり目立っておらず、イワンは優柔不断なハムレットとして描かれている（今日の公平な観客の目からすると、ほとんど裏づけのないふたつの批判）。スターリンの言うことを信じるとすれば、イワンが偉大だったのは、外国の強国を遠ざけていたから、国の活動を完全に管理していたからである。この点において彼は全体主義国家の前ぶれだった（スターリンはこの言葉を用いてはいない）。たとえば外国貿易の独占について、「イワン雷帝がそれを最初に導入した。レーニンは二番目だった」。スターリンが皇帝《ツァーリ》について疑問点がいくつかあるとしたら、それはべつの性質のものなのだ。「イワン雷帝はとても残酷だった」と彼は続ける。「どうして残酷である必要があったのかを示さなければならない。彼の過ちのひとつは、五大封建領主の家族をひとり残らず殺さなかったことだった。〔…〕彼はもっと決然としているべきだったのだ[☆112]」。

結局、スターリンは監督と俳優に『イワン雷帝』の続編については改良版に傾注するように要求した。エイゼンシュテインはすでに病魔に冒され、衰弱しており、一九四八年にこの勧告に従うことなく死んだ。第三部の撮影済みのシーンは破棄され、第二部がはじめて公開されたのは監督の死から一〇年後の一九五八年だった。

『ベージン草原』と『イワン雷帝第二部』という二本の映画の上映禁止にかんする話は似たような展開を見せている。エイゼンシュテインはその度ごとに権力側の嫌疑への対応策を見つけたと思っていた。彼が出発点に選んだのはパヴリク・モロゾフの異論の余地のないエピソード、あるいは皇帝による貴族《ボヤール》の抑圧で、後者についてはスターリンが喜ぶにちがいないと思っていた。しかしながら、芸術性を高めるために、彼は物語の筋立てをほかの要素――幼児殺しの神話的・伝説的背景、皇帝のあいまいな反応――で充実させた。スターリンや彼の僕《しもべ》は自分たちの意向とは無関係のそうした要素を抜かりなく見つけると、すぐに完成した作品全体を糾弾し、監督が投げ出すまで新たな修正を要請し続けた。ブルガーコフのトカゲは自分の命を守るために尻尾をなくすのを受け入れられたが、要求される犠牲が能力を超えるときが来た。やはり自分がナメクジだと見なされたくなかったのだ。

第4章　死亡者名簿

ボリス・ピリニャーク、本名ヴォガウ（一八九四年九月二九日―一九三八年四月二一日）

一九三七年一〇月に逮捕され、反革命家、テロリスト、スパイであるとして告訴される。告訴が受理されるとすぐに供述書を書き始め、そのなかで咎《とが》められている罪の大部分がその通りであると認めた。十分に覚悟を決め、たいへん明瞭に過去二〇年間の自分の人生について語った。裁判の席で供述書の内容をすべて認めた。一九三八年四月二〇日に死刑を宣告され、翌日射殺された。逮捕のさい没収された原稿、とりわけロシア革命にかんする完成間際の小説は消失してしまった。

アブラム・レジネフ、本名ゴレリク（一八九三年六月―一九三八年一一月二一日）

私たちは先ほどバーベリの著作の解説者としての彼とは短いながらも出会っている。二〇年代には「峠」派に参加して、その理論家のひとりとなり、その立場から構成主義者や雑誌『レフ』、あるいはプロレタリア作家といったほかのグループと論争した。彼の逮捕の理由はよく知られている。一九三六年、ある密告者の前でショスタコーヴィチのオペラが糾弾されていることに同意できないと述べたのだ。密告者は彼の話をこのように要約している。「あらゆる独裁の恐ろしさは、独裁者が自分の左足が望むことをすべてすることにあります。［…］私からすれば、ショスタコーヴィチへの反応はドイツの焚書と同種のものです。［…］私たちとドイツ人には共通点が多くあります。もっとも、この類似を恥じているのですが☆113」。ふたつの全体主義体制のこうした同一視は、当時はけしからぬものだと見なされていた。この告発を読んだ責任者はレジネフという名前にアンダーラインを引き、この件りに印をつけた。二年後レジネフは死刑を宣告され、銃殺された。

オーシプ・マンデリシターム（一八九一年一月一五日―一九三八年一二月二七日）

一九三四年五月にはじめて逮捕され、ヴォロネジへの三年間の流刑に処せられた。作家同盟書記を告発したために、一九三八年五月に再び逮捕された。書記が〈機関〉に「オーシプ・マンデリシターム問題を解決する」よう要求したのだった。ひとたび投獄されるとマンデリシタームは自分が反ソヴィエト的活動の罪を犯したとは認めなかった。一九三八年八月、五年間の流刑を宣告された。一〇月、シベリア極東地域にある、ウラジオストク近郊の中継収容所に到着した。健康状態からして強制労働収容所への移送は不可能だった。一二月二七日、シラミ駆除のために近くの仮小屋へ連れて行かれた。そこで意識を失い、「心停止」で死亡した。

イサーク・バーベリ（一八九四年七月一三日―一九四〇年一月二七日）

一九三九年六月二〇日に逮捕され、いつものように反ソヴィエト的振る舞い、テロ行為、スパイ活動、ソヴィエト連邦の敵（とりわけアンドレ・マルローや何人かのトロツキスト）との接触のかどで告訴された。詳細な供述のなかでバーベリは真実からそれほど離れることなく自分の人生について語っているが、ほかの被告人たちとの関係については別だった（おそらく拷問によって強制された自白）。しかし、一九三九年一〇月、尋問の最後に供述したいと言った。「何人かの人びとについて誹謗中傷し、自分のテロ活動の一部について嘘の供述をしました」。彼は知人の何人かを間違って告発したので、何度もあらためて聞いてもらいたいと言った。「私の自白には反ソヴィエト的活動の責任を、ソヴィエト連邦の利益のために誠実に、そして献身的に働いている人びとに負わせる、ありもしない間違った主張も含まれています。私の発言が私の祖国に直接害を与えるかもしれないと考えると、言うに言われぬ苦しみを感じます。この汚点から自分の意識を解放することが自分にとって第一の義務だと考えています」。一九四〇年一月二六日に開かれた裁判で彼は「予審のさいの私の自供はすべて嘘です」と明言した。最後の言葉は以下のとおりだ。「私は何も罪を犯していません。〔…〕供述のなかで自分自身を誹謗中傷したのです☆114」。彼は死刑を宣告され、翌日銃殺された。

フセヴォロド・メイエルホリド（一八七四年二月一〇日―一九四〇年二月二日）

一九三九年六月二〇日に逮捕され、バーベリと同じ犯罪のかどで告訴された〈機関〉の同じ役人に尋問され、ふたりの「自白」はおそらく同じ政治裁判で役立てられるはずだったが、実際には開かれなかった）。拘留中のことについては、尋問の文書や調書の原本だけでなく、メイエルホリドが監獄から首相モロトフや内務大臣ベリヤに送った手紙も参照することができる。そこで読むことのできる詳細な――そして珍しい――記述には、自白を引き出したい人びとに加える拷問のこともある。彼は長いことゴム製の棍棒で打たれた。その結果、「横たわり、顔を床のほうに向けて、私も主人に鞭打たれる犬のように身をよじり、鋭い叫び声をあげることができるということがわかった」。この一連の行為がまた始まることを考えたら、「自白する」ほうがよかった。被疑者は考えた。「ああ！　こんな目に遭うくらいなら死んだほうがいい、そうだ、死んだほうがいい！　と被疑者は心に思うものだ。――それは私が心に思ったことでもあり、すると、自分自身を糾弾する嘘の言葉が口をついて出てきて、これで私も死刑台にのぼることができるだろうと期待した」。一九三九年一一月、尋問が終わると、メイエルホリドは気を取り直して、裁判所の検事に異議申立書を送り、バーベリがそうしたように、拷問されて、自分が誹謗中傷した人びと全員が無実であると述べた。しかし、共産主義への関与は否認しなかった。検察側はそのことはまったく考慮しなかった。裁判は一九四〇年二月一日に開かれた。そこで彼が言明するには、「予審のさいに作り話をしたことについては、自分が殴打されていたという事実によって説明されます」。最後の言葉は以下のとおりだ。「私が信じるのは神ではなく真実です。信じるのは真実が勝利するからです☆115」。彼は死刑を宣告され、翌日銃殺された。

マリーナ・ツヴェターエワ（一八九二年九月二六日―一九四一年八月三一日）

ツヴェターエワは〈機関〉によって処刑されたわけではない。投獄されておらず、流刑にもならなかった。しかし、その死は共産主義とナチズムという、当時のふたつの全体主義体制がともに及ぼした影響の結果だった。家族とともにフランスへ亡命した彼女は、「白系」ロシア人の夫が何年にもわたってソヴィエトの〈機関〉の秘密諜報員として活動し、かつてのロシア人諜報員の殺害に巻き込まれていることを知った。彼は一九三七年一〇月にソヴィエト連邦へ逃亡しなければならなくなり、そこで六ヵ月前にモスクワへ戻っていた娘アリアドナに合流した。未成年の息子とふたりでフランスに留まったが、ソヴィエト警察のスパイの妻として亡命者の社会から拒絶されたために、ツヴェターエワは一九三九年六月に息子とともにソヴィエト連邦へと帰っていった。家族はまたひとつになったが、つかの間のことだった。アリアドナが同じ年の八月末に逮捕され、元チェキストの父親も一〇月はじめに逮捕された。ふたりともフランスのためにスパイ活動に従事したかどで告訴された。アリアドナは八年間の収容所送りとなり、父親は死刑を宣告された。その間ツヴェターエワは翻訳のささやかな仕事で糊口を凌いだ。一九四一年六月、ナチスの軍隊がロシアに侵攻した。八月、作家たちとその家族は、侵攻者に脅かされているモスクワからウラル山脈に近いいくつかの場所へと退避させられた。ツヴェターエワはこれらの家族に加わり、エラブガのタタールの村に留まって、仕事を探した（とりわけ作家の集う食堂の皿洗いとして）。だが仕事をさせてもらえなかった。人民の敵の妻であるため、信用できないと見なされたのだ。作家としての仕事を再開できる希望がまったく持てず、彼女はみずから命を絶った。[☆116]

この六人は部分的ながらその経歴をたどった者たちのなかにも姿を見せていたが、属しているのは、第二次世界大戦の直前ないし初めになくなってしまう、創造的芸術家たちが作る環境から出た、はるかに多くの犠牲者たちのほうだった。六人は体制に結びつく状況において彼らよりも前に死んでいる人物たちの何人か、すなわち一九二一年に死んだブローク、一九三〇年に死んだマヤコフスキー、一九三六年に死んだゴーリキーに通じるところがあった。ソヴィエト国家はたんなる個人よりも比較にならないほど大きな力を持っており、自分にとって不都合な者たちを何の苦もなく死刑に処すか、社会的立場をすべて奪うかした。戦いはあまりにも不均衡なものだった。直接的な抵抗はほぼ不可能であるようにみえた。権力に合わせるという戦略を取れば、最良の場合では、創作者として自由に表現できなくとも、身体的に無事なままでいることはできた（たとえばザミャーチン、ブルガーコフ、エイゼンシュテイン、パステルナーク、ショスタコーヴィチのように）。

ここで言及された生涯の例を通してその戦略の効果については、どのような貸借表を作ればいいのだろうか。ただちに認めなければならないが、その結果はたいしたことはなかった。亡命した者、すなわちブーニン、ツヴェターエワ、ザミャーチン、そしてゴーリキーさえも、ソヴィエト連邦の内部ではもはや理解されなかった。創作者はみずからの感情の表現においては完全に誠実でいなければならない、と考えたブローク、バーベリ、あるいはパステルナークのような者たちは、自分たち自身の考えによって沈黙へと追いやられた。明らかな抵抗というかたちを試みたピリニャークあるいはマンデリシタームのような者たちはすぐに取り締まられた。独創的な声を保ちながら公式の計画に歩み寄ろうとする試みは失敗に終わり、マヤコフスキー、メイエルホリド、ブルガーコフ、エイゼンシュテインは自分たちの企画がつぶされたと思った。自分自身の要求に違うことなく音楽を創り続けるために、ショスタコーヴィチは従順な言葉という幕によって、音楽を守らなければならなかった。彼らはみな十月革命の赤い炎によって焼かれてしまった。

政治の責任者であるスターリンやその配下の者たちの反応は、つねに厳密な論理に則っているというわけではなく、こういった作家たちの運命にかかわるあらゆる結論は信用のおけないものとされた。不服従と体制順応の身振りを切り替えたからといって、ピリニャークの立場は見たところ強固なものにはならなかった。バーベリの立場はおそらく作家の沈黙による以上に、チェキストの指導者の近くにいたことによって脆くなった。彼らの失墜に巻き込まれたからだ。このふたりの作家は、それゆえに死刑を宣告され、監獄のなかで処刑された。政治的「左翼急進主義」に与してもメイエルホリドは守ってもらえなかった。彼の死の原因となったのは、おそらくつねに舞台の前面に出て、指導者たちに自分の存在を思い出させようとする彼の性格だった。挑発行為のせいでマンデリシタームは強制収容所《グラーグ》へ送られ、そこで彼は急速に衰弱した。この罰はさらに死の苦しみにも等しいものとなった。ブルガーコフはこうした悲惨な運命をたどることにはならなかったが、権力から承認を得ようとしたために、二〇年代の立場については妥協をせざるをえなかった。エイゼンシュテインとショスタコーヴィチは身体的に無事なままでいるために大きな代価を払わなければならなかった。一方は体制のプロパガンダ作家としての役目を果たすことを受け入れ、他方は公的な役割の分裂病的二重化を実践したのだった。ザミャーチンとパステルナークはもっともうまく切り抜けた者たちだが、それは逃避という手段によってだった。前者はパリに亡命し、後者は一種の内的亡命に閉じこもって、翻訳に集中し、(戦後は)自分が書いたものを発表しようとはしなかった。こうした抵抗にもかかわらず、全体主義機構は勝利の歩みを続けた。

しかしながら一九一七年一〇月の革命によって始まった時代は一九九〇年の終わりに、共産主義体制の崩壊と、かつての犠牲者たちの——死後のものではあっても——勝利というべきものによって幕を閉じることとなる。メイエルホリドが人生の最後の日に予想したように、真実が勝利するだろう。こうした創作者たちの作品は生まれたときは悪くいわれたり、公的に存在することが禁止されたりしたが、作家の死後も影響を及ぼし続け、新しい読者や観者に別の生が可能であるということを感じさせ、自由で批判的な考え方をするように教え、抵抗するように促した。一九一八年六月に、当時全体主義体制のおそらくもっとも明晰な敵だったザミャーチンが書いたように、「自由な言葉は武装した数千人よりも、軍隊よりも、憲兵あるいは機関銃よりも強い。今日、暫定的に統治する者たちはそれをよく知っている。自由な言葉が道を切り開く、ということを彼らは知っている……」。一〇年後彼は、ある種の本はダイナマイトのようなものだ、と付け加えている。「違いは、一本のダイナマイトは一度しか爆発しないが、一冊の本は何度でも爆発するという点である」。[☆117] 同じザミャーチンの『われら』はそのような本＝爆弾のひとつである。たとえソヴィエト連邦では禁書であり続けたとしても、読者に知られていないわけではなく（パステルナークのさりげない言及がそれを証明している）、間接的に影響を及ぼすこともあった。なにしろオーウェルが、全体主義との戦いのなかにあるもっとも力強い知的手段のひとつ、『一九八四年』を書く前に読み、コメントしているのだ。

ソヴィエト連邦そのものにおいては、一九五三年のスターリンの死と恐怖政治のもっとも激しかった時期の終焉を待たなければ、この戦いに参加した作品が姿をあらわすのを見ることはできなかった。ここではそのうち三作品を例に取ろう。一九五五年、パステルナークが執筆に一〇年をかけた小説『ドクトル・ジバゴ』を書き終えた。祖国で出版する試みはうまくいかなかった。外国に持ち出さなければならず、出版されたのは一九五七年だった（二〇年代に同じことをザミャーチン、ピリニャーク、ブルガーコフがしている）。翌年、この本はノーベル賞を受賞し、世界的な成功を収める。ソヴィエト連邦にも多数の迂回路を経て行き渡った。パステルナークの小説は反革命的な書物でも反共産主義的な書物でもなかったが、どのページも検閲官の意見をまったく気にしない自由人の書き方がどのようなものかを示していた。どの文も、精神の自由がいまここでも可能であるということを強く主張していた。

一九五九年に別の作家が何年にもわたって書いていた本に最後の手を加えた。ワシーリー・グロスマンの小説『人生と運命』である。この作品は、第二次世界大戦の時代におけるソヴィエトのいくつかの家族の歴史を通して、共産主義体制を関心の中心へと置いている。しかも、そのさいソヴィエト国家とナチス国家の類似を長い時間をかけて詳述しているが、それはレジネフが命と引き換えにしたことだった。『ドクトル・ジバゴ』の場合と同様に、連絡を取った雑誌はこの過激な内容の本の掲載を拒否した。当局が原稿を押収し、党書記がグロスマンを召喚した。時代が変わっており、監獄へは送られなかったが、こう言われたのだった。「敵がわれわれに対して準備する原子爆弾にわれわれがどうしてあなたの本を加えるようなことをするのだろうか。出版されれば、敵を利することになる。〔…〕パステルナークの本が途轍もなく大きな不都合を生じさせたことをあなたはご存じない。あなたの本を読んだ者や読書ノートをよく読んだ者たち全員にとってまったくもって明白なのは、われわれには『人生と運命』が『ドクトル・ジバゴ』よりもはるかに有害で危険であるということだ[☆118]」。党書記にとっては、いくぶんかはザミャーチンにとってと同様に、書物はダイナマイトのようなものであり、警戒しなければならなかった。同じ本が何度も爆発することができるだけにますますそうだった……。まったくうろたえることなくグロスマンは、体制にとっては同様に危険な第二のテクスト『万物は流転する』によって戦いを続けた。彼は一九六四年、自分の作品が出版されるのを見ることなく死んだ。作品は西ヨーロッパで出版された。『万物は流転する』は一九七〇年、『人生と運命』は一九八〇年だった。ロシアでは「ペレストロイカ」の時代の一九八八年になってようやく出版された。彼の作品によって読者は自分たちが生きた世界をよりよく理解することができるようになった。

一九六二年、ソヴィエト連邦の雑誌に、無名の作家アレクサンドル・ソルジェニーツィンによる、『イワン・デニーソヴィチの一日』と題された短い物語が掲載された。問題の一日が展開するのは強制労働収容所においてであり、物語の主人公はそこへ送られている。彼の日常が簡潔で的確な言葉で描写されていき、いかなる「思弁的」逸脱もなく、おそらくこれが説得力を高めている。すべてをはっきりとは語ることなく、著者はこの物語によって、労役刑の世界に責任のある体制への恐るべき起訴状を提出したのだ。出版後ソルジェニーツィンが自分の任務としたのは、ソヴィエトの強制収容所システム——彼が「収容所群島」と呼ぶことになるもの——を世界に説明するもの、すなわち自分の国における抑圧システムの歴史書と地理書を書くということだった。彼はかつての流刑囚たちから数多くの手紙を受け取り、他の記録資料も調べ、仕事に取りかかることができた。執筆は一九六四年から一九六六年にかけてなされた。本はロシア語で——しかし西側で——一九七三年に出版され、これが原因となって著者は一九七四年はじめにソヴィエト連邦から追放された。この本が体制のイデオロギー的基盤と正当性に与えた傷は深く、もはや治ることはなかった。

前世紀に革命思想が魅力を発揮したのはロシア、ヨーロッパ、そして朝鮮からキューバにいたる、世界の他の多くの場所においてであった。そのダメージを受けたメイエルホリドやバーベリのような者たちでさえ、最後の瞬間に到るまでそれを称揚していた。彼らは自分が無実の犠牲者であって、犯罪の共犯者ではないと思っていた。彼らは革命に憔悴させられることになるが、それ以前に彼らをかたちづくったのも革命だったのだ。詩人の未亡人にして、ロシア革命とその帰結の特権的な目撃者であるナジェージダ・マンデリシタームは次のように述べている。「知識人に足並みをそろえさせることにおいて決定的な役割を担ったのは、恐怖や腐敗ではなく（どちらも不足はしていなかったにもかかわらず）、どんな場合でも断念したくなかった「革命」という言葉だった。この言葉は都市の人びとだけでなく、人民全体をも従わせたのだ[☆119]」。革命が拠り所とした理想に感じるこのような魅惑は影響を及ぼし続けた。望ましくない結果が社会のもっとも明晰な成員たちの目の前にあらわれた——というのも、高貴な目標を失った革命はひとを惹きつけるものではないように見え、破壊、暴力、残酷さからなるまったく違った顔を見せたからだ——としてもである。その失望は避けられないものだったのだろうか、と問うこともできるだろう。この点において戦争に似ている革命が、目的を忘れさせるほど強力な手段ではなかったなら、結果も望ましいものに思えただろう。一七八九年〔フランス革命勃発〕が一七九三年〔ジャコバン派独裁と恐怖政治〕を生み出し、二月革命が十月革命へとつながっていった。クメール・ルージュがカンボジアで行なった大虐殺、中国での、そしてそれ以前にソヴィエト連邦での数百万人の死者は、共産主義の革命計画の堕落ではなく、その論理的帰結なのだ。ブルガーコフが「〈偉大な進化〉という私のもっとも好きな概念」と呼んだものを擁護したとき、たぶん彼は正しかった……。

こうした創作者の何人かが抱いていた、芸術家と革命家の相思相愛という夢は、たぶん「革命」という同じひとつの言葉のふたつの意味の混同から——ブーニンが十月革命にかんする論評のなかで示唆しているように、結局のところ言葉の悪用から——生じた誤解にすぎなかった。事実、革命家を突き動かした計画——より強力な国家を建設する計画——と、つねに外観の向こう側を見ようとしている、本物の——世界のなめらかな表面には決して満足しない——創作者たちを動揺させた不安のあいだにはどのような共通点があるのだろうか。そのように考えたマリーナ・ツヴェターエワは、一九三七年に詩人と政治的権力の関係にかんする最後のエッセイの最後の数ページにこう書いている。「詩人の内的反乱は外的反乱とは無関係だが、革命家たちとは敵対することもありうるし、彼らが合法的権力、すなわち無理やり押しつけられた権力となるとすぐに実際に敵対する」[☆120]。

共産主義体制と、創造的芸術家にあって自由を熱望した者たちとのあいだでくり広げられた戦いの物語を要約するには、体制は数多くの局所的な戦いには勝利したが、戦争には負けた、と言えばよい。ついには芸術家たちが政治指導者たちに勝利を収めるのだ。

第二部　カジミール・マレーヴィチ

図1：《草を刈る人 I》、ニジニイ・ノヴゴロド国立美術館

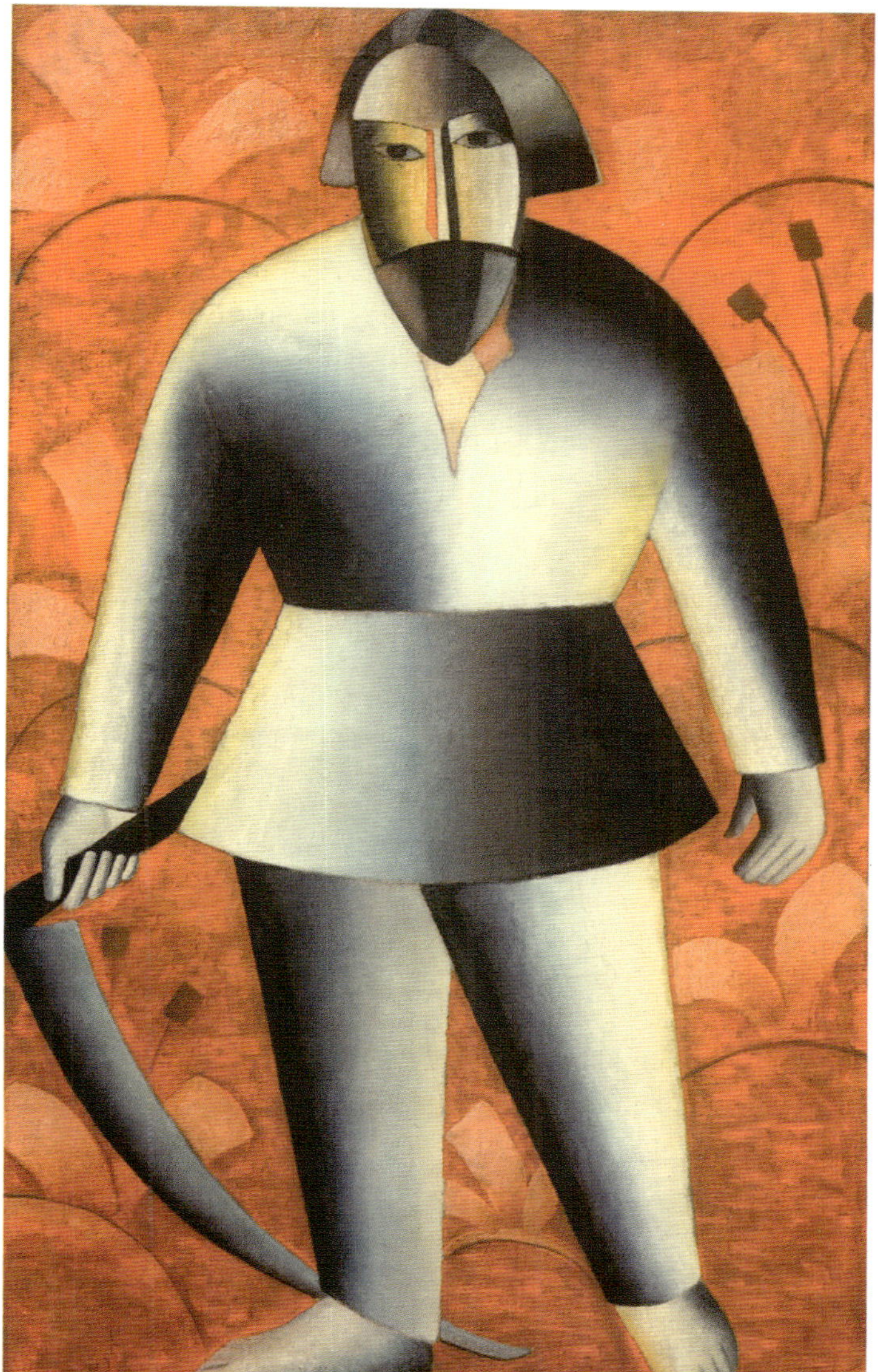

図2：《未来の男の顔》、サンクト・ペテルブルグ、ロシア美術館

図3：《黒い顔の農婦》、サンクト・ペテルブルグ、ロシア美術館

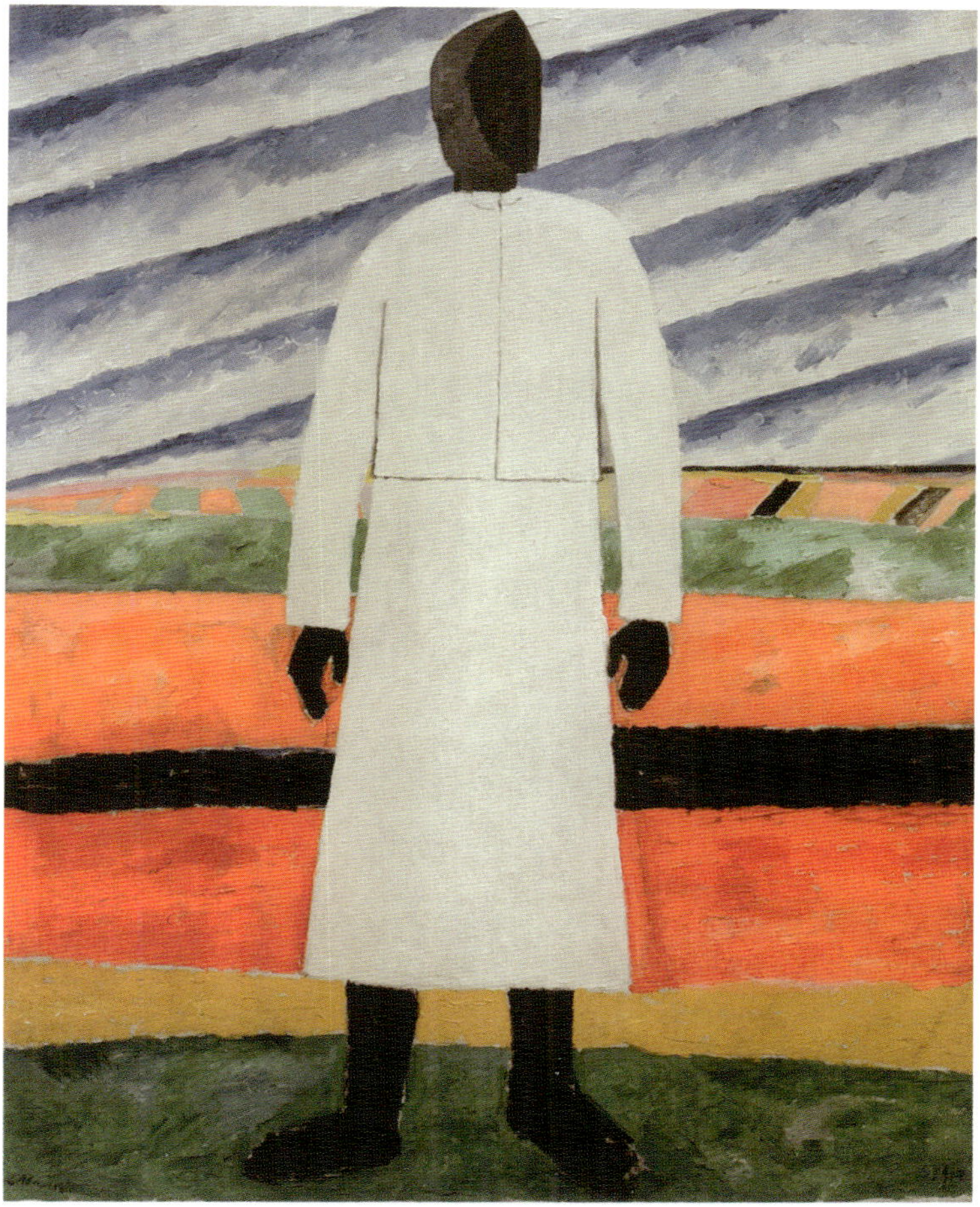

図4：《白い家のある風景》、サンクト・ペテルブルグ、ロシア美術館

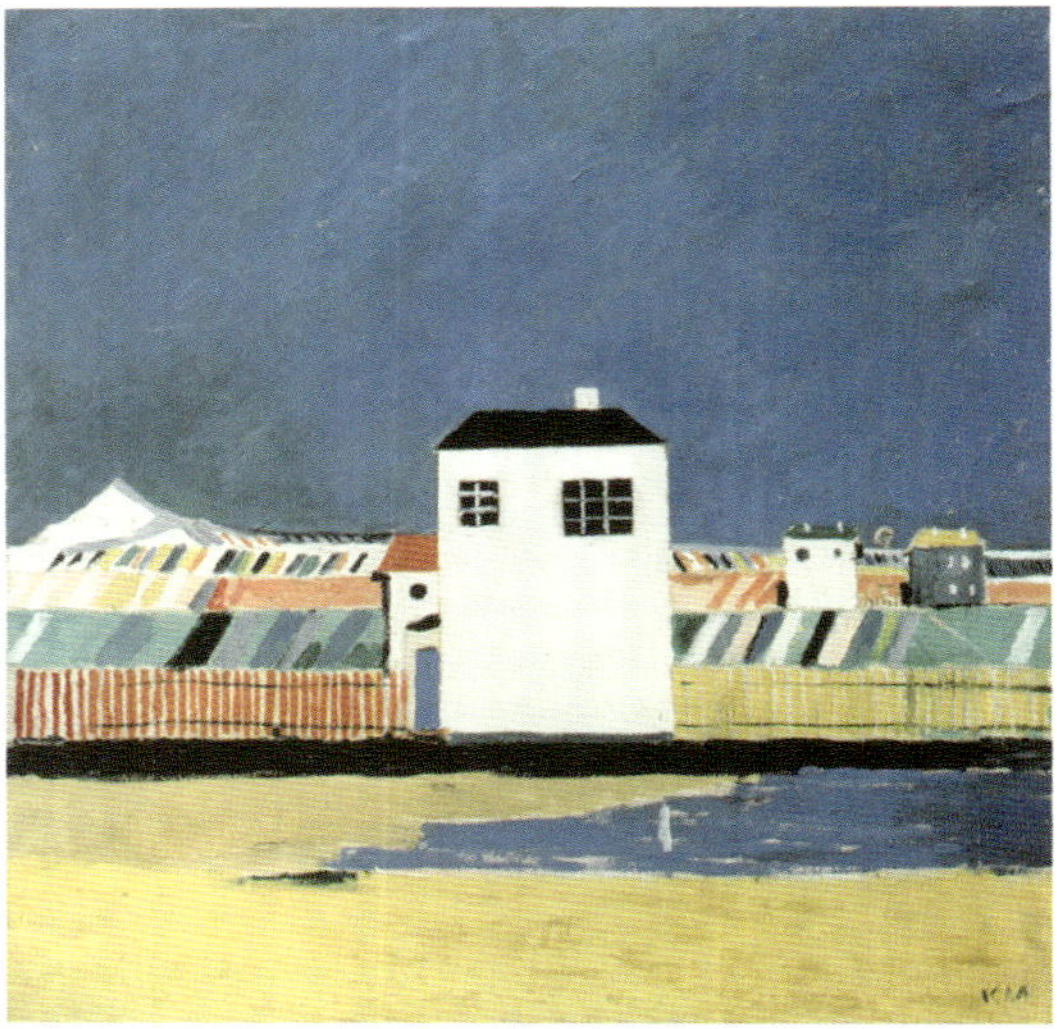

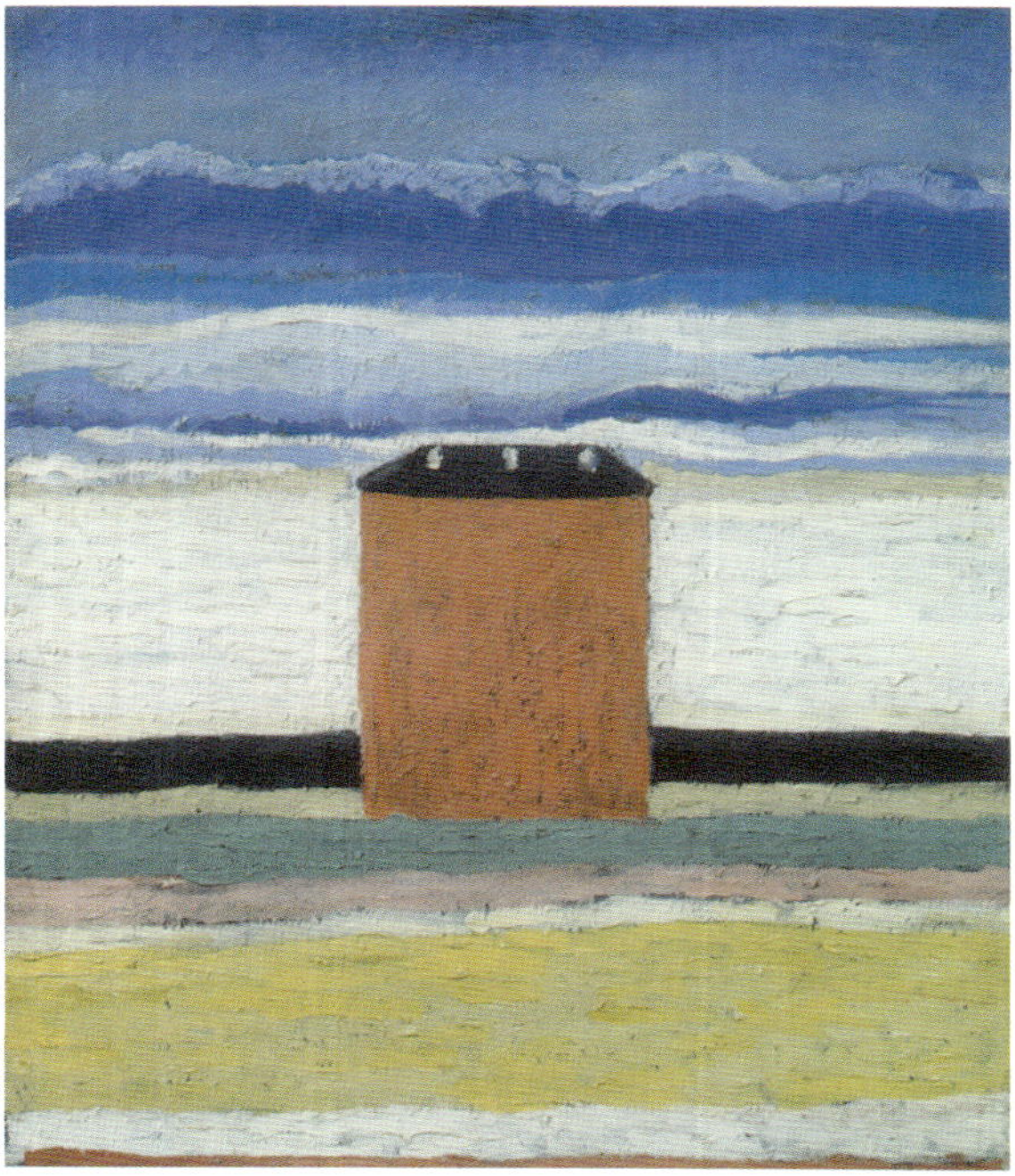

図5：《赤い家》、サンクト・ペテルブルグ、ロシア美術館

図6：《投獄された男の感覚》、ウィーン、アルベルティーナ美術館

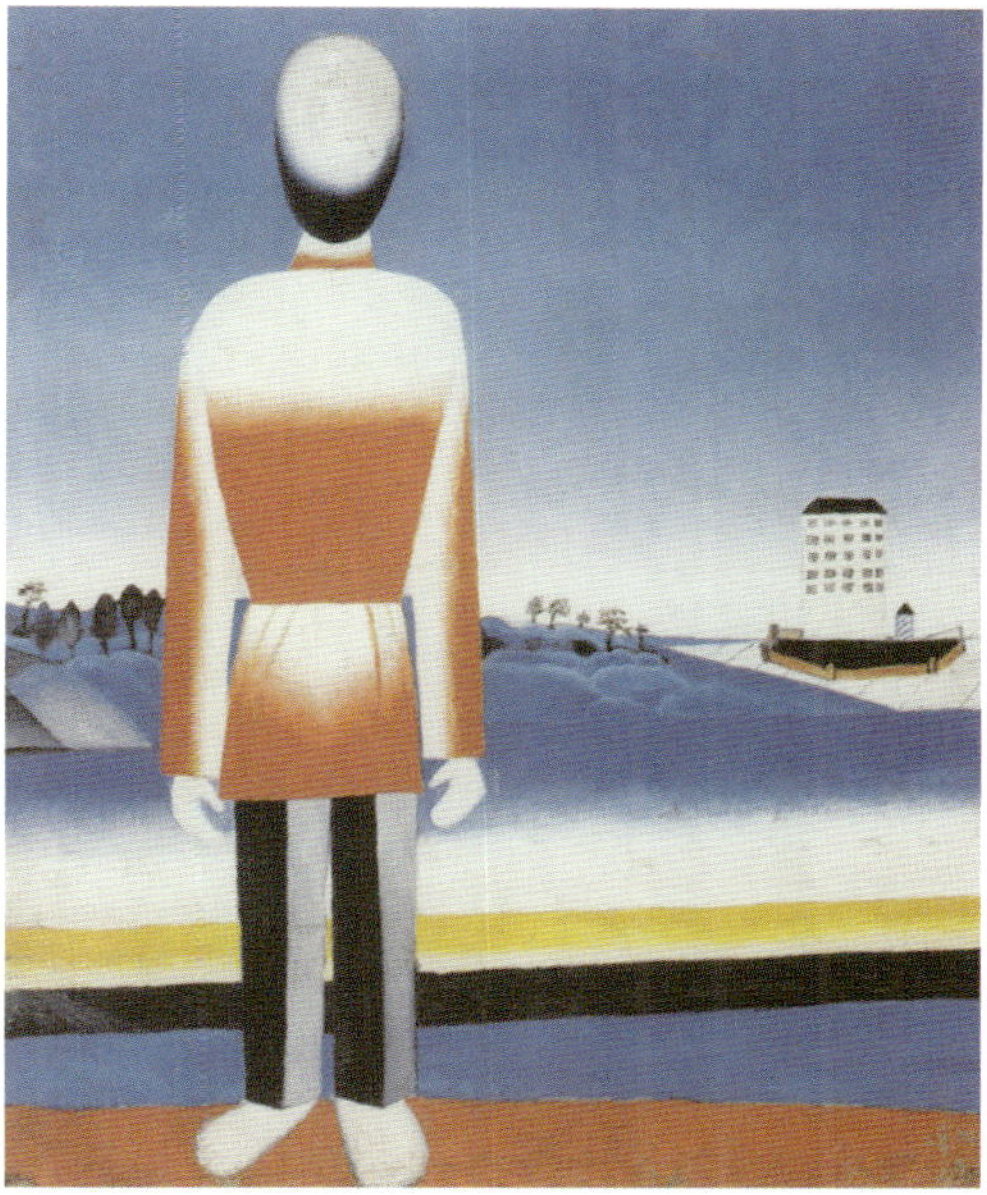

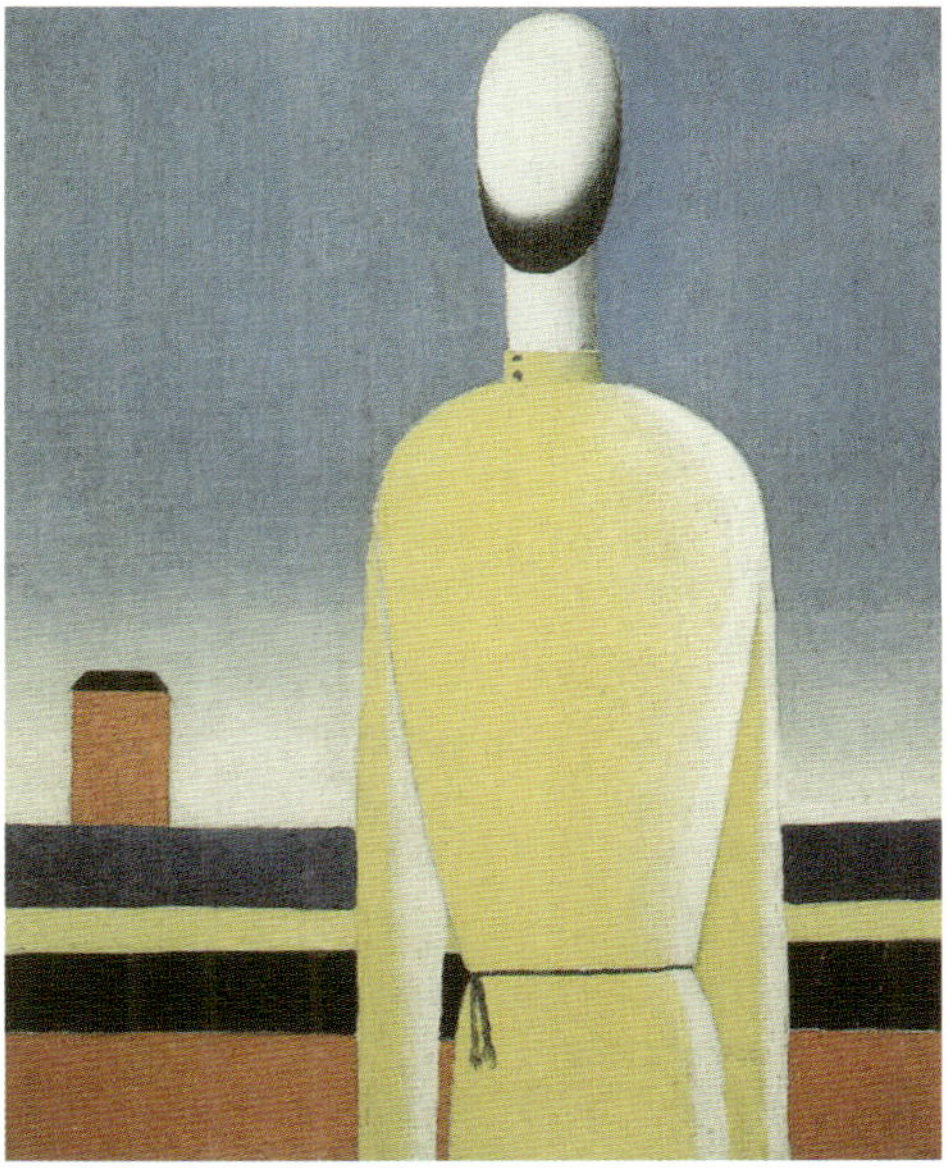

図7：《複雑な予感》、サンクト・ペテルブルグ、ロシア美術館

図8：《農夫たち》、サンクト・ペテルブルグ、ロシア美術館

図9：《危険の感覚》、パリ、国立近代美術館、ポンピドゥー・センター

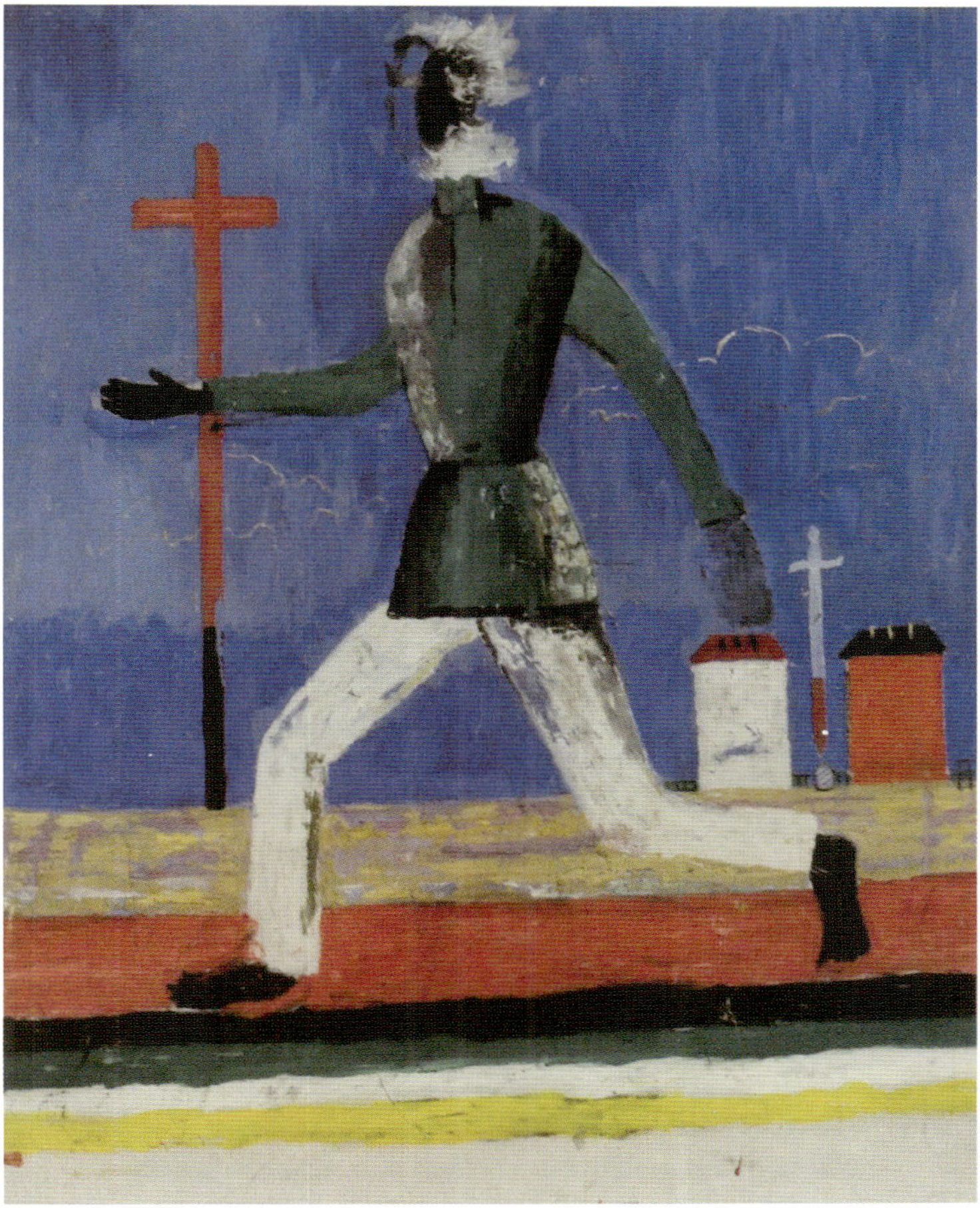

図10：《自画像》、サンクト・ペテルブルグ、ロシア美術館

第１章　革命の陶酔

第一次世界大戦が最高潮に達した。一九一七年はじめ、著名な芸術家‐画家でありながら臨時の兵士として駆り出されたカジミール・マレーヴィチは、ドイツ軍との戦闘の最前線にいた。前年六月に召集され、短期間の軍事訓練を受け、一〇月には前線に送られた。一八七八年生まれの彼は四〇歳になろうとしていた。絵を描き始めたのは青年期になる前だった。何年も前にモスクワに居を定め、さまざまなアヴァンギャルドのグループ、とりわけ未来派のグループのメンバーとして活動した。未来派は多くの詩人や芸術家が集う運動で、着想の源泉となっていたのはイタリア未来派だった。その後、彼は自分の目指す方向で運動を創始し、「スプレマチズム」――その上にも、その向こう側へも行くことができない至高の流派――と名づけた。折悪しく兵役義務で芸術活動が中断させられた。

しかし一九一七年二月にマレーヴィチはモスクワに戻ることができた。戦争がもたらした悲惨な状態と生活環境の悪化から逃れられない街は政治的熱狂にとらわれていた。芸術家たちは抗議運動に参加した。友人の未来主義者たち、誰よりも詩人のヴラジーミル・マヤコフスキーがとくに活発で、マレーヴィチもその運動に加わった。同月終わりに出来事が急速に動き出した。三月に皇帝が退位し、権力はリベラルで民主的な環境から生まれた臨時政府の手中にあった。二月革命である。

このときからマレーヴィチはその熱狂状態に身も心も委ねた。彼にとって政治の革命は、自分が何年も身を投じてきた絵画の革命に著しく類似した道をたどっていた。そもそも、彼が参加したアヴァンギャルド運動は批評家たちから「左翼芸術《ド・ゴーシュ》」と呼ばれていたが、政治の革命もまた「左派の《ド・ゴーシュ》」と呼ばれていた。一九一七年以前はこのような「左の《ド・ゴーシュ》」という言葉のふたつの用法は、偶然と見なされることがあった。画家は数年後（一九二五年に）、これにかんする自分の考えを説明している。自分たちはすべての芸術家をふたつの陣営に分けていた、と彼は書いている。「右の芸術と左の芸術がある。「右の」が意味するのは伝統主義《アカデミズム》――わかりやすく、明瞭で　明快な表現――だった。「左の」は、そういったわかりやすさ、明瞭さ、明快さに一致しないものすべてだった」☆1。これ以後ふたつの用法は区別がなくなり、関係することがらのあいだにはいかなる矛盾もなくなった。四月からマレーヴィチは、労働者の祭典メーデーのさい行なわれる街頭行進の装飾品に協力した。装飾を手がけた宣伝用の山車は「スプレマチズム」の精神をもって塗装された。彼はまた闘士や管理者としての活動にも時間を割いた。四月には〈青年同盟〉――自分たちが「左の」（アヴァンギャルドの）傾向にあると認識する、モスクワとペトログラードの芸術家の組織――のメンバーに選ばれている。同年八月、モスクワの兵士代議員評議会《ソヴィエト》の一員にも選ばれている。確かに彼はいつも軍人と見なされていた。別のアヴァンギャルド芸術家ヴラジーミル・タトリンとともに、この評議会の芸術部門の議長を務めた。

一九一七年九月に画家・音楽家・哲学者である親友ミハイル・マチューシンに送った手紙には、彼が「社会的な仕事」に身を投じていたとある。さまざまな職業組織のメンバー、さらには会長となっており、新たに画家同盟左派連合〈ダイヤのジャック〉（アヴァンギャルド画家のグループ）に入会したことを自慢げに書いていた。彼にはこの国の芸術生活を持続的に再編していくことのできる「重要な時期」を生きているという自覚があった。そのために、もはやタブローを描く時間を見つけられなかった。彼は新しい人民芸術アカデミー、大衆向けの教育組織の創設を提案した。同時にこうした動きの全般的な意味あいについてもあれこれ考えた。「何が私たちを待ち、何が私たちの芸術を待っているのでしょうか。それはどこに向かい、新しい人民は芸術家と芸術に何を求めるのでしょうか。芸術が人民のほうに向かうのでしょうか、それとも芸術が人民のほうに向かうのでしょうか[☆2]」。この問いは、そのとき彼が想像していた以上に重大なものであり、何年ものあいだ最終的な回答は得られなかった。それでも同年一〇月にマレーヴィチは自分の芸術教育計画を公にした。

一〇月二五日（少しあとに採用される新暦では一一月七日）に、クーデターが勃発し、レーニンが率いるボリシェヴィキが権力を奪取した。公的制度がすべて問題視され、しがみついていられるものはもう何もなかった。未来派の理論家たちは何年も前から求めていた世界規模の動きのなかにいることを十分に認識していた。そのもっとも著名な代表者のひとりである詩人のヴェリミール・フレーブニコフは、自分が〈地球の代表者〉であると公言し、芸術的戦闘の仲間たちに自分に合流するように促した。マレーヴィチは感激して彼に従った。「この夏、すでに私は自分が〈宇宙の代表者〉であると公言していました[☆3]」とマチューシンへの手紙に誇りをもって書いている。宇宙はとりわけ画家の領域なのではないだろうか。「これによって私の気持ちは楽になり、救われ、もっと寛ぐことができます。最良の答えなのです」。彼は政治権力を新たに握った者との関係を考えながら、こう付け加える。「異国の代表者との同盟を作るつもりです」。子供が遊びの世界と外部世界を混同するように、マレーヴィチはもはや夢と現実の境界がわからなくなっていたように思える。

一九一七年一一月にはまた新政権のための最初の任務も受けている。クレムリンの芸術財保護の委員に任命された。芸術財とはすなわち聖像画、キリスト磔刑図、聖遺物のことで、この役職は彼のようなアヴァンギャルド芸術家には少々意外なものではあったが、彼の職業的威信を物語るものだった。活動はその後数ヵ月続いた。一九一八年七月、教育人民委員会(ボリシェヴィキにあって教育省に対応するもの)の美術館部門の責任者となり、その立場で現存する美術館の館長との付き合いが始まった。一九一八年八月、彼はタトリンやワシーリー・カンディンスキーといったアヴァンギャルド芸術家たちとともに同委員会の芸術部門にかかわるようになった。こうした芸術家たちはさまざまな建築事業を計画し、アヴァンギャルドの直接の先駆者セザンヌの記念碑を建てることを決めた(計画は実現しなかった)。一九一八年九月、マレーヴィチは国立自由芸術工房と呼ばれる新しい教育施設に雇われた。工房のひとつの指導を一年間行なっており、それがおもな収入源となった。同年秋、そこに集った芸術家たちの威信ゆえにきわめて象徴的なものとなった共同企画に参加する。当時もっとも論争の的となった演劇人フセヴォロド・メイエルホリドが、マヤコフスキーの『ミステリヤ・ブッフ』を舞台にかけ、その舞台装置をマレーヴィチが担当したのだ。一一月七、八、九日にペトログラードの劇場で上演され、十月革命の一周年を記念するものとなった。

ロシア革命の最初の二年間、マレーヴィチは考え方を変えることはなかった。芸術と社会生活を変革するさまざまな運動のあいだには根本的一致が見いだされていた。いずれも新しい生活形態を探し求めるものだったからである。何年か経ってこの時代を振り返って彼が言うには、「私たちは政治革命と芸術革命に運動の同一性を見いだした」。どちらも同じ目標に向かっていたが、道が違っていた。

マレーヴィチは芸術を政治目的に従属させようとはせず、また直接的な軍事活動にもかかわらなかった。共産党の党員にもならず、自分が社会主義者であるとさえ言わなかった。一九一八年春に彼はボリシェヴィキが権力の支配を強化し、確固たるものにするために暴力を行使しようとしていることに気づいた。四月はじめにチェーカーの部隊、レーニンが創始した新しい政治警察が、約六〇〇人の無政府主義の闘士を包囲し、武器を取り上げた。彼らは普通犯として投獄された。世界再編にかんする自分のラディカルな見方が無政府主義者の思想に近いことに気づいていたマレーヴィチは、友人の哲学者ゲルシェンゾンへの手紙のなかでこの抑圧について言及している。「とくに無政府主義への急襲があってからはこれまで以上にモスクワにいないようにしています。あれはもっとも粗暴な行ないのひとつだと思っています。巨大な軍靴が人間を踏み潰し、それを踏み台にして歩んだのです[☆4]」。彼は当時、雑誌『無政府主義』に協力していたが、同年七月に休刊となった。

一九一八年から一九一九年にかけて発表した新聞雑誌の記事のなかで、マレーヴィチは激変する社会の新たな状況への自分のかかわり方を詳しく説明している。まず最初に彼はこの点では未来派の主張とアヴァンギャルドの論理に忠実であり、革新と変化に絶対的価値を置いている。彼らの基本前提は生活形態の絶えざる変化だったからだ。旧いものは必ず新しいものに場所を譲らなければならない。抵抗するなら、消滅するように仕向ける必要がある。イタリア未来派の創始者マリネッティ（「左」に位置づけるのは具合が悪い、というのも、のちにファシズムの立場に同調するからだ）の命令に忠実に従うマレーヴィチはこう宣言する。「個人の邸宅が取り壊されるとき私はいつも喜んでいる」。美術館（彼はいっとき管理責任を負っていた）は不可欠のものではなく、未来のことを考えたほうがいい。「古物を何でもかんでも蒐集するのではなく、あらゆるものに通用する創造的な建設機器の製造所をつくることが必要不可欠である」[5]。そのとき未来主義者について非難していたのは、未来への跳躍という点において十分に遠くまで行っていないということ、十分にラディカルになっていないということだけだった。絵画の領域において彼らが要求したのは、表現の対象を変え、そこに機関車や飛行機といった近代的な機械を含め、現代の決定的特徴である速度を考慮に入れるということだった。彼が問題にしたかったのは表現の方針そのものだった。

第二の基本前提は第一の基本前提を二重化するものだった。生活形態は一方向の、永続する変化のなかにあるというだけではない。生活形態には多種多様なものもある。しかしそれらは一貫したものであり続けている。芸術は社会と同時に変化しており、芸術家の責務はこの法則に従いながら行動することにある。「私たちは自分の顔を私たちの時代と私たちの表現形式において作り上げる」。この全体の一貫性にもとづいて、政治革命と芸術革命の同胞意識が確立される。過去の清算の動きが両者に共通している。「私たちの要求は、すべてを、旧いものの礎《いしずえ》のすべてを破壊し、その灰から事物と国家がよみがえらないようにすることである」。ここでいう「事物」とは旧い絵画が表現しようとしている事物のことであり、国家とは十月革命が打ち倒した国家のことである。皇帝やリアリズム絵画を称賛するよりも前に、いまはその場所に革命や（スプレマチズムの）新しい絵画を置かなければならない。メイエルホリドの同時代の動きに合流する動きのなかで、マレーヴィチは確認している。絵画の変化のほうが早く始まっており、それは進むべき道を示していたし、その宣言は将来の社会的変動を告げていた。「同じことを生活における革命の同志の別の前衛部隊《アヴァンギャルド》も行なったのだ」[6]。ボリシェヴィキはスプレマチストの真似をしたということである。

しかしながら革命の直後に、ある種の遅れを咎めたのは芸術家たちのほうだった。「社会革命は資本主義への隷属状態という鉄鎖を打ち砕いたが、まだ美的価値という律法の石版は打ち砕いてはいなかった」。しかし事態はまさに変化しているところだった。「十月革命の大砲の轟きは革新者たちが立ち上がり、古くからの締めつけを緩め、同時代人の新たな勢いを取り戻すのに役立った」。革命はいま、以前より速い足取りで前進しており、芸術家たちも急がなければならなかった。「現在、ロシアのソヴィエト国家が世界的な革命の勝利の極限にまで来ているなら、彼〔革新的芸術家〕はその中心で新しいスローガン、国家のための新しいタブローを用意しなければならない」とマレーヴィチは一九一九年にフレーブニコフ、タトリンなどが参加する論文集『芸術のインターナショナル』で書いている。彼のテクストのタイトルは「全世界の革新者たちへ」☆7だった。芸術家と職業的な革命家は造物主であり、旧いものを壊し、その場所に新しいものを置く。

この完全な対応関係は類似性と同時に自律性も示している。二本の平行線は決して交わりはしない。マレーヴィチは当時の革命にまつわる語彙を借用し、古い美意識の信奉者をブルジョワと呼んで公然と非難した。それでも一九一九年にあるアヴァンギャルド雑誌に「私たちの務め」と題された論文を発表したとき、その務めのいずれもが政治生活とは無関係であるという点は変わりなかった。「1．アカデミズムとの戦争。2．革新者たちの総裁政府。3．芸術問題のための国際集団の創設」など。芸術の自律性は芸術が必要とする変革に劣らず基本的なものだった。一九一八年六月に『無政府主義』に最後に発表した、「画家の権利宣言」と題する論文において、マレーヴィチは芸術家について語りながらふたつの領域の区別を強く主張している。「芸術家の生と死は侵すべからざる所有物として芸術家に属するものであり、いかなる人物もいかなる法律も、その生に暴力を行使しようとしてはならないし、また同意なしに芸術家を管理しようとしてはならない☆8」。

第2章　ユートピアを生きる

マレーヴィチがこうして新しい芸術観と社会観について語り始めたとき、赤軍と白軍の内戦が熾烈を極めていた。モスクワの生活環境はまったくひどいものだった。当時マレーヴィチの同僚教員だったロシアの画家アントワーヌ・ペヴスナーが四〇年後にこう振り返っている。「一九一九年、無政府状態、困窮、飢餓が亡霊のように付きまとっていた。このうえなく厳しい冬だった。モスクワの街路は雪の山で塞がれ、そこらじゅうに馬やいろいろな動物の死骸があり、腹を空かせた犬たちがそれに群がっていた。〔…〕芸術家たちの工房には暖房がなく、氷で覆われており、薪がないので、家具と燃えるものはことごとくストーブのなかで焼き尽くされた」。しかしながらマレーヴィチ、カンディンスキー、ペヴスナーはこの状況下で企画されたいくつかの展覧会に参加した。そのひとつについてペヴスナーは、「窓ガラスと壁が霜に覆われたこの巨大な部屋は展覧会場というよりも砂漠に似ていた」と述べている。この生活環境ゆえにマレーヴィチはモスクワを離れた。夏の終わりに彼は雇い主にこう書き送った。「私には住む部屋も薪も明かりもないので、ヴィテプスクの工房の申し出を受け入れざるをえませんでした」[9]。

ヴィテプスクは、マルク・シャガールが一九一九年はじめに美術学校を創設し、校長も務めたベラルーシの街である。マレーヴィチは同年一〇月にそこに赴き、教員のひとりとなった。しかしふたりの画家の関係は急速に悪化し、新参者の系統立てた計画を分かち合えなかったシャガールは一九二〇年六月についに立ち去ってしまった。こうしてシャガールを追い出したマレーヴィチは学校の監督者として幅をきかせ、一九二二年八月までそこに留まった。この三年間に学校は空想的《ユートピア》な施設へと変わった。彼の画家としての活動はすでに一九一六年の終わりから停滞していたが、ここにきて全面的に放棄し、一九二八年までは何よりも理論的・哲学的テクストの執筆に専心した。

マレーヴィチが参加した唯一の絵画の活動は、スプレマチズムのモチーフで学校の教室や公共の部屋を、さらには街路さえをも装飾することだった。協力者のひとりが思い出すには、彼らはいっしょに一五〇〇平方メートルの布《カンバス》で公共の建物三つと劇場ひとつを覆い、装飾を施した。のちに『戦艦ポチョムキン』の監督となるセルゲイ・エイゼンシュテインがヴィテプスクに一時滞在しており、そのときの「独特で風変わりな」街を見て受けた印象についてこう語っている。「大通りでは赤煉瓦が白く塗られている。その白地に描かれているのは緑の円。オレンジ色の正方形。青の長方形。これが一九二〇年のヴィテプスクなのだ。カジミールの筆が煉瓦の壁の上を通り過ぎていったのだ……」。マレーヴィチは、自分が装飾の指揮を執った建物に労働者と兵士が足繁く通い、そこで気分をよくしているのを見て誇らしく思った。「現在、ヴィテプスクの工場という工場に、それから劇場や他の公共の建物にも、まったく革新的な形態が描かれている。このことからよくわかるのは、プロレタリアートは新芸術を少しも恐れておらず、喜んで受け入れているということだ」[10]。

マレーヴィチの仕事の眼目は別のところにあった。理論《ドクトリン》の深化と体系化にである。数ヵ月経って一九二〇年はじめになると、彼はそれを新しい略号で呼び始める。それは時代精神に合致することだった。彼はウノヴィス――「新芸術の確立者」(Utverditeli novogo iskusstva)の略号――を創始した。この新しい企図への熱意は相当なもので、一九二〇年三月には生まれたばかりの娘にウナという名前を付けている(造物主であれば、言葉と名前も考え出すことができる)。このグループが制定した憲章の第一条はこう宣言している。「ウノヴィスの目的は新しい芸術形式――それが意味するのはキュビスム、未来派、スプレマチズムである――を確立することにある」☆11。

この憲章はそのとき同時に強いられた政治的革新についてはまったく言及していなかった。それにもかかわらず、当時マレーヴィチは他のテクストではこのふたつの領域に著しい対応関係があるという考えを示し続けていた。運動の始まりを告げるビラによれば、「赤は人に新しい道を示し、われわれは芸術の新たな創造を示す」。革命の語彙が是非とも必要なものとなった。「芸術における戦いは、命ある限り続ける戦いではなく、死に到ることもある戦いなのです」と彼は友人の未来主義者クルチョーヌイフへの手紙に書いている。「芸術における反革命と戦う、芸術の党を設立しました。[…]芸術の赤の広場へと出かけていくときなのです」。一九二一年三月にヴィテプスクで企画された展覧会では、壁がスローガンで埋め尽くされた。そのひとつにはマレーヴィチの署名があった。「共産主義革命のバリケードからスプレマチズムの新しい文化革命のバリケードへ!」☆12。

このふたつの革命の共通した方針は不断の変革というものだった。変革は止めることができない。自然は「形状を変え、絶えず生み出されるものから新しいものを引き出している」と戦士となった画家は書いている。私たち一人ひとりがいやおうなく変わり、後戻りはできない。風景自体が歴史の力によって変化しており、歴史もまた運動と変化であるのだ。「畑の真ん中に村が生まれ、村の真ん中に街が生まれ、街のなかに神殿が生まれる」、などなど。「自然も同じものではあり続けない」。マレーヴィチは「自然の発明」と「私たちの発明」を明確に区別するが、つねに両者が対応していると考えていた。内部と外部は連続しているというわけだ。「私たちの脳こそが鋳造所を作り、そこから変貌した、新しい鉄の世界が飛び出してくるのではないか」。一方が自動的に他方の原因となる。「新しい生活が新しい芸術も生むのだ」。ふたつの運動をこのように重ねて考えることによって、マレーヴィチはその働きが人間によるものなのかそうではないのか、誰かの意志にもとづくものなのかそうではないのかという違いを見えなくしたのである。

ヴィテプスクでのウノヴィス創設を知らせるテクストにおいては、その代価が何であれ、社会の変化が称賛されている。「経済生活の揺籃期の革新者は革命の旗を持ちながら、老人を殺し、若者を解放した」。芸術の領域でもこの手本を見習わなければならない。「いま自由な者たちは、即座に新しい芸術の旗の下で団結し、世界を建設しなければならない」。これが万人にとっての義務である。「私たちは強烈な嵐のように戦いの渦中に飛び込み、旧いものを壊し、新しいものを作らなければならない」。ウノヴィスの憲章はこの決定的な場所が発明家に与えられることをはっきり認めている。発明家たちは「新しい生活を一新することができる。というのも発明家は世界と生活の支配者だからだ」。

それゆえに個人は集団に従属させなければならない。だが、これは共産主義が要求していることだった。「今日、誰もがみな勝手気ままにひとりになれるわけではないし、好きなように生きられるわけでもない。［…］これから個人には権利がない。権利は全体的なものだからである。［…］個人の自由は全体的自由との折り合いのなかにしかない」。芸術家も企業経営者も、「誰もがみな全体的進展という考え方に与しなければならない」[13]。私的所有は廃止しなければならない。教会と国家の分離は革命直後にボリシェヴィキに強制されたものだが、本当に望ましいものであったというわけではない。それよりは旧い宗教を新しい宗教に替え、「教会なしに宗教心をもって若者の教育」を行ない、物質的なものと精神的なものの一致を守ったほうがよい。

マレーヴィチはここで共産主義の企図の全体主義的な思考法を図らずも明るみに出し、それを自分のものとして語っている。同じ理由で非難されるのは家族、個人主義の名残りである。「というのも、共産主義社会に生まれた個人は誰もがすでに社会とその教育のなかにあるからである」。建築はこのことを考慮し、個々人が持つ自由意志を排除しなければならない。「私たちは個々の家をばらばらに建てることが現代的だとはまったく思わない」[14]とマレーヴィチは当時のテクストで書いている。それゆえに具象芸術の痕跡、個人主義が刻んだ過去の記憶をすべて除去しなければならないということになる。マレーヴィチが革命直後に加わった芸術工房は消滅することになった。工房はいずれも別の教師によって運営されていたからだ。「新芸術は共同体という旗印の下で歩んでいる」。マレーヴィチがこれ以後擁護したのは「集団的個人主義」――おそらく二〇世紀初頭のロシアの神秘主義作家から、それ以上にバクーニンのような無政府主義の理論家[15]から借りた、問題ぶくみの撞着語法――だった。

マレーヴィチは別の表現によって美的領域と政治的領域の対応関係、つまりは両者の自律性という考えを超えることも述べている。他の生活形態への芸術の侵入ともいうべきものについて検討しているのだ。哲学者ゲルシェンゾンへの手紙のなかで画家は空想的《ユートピア》思索に乗り出しており、そのなかである種のロシア的伝統の概念を持ち出して、スプレマチズム芸術により野心的な目標を与えた。「人びとをすべての宗教から救い出し、報いも罰もない〈純粋活動〉という宗教へと導かなければならない。〔…〕世界は純粋さに向かって前進し、その新たな存在が白のスプレマチズムにおいて始まるだろう」。マレーヴィチの思考は宇宙の深いリズムを捉えようとしている。当時、彼は小さな望遠鏡を手に入れており、それを用いて宇宙の他の部分を観察した。「夜になると彼は星空を注意深く観察するのに没頭していた。彼がそうするのは宇宙への没入というフレーブニコフ的な考え方からだった」とだいぶ経ってから批評家・哲学者のミハイル・バフチンは語っている。バフチンは彼に会いにヴィテプスクへよく行っていた。とはいえマレーヴィチはこの世界を見失うことはなく、両者の調和が確立されるのを見ていた。「私が思い浮かべていたのは、すべての星たち、太陽や惑星のある天文学的な空間全体でした。ここ、地上で、私がこの無限の全体をランプの暖かさのなか、あるいは蠟燭の明かりのなか、あるいは私が毎日薪をくべるストーブのなかに見ます。〔…〕私が目にするのは人びとの動き、信じられないほどの大群となって飛び、その大きな空間を雲へと変える飛ぶカラスたちの動きです。私はそこで銀河の考えうるすべての星雲を解読し始めました。人びとの動きのなかに見る彗星たちは戻ってくることもありますが、戻ってこないものもあります」。しかしながらマレーヴィチは決して自分が正当な意味での科学者だとは思っていなかった。同じ手紙のなかでこう付け加えている。「天文学に関心がありましたが、もちろんあらゆることと同じで、それについてさっぱりわかりません」[☆16]。

こうした透視力を具えたような知覚の結果、彼が生み出すイメージは聖なるものへと到達しようとした。「私の頭に浮かんだのは、もし人間に神の似姿が描けるとしたら、たぶん〈黒い正方形〉が、いま新たな始まりへと向かいながらもその完全さの真髄を示す神の姿となるだろう、ということだった」。世界を創造する神と、基本形態に到達し、それにもとづいて絵画空間を再建する画家が、マレーヴィチにおいてはすでに何年も前から類似したものとしてあった。一九一三年に書かれたあるページにはこうある。「私は私の意識のなかにあるものすべての源泉である。さまざまな世界が創造される。私は自分のなかに神を探し、私自身を探す」[☆17]。のちにウノヴィスのことをマレーヴィチはしばしば生の構《コンストラクション》成に参加する党と説明しており、「スプレマチズムの正方形は新たなエコノミーの現実的身体の基礎と」見なされる。同時期のある手紙で、彼は自分の運動が芸術創造を促進し、生の構《コンストラクション》成にも寄与するシステムであると紹介している。「以前は芸術が生におとなしく従い、それを再現していましたが、そういう時代は終わったのです。今後、模倣は計画された体系的な構《コンストラクション》成に取って代わられ、「芸術においてのみならず、社会生活の他の領域においても」発展し拡大していきます」[☆18]。

　未来主義者でボリシェヴィキの（さらにチェキストでもある）オーシプ・ブリークは、マレーヴィチとのある会話の内容を報告している。マレーヴィチはブリークにこう言ったという。「私は地球を、スプレマチズムの規則にもとづいて構成された、スプレマチズムの自然で覆いたい」。そのような新しい自然のなかで人びとが生きるにはどうすればいいのか、とブリークがたずねると、こう答えた。「人びとはそれに順応するでしょう、神様が創った自然に順応したように」。ブリークが解説するには、マレーヴィチは「神様と張り合いたいと思っていた」。クリューンという別の親しい友人は画家と来世の関係についてこう述べている。「彼の神とのかかわりはとても特殊で変わっている。彼は神を信じていなかったが、反感を抱いてもいなかった。スケッチのひとつが彼の態度を説明している。そこに描かれた彼は、高台か何かのうえに立ち、手を上方に、ひと塊の雲のほうに上げている。その手には容れ物が、茶碗だかコップだかが握られている。その雲の上に神がしかるべく光輪に包まれて座り、ウォッカを瓶からマレーヴィチのカップへと注いでいる。このスケッチに［…］感じられるのは、同志、仲間としての神との関係ともいうべきものだった。ひとことでいえば、汝は創造者であり、我も創造者であり、我々はふたりとも創造者なのだ」ということである（この素描は保存されていない）。一九一八年に書いた文章のなかですでに彼は、何によって自分が他の人たちから分けられるのかを力説している。「神と人間の違いは、神には「なぜ」という疑問が生じない点にある。神の目的と命とは創造であり、それは私の身体が空気を吸うようなものだ。私は同じ地点に到達した」[☆19]。マレーヴィチが予想していなかったのは、共産主義政府がその後はるかに大きな権限を持って、芸術家の活動を支配し（その逆というよりはむしろ）、新しい社会と新しい人間を生み出すという、造物主のような計画を引き受けるようになることだった。

しかしながら、マレーヴィチが夢見た完全な世界はなかなか到来せず、厄介な現実が案の定姿をあらわしてきた。一九二一年八月五日、マレーヴィチはチェーカーによって逮捕された。影響力のある友人たちが彼のために動くと、すぐに釈放された。しかし同時に飢饉がロシアで猛威を振るい続けており、ヴィテプスクの食糧事情がモスクワよりよいわけでもなかった。芸術学校の校長は数年後に思い出している。「教員たちは何も食べていませんでした。マレーヴィチは栄養不足のために結核になりかかりました」。彼は最悪の事態を恐れた。「私たちは恐ろしい飢餓を耐えています。私ももう死にそうです。［…］フレーブニコフが空腹に苦しんで、六月二八日に死にました。次はタトリンと私の番でしょう」[☆20]。彼はその地方の他の指導者たち、とくに彼があまりに多くの権力を独占してきたと思う共産党指導者たちから敵意を向けられることがますます多くなっていった。ヴィテプスクの冒険的企ては終わり、ウノヴィスのメンバーは散り散りになった。

第3章　アヴァンギャルド芸術家の旅程

一九一七年、それゆえに画家は進行中の政治革命を無条件で支持した。どのような道のりを歩むと、そのときの彼のような人物になるのだろうか。

カジミール・マレーヴィチはキーウ生まれで、父親はポーランド人、母親はウクライナ人だった。画家のロシア語の使い方にはこうした出自の痕跡が終生留められることになる。父親は砂糖製造を専門とする技術者で、仕事の契約上の都合から家族は引っ越しをくり返した。子供が成長したのは田舎の、付近に工場がある慎ましやかな環境においてだった。工場労働者の疲弊する生活には同情し、農民の生活には賞賛の気持ちを抱いていた。就学にはいくぶん混乱も生じたが、自然の美しさにはたいへん敏感だった。「よく憶えていて、決して忘れませんが、いつも感銘を受けていたのは何よりもまず絵と色、つづいて嵐、雷雨、稲妻、さらには雷雨のあとの完全な静寂で、その入れ替わりに昼も夜も強く心を動かされていました」と生涯の終わりに思い出している。「森や高い丘を歩いたり自由に駆け回ったりするのが好きでした。その丘からは一面に地平線が拡がっているのが見え、今日にいたるまで心に残っています[☆21]」。

まだ子供だったマレーヴィチは絵や版画にどうしようもないくらい心を惹かれていた。はじめは商業用に描かれた、素朴な、小さな絵だった。母親が手がける刺繡も好きだった。一二歳のある日、キーウを訪れ、店先で若い娘の肖像画を目にした。深く感銘を受け、その日のうちにデッサンと絵を習うことにした。この習い事ははじめのうちは両親の同意が得られていたが、彼がこれを仕事にしようとしているのを知ったときから、父親は強く反対するようになった。「画家の生活はひどいもので、彼らの大部分が監獄のなかで留まっている、と父は言い、息子がそんなふうになることは望んでいませんでした」。一八九六年に家族はクルスクという中規模都市へと引っ越した。そこで青年は絵画に情熱を傾けている他の若者たちと出会い、描くべき風景を探して周囲の田園をくまなく歩き始めた。「私たちは自然、野原、森が好きでした。野原の、鳥の、そして色彩の音楽のすべてに耳を傾けました。[…]自然のすべてが完全な美としてあらわれました」[22]。この職業を営むためにはモスクワへ行かなければならないとますます強く考えるようになったが、父親は許さなかった。

ところが、父親が一九〇二年に心臓発作で亡くなり、マレーヴィチは自分の適性について真剣に考えることができるようになった。数年のあいだお金を節約し、一九〇四年にモスクワへ行った。彼の財力は限られており、画家の工房を申し込むための支払いもしなければならなかった（美術学校への入学は許可されなかった）。他の学生たちと共同生活をし、思う存分はめったに食べられなかった。だからといって絵画への情熱が薄れることはなかった。一九〇五年、ロシアは騒然となった。兵士、労働者、学生が反乱を起こし、ルームメイトも何人か街頭の小競り合いに加わった。同じく画家だったそのひとりに彼は叱りつけられた。「というのも街頭に出ていかなければならないときに私が髪の毛を梳《と》かしていたからです」[23]。マレーヴィチはこの動きに共感し、参加者の何人かとは友情で結ばれた

（たとえばキリル・シュトコで、彼はそのキャリアにおいて何度も会うことになる）。彼の兄はすでに「革命的」活動を行なっていたが、彼自身としては絵を描き続けるほうがよかった。三〇年後に語られたこの出来事の思い出には自己アイロニーが含まれていた。彼はさらに何度かクルスクとモスクワを行き来し、一九〇七年になってようやくモスクワに居を定めることにした。

学校で系統立った授業を受けておらず、同時代絵画の複製を自由に見ることもできず（今日では想像できない状況）、それゆえに偶然に左右される出会いと発見を通して学ぶほかなかったマレーヴィチは一二年ほどかけ、いくぶん混乱した方法によりながらも、一九世紀半ば以後の絵画潮流のほとんどすべてを追体験していった。庶民的なイメージ群から出発したあと、彼が見いだしたのはロシアの自然主義だった。それを体現したのは移動派のグループであり、そのもっとも著名な代表者はレーピンだった。モスクワに着いたとき、彼は印象派の時期に入っていた。それは一九〇七年頃まで続き、数多くの作品を制作する（ごくわずかしか保存されていない）。次の時期が一九一〇年はじめまで続くが、これについてはその後振り返ることを好まなかった。満足できず、自分の前進の跡がそこには認められなかったからだ。当時おもに影響を受けたのは象徴主義の装飾的な絵画だった。同じ頃、さまざまな個人収集品に出会い、見学する機会があり、象徴主義、セザンヌ、フォーヴィスムの作品に親しんだ。

そうした出会いのひとつが大きな成果に結びついた。ミハイル・ラリオーノフとナタリヤ・ゴンチャロワという画家夫婦との出会いであり、彼はふたりに特別な近さを感じた。これは出会いから一九一二年まで続いており、ちょうどその時期にマレーヴィチは最初の名声を得ている。ネオ・プリミティヴィズムと呼べるこの時期の油彩画は、彼のオリジナル作品の代表例として提示できる最初のものだった。実際、彼が一九二七年に外国に持って行った作品のなかでもっとも古いものとなった（それらは現在アムステルダム・ステデリック美術館に所蔵されている)。一九一〇年の終わりに、彼はラリオーノフやゴンチャロワとともにグループ〈ダイヤのジャック〉の展覧会に参加する。三人の画家の独創性がより明確にあらわれているのは、一九一二年はじめに開催された、「ロバの尻尾」と挑発的に呼ばれた別の展覧会のほうだった。グループ〈ダイヤのジャック〉が分裂すると、一方では西欧の伝統の賞讃者であり、純粋絵画の擁護者である「セザンヌ主義者」が、他方ではラリオーノフのグループが生まれた。後者が拠り所としたのは、ロシアの伝統、聖像画、店の看板の絵あるいは民衆版画、ビザンチン美術あるいはチマブーエ、児童画、当時発見されはじめていた異国のプリミティブ・アート、最後に人民の日常世界への愛着だった。こうした絵画の動きはフランスのフォーヴィスムからの影響も取り込んでいた。ドイツでそれは表現主義と見なされ、ロシアではむしろネオ・プリミティヴィズムといわれた。ラリオーノフの《踊り子たち》(一九〇八)、ゴンチャロワの《レスリング選手たち》(一九〇九—一九一〇年)、あるいはタトリンの《魚売り》(一九一一年)といったタブローがこの枠組みのなかに含まれる。

　この時代のマレーヴィチのタブローが描いているのは、労働界出身の人物たちが活動したり休息したりする情景だった。刈り入れをする農民たち、労働者たち、洗濯女、庭師、あるいはさらに水浴、ダンスの場面、座っている人びとなどだ。《大通りで》(Ｆ２１５)、《床磨き》(Ｆ１９６)、《浴場のたこ治療師》(Ｆ２０３)(いずれも一九一一年、ステデリック美術館所蔵)をはじめとする多くの油彩画が強い印象を与えたのは、豊かな量感をもって塗られた絵具の鮮明さ、形象の簡略化と変形《デフォルマシオン》、所作のダイナミズムによってだった。

　こうしたタブローは将来性のある道を示しているように見えたが、マレーヴィチはもはや絵画的形態の探究に留まることはできなかった。選択肢のひとつをよりいっそう深め、探求するよりもむしろ、次の方法に移るべきだということに気づいた。一九一二年の終わりから彼が取り入れる方法は同時にふたつの芸術の潮流を拠り所としていた。すなわちキュビスムと未来派であり、前者は絵画的側面において、後者は理論的側面においてだった。マレーヴィチはそのうえ一九一三年には両者の総合のようなことも成し遂げ、新しい芸術運動があらわれた。「立体未来派《クボ＝フトゥリズム》」である。未来派からの影響は、この運動のイタリア人創始者マリネッティが一九一四年はじめにロシアを訪問するとさらに強くなった。マリネッティを高く評価し、現代芸術の創案者としてピカソと同列に置いていたマレーヴィチは、このときラリオーノフと対立した。ラリオーノフは討論の最中にこのイタリアのアヴァンギャルド芸術家に腐った卵を投げつけ、ヨーグルトを撒《ま》いてやるつもりだといっていた。

未来派は以前からすでにあった教義を法典化した。革新する必要があるという教義であり、それが新たな傾向の芸術創造を大いに促進することになり、新しさが作品の評価において特質や美点と考えられるようになった。芸術の新しい流派が数多く出現したという点で、二〇世紀の最初の数十年に比肩する時代はヨーロッパの歴史にはない。バレエ・リュスの創設者にして、この時代のヨーロッパとロシアの芸術生活の思慮深い観察者であるセルゲイ・ディアギレフは、その目が眩むほどの速度についてこう述べている。「未来派、キュビスムは古代、先史時代だ。三日違えば、旧弊な画家となる。機械化主義が自動推進主義に取って代わり、振動主義と震動主義に凌駕されるが、やがてそれらも存在しなくなる。なぜなら計画主義、静謐主義、激化主義、全主義、そして無主義があらわれるからだ[☆24]」。このアイロニーがわからない者もいた。自分をマリネッティの未来主義者たちから区別するために、フレーブニコフは「未来主義者」と訳せるロシア語の翻訳借用語を考案した。ラリオーノフはロシアの未来派のグループとの関係を断ち、みずからを「未来人」と呼んだ。同年、彼は未来派を最終的に乗り越えたものとして「汎全主義」も創始する。
しかし未来派の貢献は、芸術の絶えざる更新を承認することにあるだけではなかった。それは、より根本的には未来の名において現在を激変させることの正当化であり、それゆえに言明はされないものの、芸術の領域から大きくはみ出し、技術の進展にも社会の進展にもかかわる、歴史の免れえない前進への信頼でもあった。この点において未来派は共産主義と同様にキリスト教の摂理主義の継承者だった。歴史はあらかじめ決められた計画に従うということだ。世界創造《デミウルゴス》の精神は未来派の思考に固有のものであり、この芸術の動きが当時の革命的な政治運動――イタリアではファシズム、ロシアでは共産主義――と結びつこうとしていたのは偶然でも誤解でもない。未来派のふたつの国家形態の違いは、政治的テーマがマリネッティの著作には直ちにあらわれたが、マヤコフスキーとその同志にあっては一九一七年の革命のあとになってようやく姿をみせた点だった。しかし同時代の人びとは混同することはなく、ロシアの未来派をもっとも過激な「未来派のボリシェヴィキ」と呼んだ。[☆25]
その頃マレーヴィチは新芸術の潮流を自分でも創始したいと強く思っていた。ラリオーノフのグループに所属していたときは「純粋主義」という用語を好んでいた。タブローは「絵画的感情の純粋な表現」と見なされなければならなかったからだ。しかしこの言葉は根づかなかった。自分の考えが明確になると、彼は「二月主義」という名称を与えた。自分が他の者たちとは異なっており、理性とは完全に断絶していると公言したのが、一九一四年二月一九日のある公開講演のなかだったからだ。その後数ヵ月のあいだ、同じ計画を指すために他の言葉を用いている。たとえば「非論理・非理性主義《アロギズム》」、あるいはさらに「超理性的リアリズム」ないし「超意味的」(zaumnyj)――フレーブニコフから借りた言葉――リアリズムなどだ。一九一五年になると、自分の見解を表明するために雑誌を創刊する計画を立てており、その誌名は『ゼロ』になるはずだった。しかしながら年末になろうとする頃、反意語の『スプレムス』に代えており（この雑誌は準備に長い時間をかけたが、刊行はされなかった）、彼はそれにもとづいて運動の最終的な名称を「スプレマチズム」(suprematisme) としている。それは越えられない、至高の (suprême) 運動であるからだ。「スプレマチズムがもっとも適切［な名称］であると私には思われる。支配を意味するからである」[☆26]。

マレーヴィチが与するさまざまなアヴァンギャルド運動の綱領は、ふたつの主要な理念をめぐるものだった。すなわち革新の必要があるということと、芸術を実践し、その精髄に到る必要があるという、ふたつの理念である。両者とも直接の起源は、ロシア未来派のマニフェストと、その代表者であり、このうえなく独創的な詩人のヴェリミール・フレーブニコフ——カリスマ性のある、風変わりな人物だった——の考えに見いだされる。大衆の関心をグループに惹きつけた未来派の最初の宣言は、一九一二年一二月に出された「社会の趣味への平手打ち」だったが、これはそのふたつにかかわっていた。一方では「以前から存在している言語への抑えがたい嫌悪」を抱く詩人の権利を擁護し、他方で「それ自体に価値のある言葉の来たるべき新たな美」[☆27]の到来を告げている。「それ自体に価値のある」(autovalable / samocennoe) もしくは「自律的な」(samovitoe) 言葉——フレーブニコフによる新語——という表現が意味するのは、彼にとっては新しい詩の目的ということだった（これについてはあらためて次章で扱う）。

同時に「ロバの尻尾」展を催し、ラリオーノフはこう宣言した。「私の目標は現代芸術を定着させることではなく——というのも、そうすると新しいものではなくなるからだ——、それをできるだけ進歩させようと私自身が務めることにある。要するに、生活がすることをする、ということである。生活は毎秒新しい意味を誕生させ、新しい生活様式を創り出しており、そこから絶えず新しい可能性が生まれている」[28]。マレーヴィチは直ちにこの考えに賛同しており、一九一三年七月に「第一回全露未来の詩人（未来派詩人）会議」という仰々しい名称で開催された会合から出された最終宣言に彼の名前が見つけられる。同じく一九一三年に出された次の宣言では、マレーヴィチはグループに参加した画家のひとりと呼ばれている。彼はまたグループの他のメンバーと懇意であると思われていた。たとえばマヤコフスキー、そしてとりわけ詩人のクルチョーヌィフであり、彼らとは連絡を取り合っていた。一九一三年、自分たちのオペラ『太陽の征服』を上演する作家たち、クルチョーヌィフ（テクスト）、マレーヴィチ（イメージ）、マチューシン（音楽）は新聞記事でこう書いている。「未来主義者たちは世界の秩序から、そこに認められるさまざまなつながりから解放されたいと思っている。世界を混沌へと変え、既成の価値を粉々に破壊し、その破片から新しい価値を創り出し、新たに普及させ、不可視の、おどろくべき新しいつながりを見いだしたいのだ[29]」。

マレーヴィチが革新が不可欠であるという見方を最初に説明したテクストのひとつは、一九一六年一月のペトログラードで行なわれ、同年に出版された講演である。形態《フォルム》の果てしなくくり返される更新がただちに証拠として提示された。すべては変わる、それゆえに芸術も変わらなければならない。「流れる時間という旧い形態によって私たちの時代を締めつけるのはばかげている」。技術に都合がよいものは芸術にも役立つ。「私たちは現代の生活に見合う形態を探している」。芸術においては、くり返すのではなく、創造、つまり発明しなければならない。「創造する、ということは、生きるということ、つねに新しい事物を永遠に生み出すということなのだ[30]」。こうした要請は独特な社会的振る舞いへとつながっていった。そのせいで創造者は、自分たちが見いだしたものを一般大衆の目に触れるより前に隠し、別の革新者に盗まれないようにしなければならなかった。将来の言語学者にして文学のフォルマリズム理論家であるロマン・ヤコブソンは、当時クルチョーヌィフとともにマレーヴィチを訪問したときのことをこう振り返っている。「マレーヴィチは自分が何か新しいことをしているのを他人に知られることをひどく恐れていた。彼は私に多くのことを語ってくれたが、新しい作品を見せようとはしなかった」[☆31]。同じ理由でマレーヴィチは別の憂慮すべき問題で心が苛まれた。誰かが他の場所で自分がいま考え出そうとしているものをすでに考え出していたとしたらどうなるのか。唯一の価値基準が新しさにあるとしたら、つねにダモクレスの剣〔絶えず身に迫る危険〕を突きつけられながら生きることになる。ところで、マレーヴィチは正規の学業を修めておらず、それほど多くの情報を持っていたわけでない。一九一五年の終わりに書かれたマチューシンへの手紙のなかで自分の不安についてこう書いている。「あなたの手紙を読んで、私が書いたことはすべてすでにだいぶ前から知られているということがわかりました。新大陸《アメリカ》はどこにもありません。〔…〕私にはどうすればいいのかわかりません。〔…〕わりと最近シベリアの住人が木製の自転車を考案し、人を驚かせたいと思ったそうです。私も同じでしょう」[☆32]。

マリネッティ以上に彼が新しさの要請を感じたのは、ロシアの神知論者たち、とりわけピョートル・ウスペンスキーの当時影響力のあった著作からだった。ウスペンスキーは数学者にして哲学者であり、インドの情熱的な愛好家であり、ゲオルギー・グルジエフの讃美者であり、たとえば『四次元』、『ターシャム・オルガヌム』あるいは〈ヨガにかんする〉『新しい生活の追求』といった大衆向けの本の著者だった。一九一四年、自分も編集者のひとりだった雑誌『新しさ』のなかで、インド旅行の成果について「新しい人間を求めて」というタイトルのもとで報告している。フレーブニコフやマチューシンといった他の未来主義者はそういった思索に夢中になっていた。そのことについて思うところをマレーヴィチは次のように書いている。「新しい人間、新しい道を探し求める思潮を見ることができる」[☆33]。

　忘れてはならないのは、その頃ロシアの革命家たちもまた、新しい社会を、さらには新しい人間をも生み出すつもりでいたことである。まさにそういう理由で同じ言葉が両者に用いられ、政治と芸術の革新者たちも前衛《アヴァンギャルド》の、あるいはロシアでいわれるように「左の」革新者なのだ。晩年に書いた『自伝』のなかでマレーヴィチはこうしたアプローチが政治的に的確だったと述べている。「「左の」という言葉によって想定されるのは、政治的には革命を目指す側のこの〔芸術の〕グループであり、それは当時の極左の政治的闘士に含められている」。以上のようなことがすでに時代精神となっていた。「会議のたびに社会、ならびに社会と芸術の関係における既成秩序との戦いの方法について議論した。〔…〕芸術の世界だけでなく、生活全体の世界もまた、形式においても内容においても新しくなければならないのだ」。しかしそれでも、当時マレーヴィチは未来主義者自身がいつも自分たちの挑発的なスローガンに従っていたわけではないことを認めていた。「もちろん新しいグループのすべてが秘かに大家たちを認めていた」。こうした芸術家のひとりベネディクト・リフシッツは当時の回想録にそれに重なることを書いている。「しかしながら未来人たちはプーシキンを枕の下に忍ばせながら寝ていた。現代という時代の船縁から彼を放り出したにもかかわらず」[☆34]。

　マレーヴィチ自身、立体未来派の時期には人間の再発明に取り組んでいた。《草を刈る人Ⅰ》（**図1**：一九一一年、ニジニ・ノヴゴロド国立美術館）と題されたタブローを例に取ることにしよう。人物は何よりもまず個人的特性をまったく持たない類型《タイプ》であり、しかも身体は幾何学的要請の産物であって、生命の生物学的法則の産物ではない。この人物の形態と色は左右対称という制約から生まれている。そこでは偶然や予想外のものに従属するものは何もないし、型にはまった思考から逃れるものも何もない。

この新しい人間はロボットに似ており、それだから同じものを造りたいだけ造ることができるだろうが、このことが前提としているのは、人間の知識が完全であり、製造過程が厳密な方法に則っているということだった。新しい社会の同時代の創造者たちは同様の計画を共有していた。

刷新への期待、内部の人間を変えるという企図は、古代からヨーロッパの伝統にあるものだった。しかし彼が強い衝撃を受けたのは近代からだった。たとえば一七世紀の新旧論争からだが、そこでは近代派が社会とその表現形態の不可逆的な変化を主張していた。あるいは進歩にかんするさまざまな理論・学説からであり、一八世紀にそれを展開した啓蒙主義の代表者たちは社会の絶えざる改善を信じていた。一九世紀のダーウィンの発見が示したのは、自然それ自体が絶え間なく変化しており、生存しているすべての種が進化し、変化する（しかし、最終的な目的をもたない）状況に適応していることだった。マルクスは、合目的性の不在を考慮することなく、ダーウィンに社会を夢想し、共産主義革命を同じ枠組みのなかに組み込んだ。世紀末には、紛れもない科学技術の激変を目の当たりにすることになり、工業の時代が急速に動き始める。革命家と未来主義者、そして彼らとともにマレーヴィチも、それゆえに長い伝統の継承者だったのだ。

しかしながら、このように変化のすべてを同じものとして扱ったことから多くの問題が生じた。意志を実行に移すことは人間の本性の一部分をなしているが、状況への適応のほかに、この本性には人間が向かっている目標がどこにあるのかを指し示すものは何もない。自然それ自体は進歩を知らない。歴史が進歩を知っているとすれば、際立って活動的な人びとの何らかのグループによって表明される目的とのかかわりにおいてのみである。他方で文化の所産も明らかに全面的な刷新（「五〇年ごとの」）の要請にすべてが従っているわけではない。人間の言葉ももちろん更新されるが、とてもゆっくりとだ。

そうでなければ、その言葉を使う者たちが既存の言語表現を用いてつねに意思を伝え合うということができなくなるからである。

第4章　芸術それ自体

フレーブニコフと他の未来主義者たちは革新だけを拠り所とするのは難しいと感じていたにちがいない。そこで彼らはこの第一の基準にさらに別の基準を付け加えた。芸術はすべて本質へ近づくことを目指し、みずからの存在にとって必ずしも必要ではないもの、無関係なものを取り去らなければならない、というものだ。フレーブニコフによれば、言葉それ自体とは、もはやコミュニケーション、指示ないし表現といった二次的な任務には役立たない言葉のことである。こういった行ないは、言語には無関係な要素、たとえば話者や関連する世界を巻き込むからだ。ところが、言葉はそれ自体へと、すなわち、音声にせよ書かれたものにせよ、意味が宙づりにされた、シニフィアンへと還元されなければならない。この努力が行き着くのは、「超意味的」[2]なもの（あるいは「超理性的」なもの：zaum）——もはや理性的理解へと訴えるのではなく、直観的に捉えられた音で構成される言語——である。超意味的な詩とは純粋詩のことだ。しかしながら以下のような疑問が生じてくる。何も意味しない言葉はそれでもなお言葉なのだろうか。「言葉それ自体」は意味を持たないでいられるのだろうか。

この考えは当時のアヴァンギャルドの画家たちによって発展させられた。ラリオーノフは一九一三年に発表された宣言のなかでこう書いている。「絵画は自律的なものであり、形式、色彩、色調を持っている。［…］私たちが生活のなかで見る事物はそこではいかなる役割も担わない。しかし絵画の本質そのものは他のどこよりもそこで明らかとなる。すなわち、色の組み合わせ、密度、色彩のマッスの関係、深み、技法である。［…］それは絵画の真の解放運動であり、絵画はそこで自分自身の法に従って生き始める」。その頃マレーヴィチはすでにラリオーノフとは仲違いしていた（絶対的な革新者でありながら、同時に別の革新者の仲間でもあることはできない）が、マチューシンへの手紙にはこう書いている。「私たちが行き着いたのは、古い理性の意味と論理の拒絶ですが、すでにあらわれている新しい理性、いわば「超意味的」なものの意味と論理のほうを知るように努めなければなりません」[☆35]。この純粋絵画は、純粋詩と同様、エドガー・ポー、テオフィル・ゴーチエ、あるいはボードレールが「芸術のための芸術」のために求めたように、あらゆる教育的義務から解放されているだけでなく、世界を指示しようとする、あるいはそれを再現しようとする願望からもまた解放されているのだ。

一九一四年のはじめにマレーヴィチは「新しい未来主義者」ロマン・ヤコブソンと出会い、理論的な考えをよりよくまとめるのを手助けしてもらった。「彼はクルチョーヌイフ自身よりも言葉それ自体をよく理解しています」とマレーヴィチはマチューシンへの手紙に書き、多少努力すれば、この若者は「二月主義者」になることもできるだろうと想像している。一九一五年のスプレマチズム宣言『キュビスムからスプレマチズムへ――新しい絵画のリアリズム』は「芸術それ自体」へのこういった進展の跡を留めている。マレーヴィチはそこでこう主張している。「自然が創造したものから何も借りることがなく、絵画的マッスから生じ、自然の事物の基本形態をくり返すことも修正することもない形態――そういう形態がタブローのなかであらわれてくるところにのみ創造がある」。言い換えれば、革新が善であるのは、それが芸術の洗練へ、絵画それ自体へと通じていくときだけなのだ。いまや必要なのは、「絵画的マッスを事物から離れて、何も意味しない自給自足的形態のほうへ、すなわち伝統的形態ではなく、絵画的マッスのみを目的とする絵画的形態のほうへ向かわせる」☆36ことである。この非具象的な新しい絵画がまさにスプレマチズムと呼ばれることになる。

こうしたテーマの考察は未来主義者たちのあいだに留まらず、二〇世紀はじめからロシアの芸術界や文学界を揺るがせてきた論争においても見いだされた。そのことは私たちがすでによく知っているメイエルホリド――一九一八年にマレーヴィチも協力している――の例で確認することができる。天才的な演出家であるメイエルホリドは、系統立てた理論的思考を細部にわたって深めてはいない。それゆえに彼の経歴にこそ時代精神がとくによくあらわれている。戦前メイエルホリドは外的世界の要請よりもむしろそれ自体の要請に従う、「約束事にもとづく」演劇という考えを主張した。徐々に演劇を道具化するあらゆる考えに反旗を翻すようになった。演劇は現実を模倣する必要はないが、あらかじめ存在するテクストの単純な例示である必要もない。他方で観客に与える効果にもとづいて定義される必要もなければ、彼らに政治綱領を教え込む必要もないし、その反対に彼らの気晴らしだけを目指す必要もない。メイエルホリドは象徴主義の流れを汲む理論家たちから着想を得ており、おそらく『演劇それ自体』と題された著作――著者は別の演劇人、ニコライ・エヴレイノフ――の刊行（一九一二）にも心を動かされている。一九一七年には革命的精神が高揚し、演劇の伝統的形式に反対する革新者としての自分の歩みも、既成の秩序に対する革命として記述できると考えるようになった。それゆえに彼は新しいソヴィエト政権に奉仕するという考えを受け入れたのだ。こうしてみると、この展開はマレーヴィチが耐え忍んだそれに似ている。

現代絵画の歴史は、そのときのマレーヴィチの解釈によれば、絵画の純粋な本質――絵画が世界の事物とのあらゆる関係からようやく解放される瞬間――への漸進的な接近だった。この歴史の出発点は印象派にある。印象派のタブローを描くことによって、ということはクールベやレーピンの写実主義を放棄することによって、マレーヴィチはこう理解した。この絵画運動の新しさは、主観的知覚――時刻や季節とともに変化する光に依存する――が、事物それ自体を捉え、それゆえに客観的真実を明らかにする試みに取って代わったという点のみにあるわけではない。重要な革新的視座は、芸術家が絵を描くのがもはやタブローの外にも存在する事物を再提示するためにではなく、純粋な提示、すなわち新しい事物の創造を目指してであるという点にある。「画家にとっておもな刺戟となるのはつねに絵画的特質だけであるということが私にはわかった。それこそが画家の真の素養であり、他はすべて外部に由来し、画家はそれに形態を与えるように仕向けられているのだ。具象の伝統に連なる作品には、それゆえにふたつの異なる要素がある。ひとつは外的世界に由来するものからつくられる要素、すなわちテーマ、心理、哲学、逸話、価値であり、もうひとつは絵画のみに特有の要素である。印象派の画家の新しさは、彼らのタブローがもはや自然の模倣であろうとはしておらず、自然の形態――たんなる口実、芸術の外部にある出発点となっていた自然の形態――への反応であろうとしている点にある。モネがしようとしたのは、大聖堂を描くことではなく、「大聖堂の壁の上で絵画を栽培する」ことだった。「彼の主要課題は光と影ではなく、光と影のなかに見いだされる絵画にあったのである」[☆37]。印象派の画家が外的世界に頼っていないのは、真珠が成長するのに貝殻に頼っていないのと同じだ。すなわち、必要ではあるが、外部の端緒にすぎないということである。

次の大きな一歩を踏み出したのはセザンヌだった。彼は円錐、立方体、球体といった純粋な幾何学的形態を描き始め、それらを普通の事物、果物、風景の諸要素の外観で覆うだけにとどめた。それゆえに形象は残しているが、同時にそれが不可欠のものではないということを示している。彼の教えはキュビスムの画家に引き継がれ、拡張された。彼らは事物の表現に時間的側面を持ち込むことを目論み、その結果として、事物をよりいっそう徹底的に解体し、その構成要素にまで分けた。そのさい直面するのは、「完全な状態の事物にもたらされた損害、その裂け目、その断面であり、それによって私たちは創作芸術における具象的なものの消滅へと近づく」とマレーヴィチは一九一五年に書いている。すぐあとでキュビスムのことを「私たちが理解するひとつの全体としてのモノを意識から締め出すのに使われた武器」と呼んでいる。数年後、彼はこう結論している。「事物を粉砕したおかげで、キュビスムの画家は具象の領域の向こう側に行くことができ、そのときに始まったのが純粋な絵画文化である」[☆38]。その代わりに未来主義者は絵画において徹底的な革新は行なわなかった。新しい対象（機械）や新しいカテゴリー（速度、ダイナミズム）を導入するだけで満足したからだった。

絵画の進歩にかんするこのような線状の歴史は、到達点——スプレマチズムを定義する、具象化の徹底的拒絶——から再構成されたものであり、画家マレーヴィチの進化に正確に対応しているわけではない。彼は一九〇五年には印象派の貢献について理解したと語っていたが、そのすぐあとの時期は象徴主義のほうに近かった。同様に、一九一〇年から一九一二年にかけてのネオ・プリミティヴィズムの段階では、あらゆる形象を退けようとはしていなかった。立場が近いと感じていたゴンチャロワは、一九一二年二月、ある議論の最中にこう表明している。「断言しますが、芸術家が表現するものがひとに興味を抱かせなかったことはありませんし、これからもないでしょう。芸術家が自分の理想をどのように具現化するのかを検討することのほうがはるかにずっと重要であったとしてもです[☆39]」。その頃マレーヴィチはあるジャーナリストを前に、ラリオーノフとゴンチャロワがもはや〈ダイヤのジャック〉に参加していないのは、「こうした画家たちが絵画において逸話や骨董品や文学的題材を好み、純粋絵画を背景に押しやっている」からであると主張した。「ロバの尻尾」の画家たち（それゆえに、自分も）は「「絵画的」務めにのみ専念するのでは不十分だと考えています。彼らは絵画を発展させ、形態の本質――彼らが知ろうと努めている形態の本質――を示しながら、さらに先へと進んでいるのです」と彼は結論づけている。このグループの画家のタブローは、それゆえに主題の表現を重視し続けていることが特徴となる。マレーヴィチは二〇年後に自伝のなかでこう確認している。「私たちの〔ゴンチャロワと彼自身の、農民生活のさまざまな場面を描いた〕作品のそれぞれにはひとつの内容が含まれており、私たちの人物たちがプリミティヴな形態で表現されているとはいえ、社会的な枠組みを示していた[☆40]」。

それでもやはり、一九一五年に彼が行き着いたスプレマチズムは対象《オブジェ》＝事物の世界の全面的な放棄であり、対象《オブジェ》＝事物の世界の代わりにマレーヴィチが描いたのは、線、三角形、長方形、円といった幾何学的図形の並置あるいは交差だった。そのもっとも象徴的な作品は、通常《黒い正方形》（S116）、《黒い円形》（S115）、《黒い十字形》（S206）（すべて一九一五年）と呼ばれているものであり、その究極的な例は、おそらく一九一八年の《（白地の上の）白い正方形》（S477）である。これらのイメージでは構想が決定的に重要で、制作は二次的なものとなり（極端な場合には、別の人に委ねることもできる）、論理的にはイメージの全面的消失へと到る。抽象へと向かいながらマレーヴィチは同時に私たちがコンセプチュアル・アートと呼ぶものを考え出していたのだ。そうした基本形態は、マレーヴィチが専心する、形象の解体の最終結果であるだけではない。それらがあらわすのは、原子、分割できない存在でもあり、それらは組み合わせや変形によって、新しい世界を生み出すことができる。ある共同作業についてマチューシンへの手紙に書いているように、「幕が黒い正方形となります。すべての可能性の萌芽はその発展のなかで凄まじい力を獲得し、立方体や球体の原型となるのです[41]」。彼がのちに採用するのは、「スプレマチズム」よりもむしろ「無対象」(bespredmetnyj) という用語——文字どおりには「対象《オブジェ》のない」——のほうだったが、その用法は「非具象」という言葉のそれにほぼ対応していた。見て取ることができるのは対象《オブジェ》＝事物を伴う世界を凌駕し、最初のキリスト教徒たちに気に入られたグノーシス主義的精神をあらたに具現したものとしての無対象によってそれを置き換えたいという欲望である。最初のキリスト教徒たちは、現世の世界と神の理想の根本的な断絶を前提とし、前者をいくらか軽視し、後者を神聖視しており、一方から他方への移行の可能性もなかった。

　芸術の基本形態へと到り、つづいてそれらを新しいやり方で組み合わせるという考えはすでにフレーブニコフの超意味的な言語と詩にかんする著作のなかにあらわれていた。「われらが礎」と題されたテクストで作家はこういっている。「言語は余すところなく「根源的真実」の根本的な単位へと分解しなければならない。そうすれば、音‐素材のためにメンデレーエフの法則のようなものを入念につくりあげることができる」。フレーブニコフがこの新しい化学元素に付与した独自性は画家マレーヴィチに訴えるものがあったにちがいない。「言語の基本物質——アルファベットの音——はさまざまな空間形態の名称である」(「世界の画家たち[42]」)。現行の語彙について調査をすれば、言語の音の意味を確立できるとフレーブニコフは信じていた。その後、言語の合理的な規則を越えたところで意味をあらわす、超意味的な言葉を構成することができた。彼は同じ方法を数字の世界にも当てはめ、類似した歴史的出来事の日付のあいだに規則性を探し求めた。

スプレマチズムのタブローを手がけているマレーヴィチは、フレーブニコフの来訪の直後に、造物主、世界の創造者という新しい役割に気づくこととなる。マチューシンへの手紙にこう書いている。「私はそこにとても複雑な組み合わせを見いだし、恐怖にとらわれます。空間の接触を感じます。タブローに何か新しいもの、形態が間隔に応じて誕生する法則を見いだします。〔…〕私の正方形は多くの新しいものを私に知らせてくれる扉だったと思います」。こうしたことから彼は今度は自分のタブローをメンデレーエフの周期表のように見てみたくなった。「これを利用すれば、私たちの自我の隠れた秘密を読むことができるでしょう」。数日後、同じ相手への手紙に、自分がまったく空っぽの場所の住人であり、そこではあらゆる創造が可能となると書いた。「私は砂漠の音楽を強く求めます。色の砂漠。言葉の砂漠。〔…〕ここ、砂漠において人は自由です。〔…〕ここにウスペンスキーや他の者たちが探し求める新しい人間がいます[43]」。

アヴァンギャルドの探求を続けているあいだずっとマレーヴィチはふたつの大原則を守っていた。すなわち、絶えずみずからを新しくしていく必要があるという原則と、絵画の本質へ到達する必要があるという原則であり、両者はしばらくのあいだ、別々に展開されることもあれば、相互に支え合うこともあった。十月革命の直後にマレーヴィチが述べたように、「文字それ自体、音それ自体、色それ自体、動きそれ自体——これが新しいものが生まれるときに基礎となる要素なのだ[44]」。しかし両者が最終的に相容れなくなる時が到来した。というのも、前者は形式的で相対的なものであり、変化するために変化しなければならず、後者は制作される芸術の独自性にかかわっており、絶対的なものだからである。ひとたびこの本質に達すれば、もはやその先へは進めず、もはや変化も望めない。このように最終段階に到ったスプレマチズムは、もはや放棄してはならず、新しくしていくという原則も通用しなくなった。しかし、画家がこの至高の段階に到達したのであれば、彼はさらに何をすべきなのだろうか。一九一五年から一九一八年のあいだにスプレマチズムのイメージを六〇〇点以上も制作したあとで、マレーヴィチは彼の思考のプロセスから論理的に導き出される決定をすることになる。無と無限に到達した彼は、独創的な視覚作品を描くのをやめ、その後の一〇年間を理論的テクストを書くことにあてることにした。概念が絵に取って代わったのだ。

この考え——「純粋」絵画を実践し、みずからの芸術から絵画にのみ属しているもの以外はすべて排除するという要請——の勝利が二〇世紀初頭の特徴となっている。マレーヴィチにおいてそれは言語と詩の領域でフレーブニコフが同時並行的に行なった追求に影響されたが、フレーブニコフのほうは何もないところから始めたわけではない。その考えがまず最初に拠り所としたのは大昔からの西洋の伝統である。それによれば、至高の価値が付与される活動には、それ自体を越えては何もかかわるものがないが、他方でこの目的に達するための道具は二次的、副次的な価値しか持たない。最高善をそれだけで十分であるということによって定義したのはプラトンだった。そこに到達できる者は「もっとも完成された自己完結性を完全で完璧な仕方で」得ている。それゆえに彼は「もはや他には何も必要とはしない」。数世紀後にこの定義はキリスト教の教えの内部で手直しされた。四世紀末、聖アウグスティヌスが、神と人間に対して人びとが抱く感情に違いがあることを説明したのもこのような言葉によってであった。あらゆるモノとあらゆる存在を利用することができるのはそれらを越えた目的のためにであり、神だけは享受する、すなわち神それ自体のために愛するにとどめなければならない、というものだ。

一八世紀はじめになると、この定義は美的体験と芸術作品に当てはめられるようになる。それと同様の仕方で定義される美の具現化を見ることができるからだ。ロマン主義美学、芸術のための芸術、そして象徴主義のような一九世紀末の芸術運動が引き合いに出すのは、今度は実用的実践と美的目的のための実践の区別だった。マレーヴィチは善にかんするプラトン主義的概念を見いだしたが、それが具現化されるのはいまや芸術によってなのだ。彼はこう書いている。「芸術は不動だ。完全なものだからである。芸術は目的を持たないいし、持ってはならない。絶対的なものだからである。それどころか、それは動くものすべての目的になりうる。動くのは不完全なものだからである」[45]。

この点でフレーブニコフとマレーヴィチはすべての伝統と袂を分かっていたわけではなく、そのひとつを極端にまで推し進めていたのだ。彼らの主張が拠り所にしていたのは、ヨーロッパ社会全体にかかわりながら、手段と目的、道具と目標の関係それ自体を問題視していく思想的進展だった。この進展がつながっているのは、日増しに強くなっていく個人主義の精神だった。個人に自分がヒエラルキーの下層にいると思うのを拒否させ、民主主義の原則にもとづいて、他のすべての人びとと平等に扱われたいと思わせている、個人主義の精神である。個人なるものが自分自身の行動の正当な目的となり、この思考モデルに個人の行ないの大多数も従うようになっていった。生き延びるのに必要な行動が何らかの目的に役立ち続けようとするなら、至高の場所を占める行動はそれ自体を超えては何ものともかかわってはならない。マレーヴィチはこの教えを文字どおり自分の人生に当てはめた。芸術はそこで聖なるものの位置を占めていた。友人クリューンは、彼の頑固一徹さを示す以下のような逸話を報告している。「芸術のために選んだ道から彼を逸らせることのできる力は存在しない〔…〕芸術のためにマレーヴィチはすべてを利用する準備ができている」。かつて彼がこのように言うのを聞いて、妻がたずねた。「なんですって、わたしも利用するの?」。「ソーニャ、芸術のためなら、きみも利用するよ」。

バフチンによるマレーヴィチの人物描写には以下のような気質を見て取ることができる。「まったく私利私欲のない男だった。成功も、出世も、金も、おいしい食事も追い求めてはいなかった。こうしたものは何も必要とはしていなかった。お望みとあらば、自分の考えに夢中になった苦行者といってもいいだろう☆46」。

このような見方をすると、この芸術家は、それ自体の他には何も関連するものがない（聖アウグスティヌスの用語でいえば、利用するためではなく、享受するためのものとしてある）作品を制作しているという点で、神に近づいている。そのうえ、外的制約——共通の知覚に近い絵《イマージュ》を描くように要請してくる外的制約——から解放された画家は、もうひとつ別の特徴、すなわち世界を作り出すのに必要な無限の自由によって一神教の神に似ている。詩人についても事情は同じである。意味を備えた発話表現を生み出さなければならないという義務をそのときまで課されてきたからだ。フレーブニコフが超意味的な詩を創り始めたとき、そしてマレーヴィチが具象の痕跡をすべて消し去り、純粋絵画の作品、スプレマチズムの幾何学的形態しかもはや創らなくなったとき、彼らは自分たちの創造行為に外部から課せられる制限はどんなものも取り除き、自分自身にしか責任を負わない造物主となった。フレーブニコフもマレーヴィチも厳しい規則をみずからに課して作品を制作したが、この規則は彼ら自身が考え出しているものでしかなかった。それを知らない観者や読者からすれば、こういった作品はその時々の勝手気ままな思いつきにもとづいており、世界の事物の慣れ親しんだ形態をあらわすタブローや、普通の言葉を用いた詩とは違っていた。フレーブニコフ自身、危険を意識していた。「新しい言葉のみを使って書いたものは、意識には届いてこない」と書いている。しかも、一九二三年のフレーブニコフの死の直後に詩人に捧げたテクストにおいて、マレーヴィチは彼のことを、超理性的な言葉の実践者ではなく、普通の意味とのつながりを決して失わない詩人として、星間空間ではなく、地球の住人として描いている。「ヴェリミール・フレーブニコフは、出来事、理性、数字、言語のシステムによって地球に引き寄せられた彗星のひとつだった[☆47]」。

この言葉はある現実的問題を示唆している。詩人にせよ画家にせよ芸術家が抱いている、自分の芸術の外部にある——自分を取り巻く世界に由来する——あらゆる要素を取り除きたいという、強い願望があることは理解できる。彼らの仕事に関係するのは特殊な素材だけである。一方にとっては言葉、もう一方にとっては色彩と形態にこそ、その特性があるのであって、そこにあらわれてくるのが彼らの能力なのだ。しかしながら言葉にもイメージにも最初から二重である——物質的存在であり、心的想起である——という特徴がある。この本質的なつながりから切り離されると、それらは存在理由を失う。意味を持たない言葉はもはや言葉ではない。「詩それ自体」、「絵画それ自体」は自動詞的、自足的感覚のなかにはない。普通の世界との関係をすべて失うとしたら、芸術は芸術ではなくなる。ゴンチャロワのよりバランスの取れた言い回し（「芸術によって表現されるものはどうでもよいものでは決してない」）のほうが、画家たちの具体的な活動に近い。芸術はすべて抽象的なものである——ロシア・アヴァンギャルドの芸術家を好んで引用するマティスの言葉に従えば——というのが正しいのは、画家は誰でも視覚的形態を使って仕事をしているという意味においてである。しかしこの職能的な説明は定義ではない。あらゆる芸術は意味の創造者でもあるからである。すなわち、そこにあるということに留まらず、他の場所を体験させてもいるということだ。

芸術作品をそれ自体の本性に由来する要請だけに従わせると、別の明確な結論にもつながっていく。そこでは芸術が芸術以外の目的に役立つということは考えられていない。革命前のロシアではこうした要請がひとを不快にさせることはなく、未来主義者やスプレマチストだけでなく、象徴主義者など他の芸術の潮流にも共通するものだった。しかし十月革命直後、人びとの精神をとらえた政治的騒乱のなかで、芸術家に彼ら独自の革命だけで満足するのではなく、政治的革命に奉仕するよう求める声が上がり始めた。芸術家独自の革命は彼らの芸術の内側にあり、政治的革命とは対応関係にあるにすぎなかった。芸術家たちは、長い戦いの末に勝ち取った自分たちの自主独立を脅かす、新たな危険がそこにあらわれてくるのを見た。マレーヴィチも寄稿したペトログラードの未来主義者の機関紙『コミューンの芸術』において、作家・文学理論家でもある、もうひとりの未来主義者ヴィクトル・シクロフスキーが一九一九年に「芸術と革命について」と題する論文を書いており、そこではその後しばしば引用される以下のような言葉を読むことができる。「芸術はつねに生活からは自由だったし、その色は決して都市の要塞の旗の色を映し出しはしなかった」。この文に出てくる「つねに」と「決して〜ない」はその後何年も大いに問題視されることになる。政治権力も同様に革新の礼讃と得られた結果の確認とのあいだにある潜在的対立を克服したのだ。それは永続革命という考えを拒否し、今後の体制の強化に専心した。また、社会にはみずからのうちで創り出される芸術が含まれるので、芸術の自律という考えすべてが異端となる。芸術は他のすべてのことがらと同じように共産主義の計画に奉仕しなければならなかった。ふたつの革命の並存はもうありえなくなった。

第5章　幻滅の年月

ヴィテプスクを去るまえ、マレーヴィチははじめにモスクワへ帰ろうとしたが、芸術界の枢要な地位を占める人びとの抵抗にあった。それで選んだのがペトログラードという、文化生活のもうひとつの一大中心地で、一九二二年の終わりに居を定め、生涯住み続けた。しかし、そこでも芸術界から敵意を向けられ、それが理由となってしばしば行政上の所属が変わった。はじめは芸術文化美術館で働き、つづいて――一九二六年に解体されるまで――国立芸術文化研究所で働いた。一九二七年前半の外国旅行のあと、国立芸術史研究所で教え始めたが、徐々に問題視されるようになった。一九二八年、ウクライナのキーウで行なう講義の仕事を見つけ、一九二九年にレニングラードの研究所から離れた。一九三〇年、キーウの講義が中断されると、以後は自分が生まれた街の芸術会館で授業をした。

教職からの収入は安定していなかった。彼は絵を売らず、生活は極貧に近かったが、養うべき家族――同居する母、妻、そして娘――がいた。手紙を読むと彼が空腹に苦しみ、病み、つねに金に困っていることがわかる。状況がとくに悲劇的なものになったのは、一九二四年、妻が結核に罹《かか》ったときだった。「私もいま健康状態が悪く、気力も失せ、金も、食べ物も、着る物もありません」。何日間か手紙に貼る切手代にも事欠く有様だった。「数日分の収入はあっても、薬は買えませんし、食べ物も買えません」。一九二五年に妻が亡くなる。その後も数年間、窮乏生活は続いた。一九三二年から一九三三年にかけての手紙を読むと、相変わらず空腹に苦しみ、食べたり暖を取ったりするのを目的に友だちを順番に訪ねていたことがわかる。「ひどい時期」☆48だったと彼は（新しい）妻への手紙に書いている。

彼は新聞雑誌でますます叩かれるようになった。あまりにも現代的《モダン》な芸術をつくっていると非難する者たち（伝統的な写実主義の画家たち）もいれば、社会のために芸術を十分に役立てていないと判断する者たち（構成主義者たち）もいた。彼の姿勢はときには無政府主義的なものと見なされ、ときには明確に反革命的なものと見なされた。蒙昧主義者、神秘主義者、観念論者と呼ばれることもあった。著作は理解できないものだったし、彼の流派、スプレマチズムも特異なものだった。さらに深刻なことに、形式主義者《フォルマリスト》、個人主義者、それゆえに階級の敵、プロレタリアートの敵と言われた。一九二六年六月、「国家が出費する修道院」と題された『プラウダ』の記事のなかで、彼が教える研究所の、彼の絵画工房が非難された。反革命的プロパガンダを広める神秘主義者たちの巣窟であり、それゆえに予算を削減すべきである、というのだ。年末には実際にそうなった。一九三一年六月にはマレーヴィチのタブローが、レニングラードで開催された、「帝国主義時代の芸術」という名称の展覧会に出品された。帝国主義精神に適った芸術がどこまで堕落しうるかを示すために、アヴァンギャルドの画家たちによって制作された絵が集められたのだった。

こうしたあらゆる攻撃にもかかわらず、マレーヴィチが仕事をする機会は奪われず、そのうえ強制労働収容所に送られなかったのを知ると驚きを感じるかもしれない。このように比較的寛容に遇されたのは、おそらくかつての革命家たちが高級官吏となり、彼がその庇護を受けていたからだろう。まず第一に、一九一七年から一九二九年まで教育人民委員を務めたアナトーリー・ルナチャルスキーだが、彼はマレーヴィチが現代芸術史において占める位置を意識しており、ドイツでの展覧会にさいして書いた文章では、次のように語っている。「芸術家マレーヴィチは、絵画とは相容れないアプローチにもかかわらず、もちろん大家である。〔…〕自分のジャンルにおいて、マレーヴィチはかなりの成果を出しており、優れた才能を発揮している」[☆49]。

はるかに近くにいて、画家と手紙のやりとりもあるもうひとりの庇護者は、前出のキリル・シュトコである。彼は一九〇二年から〔のちの〕ボリシェヴィキ党の一員で、一九〇五年にモスクワで革命の日々を過ごして以来マレーヴィチと親しくしており、十月革命以後文化の領域において上級管理職に就いていた。自分が迫害されているとマレーヴィチが苦情を申し立てたのは彼であり、検閲とソヴィエト芸術の発展の抑圧の嘆かわしい効果についてマレーヴィチに注意を促したのも彼だった。一九三〇年四月にマヤコフスキーが感情的理由から、それにくわえて、詩人が熱心に擁護したソヴィエト世界で生きることがますます困難になっていったことから自殺したあと、マレーヴィチがシュトコに念を押して言うには、仕事をするのを徹底的に邪魔されているが、未来派の同志を見習うつもりは——さしあたり——ない、ということだった。彼の頭には別の先例も浮かんでいた。ジョルダーノ・ブルーノだ。「革新者は誰でも迫害を受けるおそれがある。私はブルーノのように苦しむかもしれません。しかし、私の形態《フォルム》は残るでしょう。ブルーノの証明が残ったように[☆50]」。

シュトコは何度もマレーヴィチを不吉な運命から救った。しかしシュトコ自身そこから逃れることができなかった。一九三八年に逮捕され、一九四一年に収容所で死んだ。マレーヴィチがもし一九三五年に死ななかったら、三〇年代の終わりに同じ運命をたどったことだろう、とためらうことなく断言することができる。その死から一年経つか経たないうちに、ソヴィエト社会主義共和国連邦の芸術問題の高位の責任者ケルジェンツェフの決定により、彼のタブローは画廊から取り外され、美術館の展示スペースからも取り去られ、専門家しか利用できない場所に置かれた。専門家とは、ブルガーコフやショスタコーヴィチの作品を取り締まり、少しあとではメイエルホリドに対する中傷活動を始め、彼を悲劇的な最期へと追いやったのと同じ者たちだった。演劇の領域におけるマレーヴィチと革命の同志だったメイエルホリドの運命からも、その結果は想像された。

社会革命にかんする画家の幻滅が始まったのは、一九一七年一〇月の直後からだった（一九一八年の時点ですでに彼は「巨大な長靴が人間を踏み潰す」と書いており、一九一九年にある公開書簡のなかで「私は社会主義者ではない[☆51]」と表明している）が、彼が急進的になるのはヴィテプスクを去ったあとのことだった。しかしながら、容易に理解できる理由から、この幻滅は出版のための著作のなかでは明確に表明されなかった。ロシアの公的生活の状態のことをマレーヴィチがどんなふうに思っていたかについては、自分自身のために書いていたテクストや国外の知り合いに送ったメッセージから知ることができる。たとえば一九二四年、当時ミュンヘンに暮らしていたかつての協力者エリ・リシツキーに、自分が検閲から監視されているように感じると不平を述べ、ロシアに帰ってこないほうがいいと勧めている（リシツキーは革命の熱に動かされ、それには従わなかった）。マレーヴィチは外国へ行くことを夢みていた。

ソヴィエトのイデオロギーとますます正面から対立するようになった理由は彼には明らかだった。

ヴィテプスクの時代から自分の理論と実践について新たな危険を感じ取っていた。マレーヴィチが熱望していた変化は三重のものだった。すなわち過去については革新しなければならず、世界については盲従的に模写してはならないが、それにくわえて、そういった作品の用い方については、有用性への要請とは袂を分かたなければならない、というものだった。芸術を高めて至高の威厳へと到らせるには、芸術を利用させてはならない。自然主義の伝統的な芸術家は、最初のふたつの要請に従っておらず、構成主義者は形態という側面ではもっとも現代的《モダン》でさえあったが、三番目に従っていなかった。この点で支配的イデオロギーとの対立は不可避だった。マレーヴィチは一九二四年に次のように認めている。「今日ふたたび芸術は従僕、従者、たいへん有能な侍女と見なされている。芸術は国家とそのイデオロギーの聖なる英雄たちに付き従い、それらに美しい姿を与えているものと見なされているのだ[☆52]」。

このような議論は、一九二一年九月にヴィテプスクで書かれ、一九二二年二月に手直しされた、オランダの画家たちへの手紙のなかですでに展開されていた。「敵の陣営」を形成しているスプレマチズムの敵対者たちは、実際にはふたつの種類があった。すなわち伝統的な芸術形式、「画家たちの墓場」の信奉者と、「構成主義者」と呼ばれる――芸術という思想を実践的要請に従属させようとする――革新者のふたつである。この構成主義者は、マレーヴィチも所属していた同じ未来派の集団から生まれている。それはマヤコフスキー、ブリーク、ロトチェンコといったかつての仲間でもあるが、彼らは別の方向へ向かっていった。彼らが求めたのは、自分たちの芸術が社会の役に立つことであり、それゆえに芸術の外部の論理に芸術を委ねた。「すべての革新者の大きな過ちは、対象《オブジェ》＝事物の世界に適った、実際的目的を得ようとしたことにある」。マレーヴィチの流派、スプレマチストたちについていえば、自分たちを定義したのが、まさにあらゆる有用性の拒否、ならびに対象《オブジェ》=事物の世界から抜け出したいという気持ちによってだった。「私たちは目的を認めない。私たちは実際的配慮も他の合目的性も認めない。宇宙の本質そのものにそれらがないからだ」。これが実際にマレーヴィチの最初の議論だった。合目的的な思考から抜け出さなければならない、というのも、それは自然とは無関係なものだからである。「宇宙の創造の本質に必要や欲求は存在しているのだろうか。いいや、存在していない。だから人間にもそれらは不要なのだ。果てしない喧騒《アジテーション》が生み出されているとき、山や海が何かの目的に役立つかどうか地球にはわからない[…]」☆53。マレーヴィチはなぜ人間の活動が地球の表面を形成する動きを模倣しなければならないのかを説明していない。それでもやはりこのときから、ロシア・アヴァンギャルドは革命前にあらわれたものながら、ふたつの相容れない流れに分かれたのだった。一方には構成主義者がいて、彼らにとって芸術革命は必要だったが、それは社会革命の目的に従属するものだった。他方にはスプレマチストがいて、ふたつの革命が自律的なものであり、両者の関係はせいぜい連携にすぎず、従属関係にはなりえないと主張した。

マレーヴィチが同じテーマをふたたび見いだすのは、五年後、西欧の芸術家たちにロシアの状況を説明したいと思い、たとえばドイツに住むダダイスト、クルト・シュヴィッタースにふたたび語りかけたときだった。マレーヴィチが彼に送った(そして受取人がおそらく受け取らなかった)手紙は、構成主義者の批判を展開するものだった。「「合目的的技術」に影響されて構成主義者に変身した現代の画家は、〈芸術〉を放棄しました」し、もはや日常生活の便利な品々、料理、車を改良することしか考えていない。「新しい画家、精神の革命家たちは、人間関係の政治的・経済的変化に惹かれていました。その後、新しい芸術的成果を彼らは政治経済的関係を表現する新しい技術的方法と解釈しました。しかじかのイデオロギーから解放して、芸術それ自体を明らかにし、形式《フォルム》が本当に新しい芸術を生み出すのではなく、彼らが打ち込んだのは例示であり描写だったのです」。

彼が古くからの仲間たちを咎めたのは、政治革命を行なった（そして好んだ）ことではなく、政治革命を行なうさい、芸術をそれに従属させたからだった。それは、革命にそれほど資することもなく、芸術の価値も貶めてしまうやり方だった。「バリケードに持って行くのがふさわしいのは、カンバスではなく、もっと表現力に富んだ道具のほうだっただろう」。『自伝』のなかで彼が主張するには、こうした手段の分け方が明確になったのは一九〇五年の反乱のときだった。「そのとき私は、自分が革命家になるとしたら、戦うのは絵筆ではなく、リボルバーによってだと言っていたが、いまならそうではなく、想像力のなかで重要な場所を占めるようなタブローを描くつもりだ[☆54]」。

構成主義者とその同調者たちからすると、芸術創造は外部の言葉に、具体的には「社会的注文」と彼らが呼ぶものに従属しなければならない。マレーヴィチにとってこのふたつは切り離されていなければならなかった。その点にも彼は自分と他の芸術家のあいだに類似点があるかどうかを判断する大きな基準があると感じていた。たとえばメイエルホリドとのあいだである。本当のことをいえば、メイエルホリドは革命後の何年かのあいだに態度をまったく変えてしまっていた。芸術の自律性の擁護者から、ソヴィエト政権に奉仕する芸術の促進者になってしまっていた。一九一八年に共産党に入党し、プロレタリアート独裁というボリシェヴィキの教義に無条件に与していた。その教義とは、すべてが共産主義の建設に貢献しなければならないというものだった。彼は共産主義の教義の基礎にある歴史的唯物論を称揚し、人間を機械の付属物と見なすテイラー主義を当局が讃美したことに同調し、俳優の演技にかんする生体力学《ビオメハニカ》的方法を同じ気持ちをもって奨励した。構成主義者の活動のなかに自分の姿を見、マヤコフスキーやロトチェンコに協力した（ロトチェンコはマヤコフスキーの新しい劇作品の舞台美術を、マレーヴィチの代わりに担当していた）。彼は演劇の究極的目標は政治的なアジテーションとプロパガンダでなければならないと主張した。

しかし、その少し前、彼はよりバランスの取れた立場に戻る素振りを見せていた。マレーヴィチはその機会を捉えて、彼に手紙を書き、彼の作品がそのとき向かっている方向を褒め称えた。一九二七年一月一日に送った手紙のなかで、彼が手がけた、ゴーゴリの『検察官』の演出を称賛し、その理由を簡潔に述べている。たとえいくらボリシェヴィキのイデオロギーに賛同しているとしても、この舞台はそれ自体が正当なものだというものである。そのとき画家が行なった分類では、この演出家は正しい側に入るのだった。マレーヴィチは彼を彼のかつての師、スタニスラフスキーと対比させた。スタニスラフスキーはあらかじめ存在するテクストに従い、「すでに完成している作品に、演劇的見地から新しい芸術形式を与える」ことに甘んじたが、メイエルホリドのほうはその舞台で真の創造者となった。すなわち演出家はテクストを外的権威としてではなく、彼の芝居のいろいろある要素のなかのひとつとして扱ったのだった。革命を引き合いに出す演劇と、芸術に従う演劇は混同されない。「芸術の大義は異なるものですし、芸術は革命ではないのです[☆55]」。

映画人のエイゼンシュテインは構成主義に属しており、メイエルホリドの弟子でもあったが、その反対に境界線の向こう側に位置していた。マレーヴィチは彼に送った手紙のなかで、その立場をマヤコフスキーや彼の雑誌『レフ』のそれになぞらえている。彼は強調する、「私はこの路線には賛成しません」。両者の違いは、エイゼンシュテインが「一元論者」であり、彼にあっては芸術と革命が同じ連続体としてあるということにあった。マレーヴィチはこの点では二元論者であり、物質的生活と芸術は同じ論理に従ってはいない。エイゼンシュテインも（一九四〇年になって）一九二〇年のヴィテプスクを思い出し、自分とマレーヴィチを隔てる距離について述べているが、その語り方は違っている。「そこには境界線が引かれていて、左派の人びとと左派の〔芸術家たちが〕接し合っています。革命における左派の人びとと、左派の耽美主義者の最後の渋面とが」[☆56]。ふたりの芸術家は、対立があることでは意見が一致しているが、それについて対照的な判断を下している。どちらも他方に見識がないと思っていたのだ。

そのことによってどんな不都合が起ころうとも、マレーヴィチはこの立場から動かなかった。イーゼルの上の絵画「それ自体」を、「政治的で記念碑的な」、「もっぱらテーマ的な」絵画から守ることは決してやめてはならない。『自伝』のなかで主張するには、彼はいつもこの立場に留まっていた。これを書いているとき（一九三三年）だけでなく、はるか昔の未来派の討論の時代から。「社会ならびにそれと芸術の関係において確立されている秩序との戦い方について集会では毎回討論していた。新しい芸術を肯定し、画家のうちに社会から独立する気持ちを目覚めさせ、独立した芸術の権利と画家自身の新たな権利を取り戻すこと、これが私たちの発言全体の責務だった。私たちからすると、社会の論理とその美的嗜好へと向かうのは犯罪だったのだ」。彼は、ゴンチャロワやラリオーノフといった脇役たちとともに当時はこう思っていた。「芸術は自由でなければなりません。それを前にしては何も隠してても禁じてもいけないのです。画家は絵画的に構成されないものすべてから自由な人間です〔…〕。画家は世界との絵画的関係を除いては何にも依存していません。〔…〕絵画にかんする新しい思想を学ぶことによって私たちが確認したのは、政治的思想とも宗教的思想とも相容れないこと、相反することだったのです[☆57]」。同じ時代の他の回想録を読めば、当時領域の区別があったことが確かめられる。

未来派主義者がはじめのうち擁護していたのは純粋芸術であって、政治参加の芸術ではなかった（マヤコフスキーについてさえそれを見ることができた）。

晩年に到るまでマレーヴィチはこの戦いを受け継げられればいいと思っていた。それで彼は友人のクリューンに、「最重要方針は芸術を生産主義的イデオロギーへのどのような依存からも解放することにある」とする新しいグループを結成するという夢を伝えていた。彼は信じたかった、「芸術はプロパガンダのためのものにはならない。それはそれ自体となるのだ☆58」と。しかしこの区分は一九一四年からの戦争の衝撃にも、また同様に一九一七年の革命の衝撃にも抗えなかった。

第6章　共産主義の批判

ソヴィエトのイデロギーは芸術を従者ないし有能な侍女の役割へと追いやった点で有罪である、という非難はマレーヴィチだけがしているわけではない。二〇年代半ば、彼は体制「それ自体」の批判的分析を行なっていた。彼の心にそのきっかけが生じたのは、レーニンが死んだときだったようだ。衝撃を受けた彼は、死んだ指導者が偶像に変わるのを国のいたるところでじっくり観察した。レーニンの死後、数ヵ月のあいだにマレーヴィチは自分の見解を系統立てて説明する文章を書き、タイトルを『無対象についての本より』とした。執筆は一九二四年の夏に終わらせた。このようにマレーヴィチ自身、はじめのうちは人びとと高揚をともにし、またレーニンが完全には死ぬことができない上位の存在であり、物質的象徴は人間と永遠の一体性を示さなければならないと考えていたようだ。彼は黒い正方形が神（ないし完全さ）の似姿であるという揺るぎない確信を抱いていたように思える。この場合、指導者のそういった不死化にもっとも適した対象は立方体――いろいろあるなかでも幾何学図形ではなく、スプレマチズムによって識別された原初の要素――だったらしい。それは「私たちが永遠を表現しようとするさいに、また死に勝り、レーニンの永遠の命を保つことを可能にする、一連の新たな状況を生み出そうとするさいに用いる新しい対象」だった。立方体は、指導者の遺体を収める霊廟のかたちにも、レーニン主義者それぞれの家に据えられた小さな祭壇にも見いだされるだろう。

国家指導者が死ぬとすぐに宗教的といってよい仕方で扱ったことにおそらく感銘を受けたのだろう、マレーヴィチは「天上の」宗教（キリスト教）と地上の宗教（共産主義）に構造の同一性を認めた。このふたつの場合では人間をその死後、神格化しているが、これは弟子と信奉者による、指導者－預言者に対する裏切りである。共産主義の場合では、レーニンが宗教の敵であろうとしていたのでなおさらひどい裏切りとなっているが、その一方で共産主義が宗教のひとつになってもいる。変化の理由ははっきりしている。キリストの時代の人民の総督たちにはすでにわかっていたように、「神と悪魔という方法で統治するほうが簡単なのだ[☆59]」。

古くからある宗教と共産主義の第二の大きな類似点は、全体主義的で排他的な性質にあった。マレーヴィチの説明は強調を施したテクストとともに始まっており、以下がその最初の件りである。「国家は神の法の道以外の道をたどることができない、というのは明らかである。人民に従えば、神は他のあらゆる考えを抑圧する者のことである。「おまえには私の他に神はいない」、すなわち、おまえは私のことしか考えてはいけない。他の考え方をする者は誰であれ敵であり、私は抑圧する。なぜなら私は神であり、真の光であるからだ」。著者は明確に述べる、「国家は、他の考え方をする者を抑圧する装置である。そして国家は言う。「おまえには私の他に政府はない。他の政府のことを考える者は誰であれ敵であり、私は抑圧する。なぜなら私の光は真実の光であるからだ」」。国家が神に取って代わった。前任者と同様、国家もまた他の考え方をする者たちを受け入れない。これに、聖典によってくり返されてもいる別の言葉が付け加わる。すなわち、私と共にない者は私に敵対する、というものだ。あらゆる不一致が全面的な反対として受け取られ、国家がいまや光と化しているので、当然ながら敵は闇と悪を具体化したものとなる。「ブルジョワジーが現代の悪魔となり、国家を信じる正統派を苦しめているが、国家と共にある者は救われるだろう。国家と共にない者は悪魔と共に、ブルジョワジーと共にあり、永遠の地獄へと行くだろう[☆60]」。

儀礼における類似、あるいはあちこちで用いられる象徴における類似もまた――たとえそれらが完全なものではなくても――こうした見方を支えているかもしれない。工場の煙突が象徴として教会の鐘の代わりになり、十字架の代わりに鎌と槌を置いた。より明確な意味をあらわすこととしては、革命が投じる隠喩的な光に取って代わるのは、街路や家々のとても現実的な照明である（レーニンの有名な寸言、「共産主義とはソヴィエト権力プラス電化のことである」がここでは新しい意味を見いだす）。国家はこうして一人ひとりに語りかける。「私がおまえに電気の光を与え、おまえがこの新しい光によって知るのは、地上には私の他にはいかなる神も存在せず、唯一の光が真の唯物論の光であるということである」。時折、新旧の宗教の違いがより詳細に検討されることがある。当時のメモのひとつにはとくに激しさの変化の幅があらわれている。「共産主義は純粋な憎悪であり、平安の破壊者である。というのも、ひとつひとつの思考を服従させ、消滅させることを熱望しているからである。いかなる時代にも共産主義がもたらす隷属状態はなかった。それぞれの生活がそこではその指導者に支配されているからである[☆61]」。

同じテーマにふれる別のテクストが一九三〇年に書かれており、『自伝の素案』と題されているが、画家の伝記を描いているわけではない。それはキリストの長い活喩法〔不在者・死者・事物に語らせる技法〕

で終わっており、そのキリストはK・マレーヴィチ（！）という名前の著者の考えを引用している。まず最初に彼が表明するには、ふたつの教義がその本質において類似しているとしても、目標に到達するためにここかしこで用いられる方法は同じではない。「イエス」が付け加えて言うには、「人生においておまえたちが自分の考えを押しつけるときに用いる方策は、私のものとはまったく違っている。私は強制する方策には反対だし、敵の処刑にも反対なのだ」。同様に「イエス」は財産を王子と物乞いで分けるように提案したが、共産主義はすべての人びとを物乞いの状態に追いやった。彼は教える、約束の地はどこにも見つからない、と。それは私たちの内側にあるからである。共産主義者は約束する。私たちは社会主義の王国を築き上げ、おまえたちはそこに住むことができる。注釈として「マレーヴィチ」（この『素案』の人物）は述べる。「私たちがバベルの塔を築き始めて以来、この努力からはいかなる有用な結果も引き出せてはいない。多くの人びとが殺され、多くの材料が使い尽くされたが、いかなる利益も得ることがなかったことをただ見てきただけだった☆62」。

新しい社会を築き上げるという共産主義の計画を問題視しながら、マレーヴィチはそれゆえにその本質的特徴をいくつも特定していった。すなわち、新しい政治的宗教の構築、一元論的で不寛容で善悪二元論的な性質、計画経済の失敗　社会的ユートピアと技術的進歩の類似性である。このテクストがいつ執筆されたかを知れば、著者の明晰さに感銘を受けるほかない。政治的観点からすると、彼の立場はマヤコフスキーの立場からは遠ざかり、ザミャーチンのそれに近づいていたということができるだろう。『われら』――このような展望を開く、ソヴィエト生まれの唯一の著作――を草稿で読まなかったのだろうかと思うかもしれない。

しかしながらザミャーチンには、そこには不在の、別のわかりやすい関係、すなわち社会的ユートピアと芸術のアヴァンギャルドの関係が見いだされる。社会的ユートピアは、芸術のアヴァンギャルドと同様に、後者が世界の基本的形態《フォルム》であると思うものを識別し、それらの形態にもとづいて、より優れた世界を再構築するつもりでいる。小説の理想都市において、人は「正方形、立方体、直線の美しさ」を前に我を忘れ、街の中心地に因《ちな》んだ名称のついた立方体を崇めている。『総合主義について』(一九二二)と題されたテクストに見いだされるような、ザミャーチンの美的構想において、アヴァンギャルドの時代は有用性が枯渇したエピソードとして考えられている。「キュビスム、スプレマチズム、抽象芸術が必要だったのは、どこに行ってはいけないのかその場所を知るためだったのだ[☆63]」。著者はリアリズム(テーゼ)と象徴主義ないしモダニズム(アンチテーゼ)の対立を超えた「ネオリアリズム」を夢想していた。しかしマレーヴィチは自分自身のスプレマチズムと自分が批判した共産主義のユートピアの類似に気づくことができなかった。

『自伝の素案』はマレーヴィチの引き出しから外に出されることはなかったようだ。その代わりに一九二四年のテクスト『無対象についての本より』が納得できるものだったので、数部刷り、共産主義の最重要人物たち、たとえばレーニンの未亡人クループスカヤ、チェーカー長官ジェルジンスキー、教育人民委員ルナチャルスキー、あるいは党の「愛弟子」ブハーリンに送った。マレーヴィチはこういった本物の共産主義者なら、共産主義が宗教と同一視されるのは見たくないという気持ちを共有すると確信していた。ここからわかるのは、当時、彼が体制に対してさらにいくらかの幻想を抱いていたということである。彼が送ったものに対して返事はまったくなかったようだ。しかし数年後発表された記事のなかで、ルナチャルスキーはマレーヴィチの芸術家としての経歴への敬意を表明してから、こう付け加えている。「問題が起き始めたのは、マレーヴィチが絵を描くのをやめ、政治パンフレットを書き始めたときだった。

［…］私はスプレマチズムのリーダーの大袈裟であいまいな理論的著作を読もうとした。彼は混乱して、自分の目標やたどるべき道を革命と神に結びつけようとしているようだ[☆64]」。それが同じ「パンフレット」だったなら、ルナチャルスキーにはそれほど注意深く読まれてはならなかった。

一九三三年、過去一五年を扱うグループ展が開催され、マレーヴィチもタブローを五点出品した。その折に、すでに寵を失ってはいたものの、依然として影響力のある時期にあったブハーリンがソヴィエト絵画にかんする論文を発表した。マレーヴィチは講義のあと友人のひとりに辛辣な論評を書き送った。ブハーリンは彼が受け取ったテクストを参照しておらず、抽象芸術を糾弾した。ブハーリンの言うことを信じるなら、それは絵画の死――内容の不在と形式の恣意性によって引き起こされる不吉な運命――につながるものであるからだった。ブハーリンの解釈ではその進化は「ブルジョワ芸術の袋小路」だった。この政治的呼称が何よりもマレーヴィチを憤慨させた。彼には分類の仕方が正反対であるように思えた。ブルジョワ芸術は「対象のある」具象芸術なのだ。ブルジョワが反応したのはイメージではなく、メッセージだったのであり、彼らにとっては、ブハーリンにとってと同様に、「価値は、絵画的手段によって表現される、イデオロギー的・道徳的内容から生まれるのである」。このブルジョワ芸術を問題視したのが印象主義者、人間を幾何学的図形に解体したキュビスト、セザンヌ、ピカソ、ブラックだった。彼は自分をこの系譜に位置づけた。「そう、私は革命の英雄であり、社会主義者のボリシェヴィキがそうした以上にブルジョワ芸術を袋小路へ追い込んだ。［…］私にはもちろん大きな功績がある。人間の顔とその特質を完全に消滅させたからである。もはや人間はいない。あるのは無対象の生である[☆65]」。無対象の、非具象的な生。

ある意味でマレーヴィチは正しかった。抽象的な、具象的でない芸術は、ブルジョワジーの発明品ではなかった。具象芸術こそが一五世紀はじめから一九世紀末までのブルジョワジーの目覚ましい擡頭に付き従っていた。ボリシェヴィキの指導者たちは実際には「ブルジョワの」——すなわち具象的な——芸術を、それが奉仕するためにつくられたイデオロギーのみを取り替えることによって永続化させたいと願っていた。イメージは古い表現手段を保ちながら、さまざまな価値——みずからの価値——を称揚するにちがいない。ボリシェヴィキが社会において成し遂げた革命に比肩しうる革命が芸術にあるとすれば、マレーヴィチのようなアヴァンギャルド芸術家のそれである。ボリシェヴィキもアヴァンギャルド芸術家も旧い秩序を解体し、その代わりに別の秩序を提示する。

しかしながら、ブハーリンが正しかったところもある。現実のもの（そこでは「対象」と呼ばれている）をすべて消し去り、芸術を非人間化したからといって自慢できるわけではないと考えた点である。人間の顔を消滅させること、人びとの存在を消去することがどういう点で善であるというのか。だがブハーリンは自分がその推進者のひとりであったボリシェヴィキ革命について同じ遺憾の念を表明できるということがわかっていなかった。こちらのほうでは革命が人間を消滅させたのだった。歴史家ボリス・グロイスが皮肉を込めて述べたように、「ロシア・アヴァンギャルド芸術家とかつてロシア帝国だったものの全住民が、一九一七年の十月革命と内戦の最初の二年間を経たあと、まさにそのゼロ地点に到達したように思ったのは当然だった」[☆66]。マレーヴィチは自分の芸術においては確かに真の革命家だったが、革命は必ず善ということになるのだろうか。もっとも、その点にかんする彼の意見にすでに変わっていた。おそらくそのことが、同じ手紙に以下の表現があらわれていたことを説明してくれるだろう。彼の言うことを信じるなら、いまや彼は「人間を再構成している」ところだったのだ。

このあと哀歌《コンプラント》＝泣き言が続く。マレーヴィチはあらゆるものを欠いており、もはや食べ物も見つけられず、「腹を空かせて」あちこちを苦しげに歩いている。何年も前に彼が説明していたように、もっぱら物質的で実用的な欲求は人間のなかの獣性と、事物《オブジェ》の世界——芸術の世界とはまったく異なる、事物の世界——につながっている、ということがいくらわかっていても、彼自身、食べ物を必要とする動物でもある。どんな生活も対象《オブジェ》＝事物の世界で展開している。マレーヴィチは書こうとしたが、「激しい空腹のせいで〔仕事に適した〕落ち着きが取り戻せません。獣性が食物を必要としますが、不足しています」[☆67]。対象《オブジェ》＝事物の世界は容赦のない仕方で彼の注意を自分に向けさせようとする。そのような経験のせいで、ふたつの世界を完全に切り離し、無対象のなかへと避難するという決意が疑われることはなかったのだろうか。

第7章　逃亡と監禁

マレーヴィチは時折、手紙のなかで他の芸術潮流の代表者たちが自由に外国旅行ができるのに、自分はロシアに留まっていなければならないと不平を述べていた。彼は何度も当局に旅行の許可を求めたが、拒否された。ようやく一九二六年になって、ルナチャルスキーの取りなし[☆68]で扉が開いた。ポーランドとドイツへ行って、自分のタブローを見せ、同時代人が創った作品を見ることができた。彼の芸術創造のいくつかの時期から選りすぐりの油彩画を準備し、数多くの資料や原稿、とりわけヴィテプスクの時代から書いていた本『スプレマチズム——無対象の世界あるいは永遠の休息』の原稿も携え、一九二七年三月一日にポーランドへ向けて出発した。

出発前の数日のあいだに、彼がモスクワから妻へ送った手紙では、外国に留まる考えが彼の心にないわけではないことが明かされている。二月二一日、出発のためにさまざまな機関を歩き回ったと述べてから、こう付け加えている。「所長たちはみな、外国に留まらないように、あなたにはここですべきことがあるのだから、と言いましたが、誰も幸福を避けたりはしませんと答えました」。所長たちの命令に言及しているのは、予測される事態を妻に示唆する間接的な方法だったのではないだろうか。二日後に送った手紙でも、ふたたびこの話題を持ち出している。「どこへ行っても監視されています。向こうに留まってはいけない、ここで素晴らしい日々が約束されているのだから、というのです。しかし、いまのところそうしたものは見えてきません、ここにも、あちらにも。暗い夜へと入っていくように向こうに行きます。何が起こるのかはわかりません」。マレーヴィチが外国へ移り住む可能性を完全に退けてはいるわけではないことがわかる。「幸福」がこちらにあるのかあちらにあるのか彼は言っておらず、ただそれを確実に手に入れられるとは思っていないとのみ述べている。二月二五日、自分の夢想について思うところを補足的に伝えている。「できるだけ早くあちらへ行って――学び、自分に予想できるものをこの目で見、できるだけ早くきみたちを、きみとわが娘を呼び寄せて――、できるだけ早く、一刻も早く合流したい[☆69]」。しかし、だからといって、このような家族全員の出国がひとりの出国よりも許可を得るのがはるかに難しいということは彼にも十分わかっていた。

三月はじめに到着したワルシャワで、彼はアヴァンギャルド芸術家たちに歓迎され、そのなかにはかつての生徒たちも何人かいた。しかもそこではロシア語がよく用いられ、彼もポーランド語を話したので、どうしていいかわからなくなることはなかった。彼は展覧会に参加し、理論的な問題について発言した。ある友人への手紙のなかで、彼ははっきり述べている、「栄光が雨のように流れていきます[☆70]」。四月はじめに旅行の真の目的地、ベルリンに到着した。ロシア語を話すドイツ人家族に迎えられることになっていたが、鉄道の駅で道に迷い、白系ロシア人の賄い付きホテルにやむなく泊まった。そこではソヴィエト政権の敵と関わり合いになるのをひどく恐れ、なんとかドイツ人家族を見つけて、そこに腰を落ち着けた。家族のふたりの息子が通訳として（彼は西欧の言葉はどれも話せなかった）ベルリンへ付き添っていった。はじめは革命家を泊めるのを恐れていた両親も感じのいい客であることがわかって喜んだ。

四月七日、マレーヴィチは、ドイツ語を話す、ポーランドの未来派詩人タデウシュ・パイペルに付き添われて、デッサウの街へと赴き、バウハウスの代表者たちと会った。折悪しく学生たちは復活祭の休暇の最中で、授業は休みになっており、ふたりの訪問者ははじめは誰にも会うことができなかった。最後になんとかヴァルター・グロピウスと連絡が取れ、彼の家へ行き、長い晩を過ごすことになった。あとになってそこにハンガリーの画家モホイ=ナジ、スイスの建築家マイヤー、そしてカンディンスキーが加わった。カンディンスキーはロシアの時代からマレーヴィチを知っていたが、冷淡な態度を取っていた。そのときは活気のある会話が交わされた。

ヴァルターの妻、イルゼ（イーゼと呼ばれていた）・グロピウスが日記に彼女の家で繰り広げられた夜会のこと、ならびに交わされた言葉の内容を記している。「マレーヴィチは並外れて生き生きとした、強烈な印象を与えていた」。彼はロシアの労働条件について不満を漏らした。「プロパガンダの政治目的で利用できないものはすべて取るに足りないものと見なされてしまう」。彼女が言い添える。「彼はここ、ドイツでゆっくりと休み、ベルリンで生活の手段を見つけたがっている」。このようなメモのおかげで、マレーヴィチのソヴィエト政権への失望が当時どのくらいの大きさだったのかがわかる。彼は自分の国へ二度と戻らないという覚悟ができていた。確かに妻と娘といっしょにいるほうがいいだろうが、もし芸術によりよく奉仕するために妻子を捨てなければならないとしたら、前の妻に告げたように、彼はためらうことなくそうしただろう。もし好意的に受け入れてもらえる環境が見つけられたなら、ドイツに留まり、自分の考えを気兼ねなく広め、自分が歩み始めた道をよりいっそう深く掘り、もしかしたら帝国主義時代の芸術の展覧会ではなく、頽廃芸術展に自分が含められるということもありえたのではないだろうか！　こうしたことを阻んだのは、作品を売ることの難しさ、うまく生活費を稼ぐことの難しさ、言葉が話せず、同僚と意思を伝え合うことの難しさだった。おそらくこうしたことが理由となって、彼はロシアに残るもっとも近い弟子たちに対し、手紙の余白にこう書いたのだろう。「ドイツ語とフランス語を徹底的に学びなさい」☆71。

もしそうでなければ、ベルリンから送られた手紙の中味は幸福感に満ちたものとなり、マレーヴィチは自分が呼び起こした熱狂をためらうことなく誇張して書き伝えただろう。「ここで活動するのがどれほど楽で快適なのか、あなたがたが知っていれば！」。心身ともにじつに爽快で、何か言うと興味を示してもらえ、攻撃されず、イデオロギー的な嫌疑で圧迫されることもない。「誰もが私が来たことを喜んでくれ」、作品は「世界中で知られることになるでしょう」。「ここではそういう次第で、よりよいものを考え出すことができます。ドイツ人は想像できる以上に私を歓迎してくれました」。彼は自分自身の幻想に心を奪われるがままになっていた。「ほかのどんな画家もまだこのような歓迎を受けたことがなかったと思います。私の意見は原理や格言のように受け入れられます」。絶えず刺激を受けていると妻に語り、郵便物を調べることがわかっている検閲官たちへの次のような要求で手紙を結んでいる。「この手紙を開封検閲する方々へ、どうか手紙を留め置かないでいただければと思います。神にかけて申しますが、みなさんにとって興味深いことは何もありません」☆72。

同時代の人びとの思い出がつくるタブローはそれほど牧歌的ではない。彼はバウハウスの偉大な建築家ミース・ファン・デル・ローエとベルリンで会い、視覚的形態は美的観念に迫られて変化するという考えを彼に対して主張した。ミースは社会学的説明のほうを好み、芸術的変化の推進力は、変わりゆく生活様式のなかにあると思っていた。バウハウスの校長グロピウスに対してマレーヴィチは、建築と違い、いかなる実用的目的にも役立つことのない芸術的構成《アルヒテクトニカ》を賞讃した。話し相手は異を唱えた。彼にとって機能的でない建築は無意味なものだからだ。マレーヴィチの目からすると、そのような立場は彼を自分の敵である構成主義者に近づけるものだった。シュヴィッタースへの手紙が証言しているように、ドイツで彼は構成主義者と戦い続けていた。彼がテクストの出版について話し合っていたモホイ＝ナジは、この問題については長引くままにしていた。マレーヴィチの展覧会は一九二七年五月一四日に開かれたが、ひとたび内覧会が終わると、このロシア・アヴァンギャルド芸術家はそれほど関心を呼ばなくなっていた。マレーヴィチは大金を稼げないので、原稿を書く仕事を再開したが、「マルクス主義思想の気に入るように[☆73]」しなければならないという必要から解放されていたので、仕事を続けられてうれしく思えた。

唯一の難点は時間が経つのが早かったことで、ビザが切れる期限が迫るのに不安を感じていた。金が不足し、最新の研究成果の発表会を催すことも、著作の翻訳に出資することもできなかった。「そうしたことのためには、さらに半年間留まらなければならないが、ビザは［五月］二〇日までしか有効ではなかった。延長してもらえなければ、帰らなければならず、それを考えるとひどくつらい[☆74]」。運命の日の直前に彼は更新を求めたが、回答として受け取った、脅すような電報は、拒否するだけでなく即座に帰国するよう厳命するものだった。マレーヴィチは待ち受けているものについて幻想は抱いてはおらず、親しくしていたドイツの芸術家・映画人ハンス・リヒターを頼った。リヒターが思い出して言うには、「マレーヴィチは祖国で自分の芸術作品が認められるということに大きな期待は抱いていませんでした[☆75]」。彼は従ったが、ロシアから持ってきた作品と資料は守った。選んで持ってきたタブローは新しい友人のひとりに託し、原稿はまとめて別の友人に託した。やがて判断が正しかったことがわかる。第二次世界大戦の終わりにドイツを襲った破壊にもかかわらず、どちらもしかるべき状態で残ったのだ（それらは現在アムステルダム市立美術館に所蔵されている）。

マレーヴィチは当時、一九二七年五月三〇日付けで遺書を作成し、自分の原稿にかんする指示を出していた。この資料が示しているのは、画家は自分の運命やソヴィエトの警察〈機関〉の行ないには幻想を抱いてはいなかったということだ。本文は「私の死もしくは私の終身禁錮という事態になった場合には」という表現で始まっており、このことから、彼が自分についてどのような見通しを立てていたのかがわかる。彼はドイツに残した原稿について取るべき手順を詳細に述べ、興味深い説明を加えている。「当時［原稿執筆の時期］革命の影響下で考え出されたものなので、現在、すなわち一九二七年に私のものとなっている芸術擁護のかたちとは大きな矛盾もあるかもしれない」[☆76]。著者の内面的変化にかんするこの言葉があらわしているのは、ひとたびロシアに戻り、投獄され、拷問にかけられて、彼が原稿の中身と原稿を出版する決意を棄て去ることになっても、遺書に含まれた指示だけは守らなければならない、ということでもある。

マレーヴィチは一九二七年六月五日に胸が締めつけられるような思いをしながらベルリンを発ち、レニングラードへ戻った。駅で政治警察に逮捕され、釈放されるまで、長い間尋問にかけられた。一年ほどのあいだ、新しいドイツの友人たちと文通を続けた。「ああ、再びベルリンへ仕事をしに行くために、いったいどこで七〇〇〇マルク手に入れればいいのでしょうか。ああ、優れた協力が得られるあの素晴らしい社会はどこにあるのでしょうか！」[☆77]と帰国から数ヵ月後に書いている。

マレーヴィチの旅行に対する警察の反応がはっきりとしたかたちを取ったのは、帰国から三年以上経った一九三〇年九月だった。同月一九日、家宅捜索と逮捕の命令が出され、それが明確にしているところによれば、マレーヴィチはスパイ行為――死刑をもって罰せられる活動――の嫌疑をかけられていた。翌日、拘留中に原稿、受け取った数通の手紙、いくらかの外国通貨（合計で三〇ドル）が没収された（原稿は二度と見つからなかった）。予審判事の前で、彼はポーランドとドイツに滞在中、すべて規則に従っていたと宣言した。彼が記入した質問用紙のなかで、自分が「非党員」であり、「ソヴィエト政権に共感しており」、「独学者」であると述べている。しかしながら裁判所が彼に対して用意していた有罪の証拠は、彼を起訴するのに十分であると判断された。二ヵ月ほど経って彼の調書が明らかにしたところでは、彼は形式主義者《フォルマリスト》であるという理由で同僚たちから告発されたのだった。スパイ行為という犯罪はこの文脈においてはソヴィエトのイデオロギーから徐々に遠ざかっていったことの論理的帰結だったようだ。そうった告発の例が関係書類のなかにあった。それはマレーヴィチがすでに入獄していたときになされた証言である。かつては彼の学生だった、非党員でプチブル出身の同僚のひとりが次のように述べていた。「彼は芸術のイデオロギー的内容を否定している」、「彼はプロレタリアートによる社会主義建設に必要なことのために仕事をしているわけではない」、「同時代のプロレタリア芸術に譲歩することを望んでいない[☆78]」。

尋問に答えてマレーヴィチは毅然とした態度で自己弁護をした。彼が言うには、最後の研究は食器の装飾のために利用されている、ということは経済的利益を生み出しており、自分の芸術的革新はソヴィエト、文化の威信に寄与している。「ブルジョワ社会の芸術観を共有したことは一度もないし、右翼の流れに属したことも一度もない。［…］革命の初期からソヴィエト芸術の陣営で仕事をしてきた。［…］私は革命から是非とも欲しいと思ったものを受け取った[☆79]」。外国滞在について、そのとき引き合いに出したのは、もはや以前浴した賛辞ではなく、近くの者たちの前では触れたことのない批判だった。ポーランドでは左翼の論評者たちに攻撃され、ドイツではボリシェヴィキと罵られた。誰も自分をスパイとして採用しようとはしなかった。こうした供述はすべてまったく無駄だった。マレーヴィチは嘘をつく必要もなければ、無理をする必要もなかった。たとえ告発者と彼が「革命」、「ブルジョワ」、「右翼」あるいは「左翼」といった言葉を必ずしも同じ意味で用いていなかったとしてもである。

一一月末、予審判事が免訴を言い渡した。いかなるスパイ活動も立証することができず、形式主義《フォルマリズム》と非政治性という告発についても言及もされなかった。画家の娘の記憶に従えば、思いがけず釈放されたのは、「上から」の介入、彼の友人で庇護者のシュトコの介入のあとだった。弟子のロドゥイジェンスキーがのちに警察に尋問されて語ったところでは、判事は、マレーヴィチの名前に言及して、決定はすでに下されている、「〈老人〉に手を出さないこと」☆80と叫んだという。要するにパステルナーク式の「遇し方」だ。自分に嫌疑をかける他の供述があってもマレーヴィチがなぜ心配しなかったのか、その理由がおそらくこれで説明される。マレーヴィチが一九二三年に共同作業をした、アヴァンギャルドの演劇人にして批評家のイーゴリ・テレンチエフの供述もあった。一九三一年に逮捕されたテレンチエフはすべてを「告白」し、古い友人を苦しめた。彼の言うことを信じるなら、マレーヴィチはさまざまな情報を収集し、外国へ伝える（フランスのためのスパイ活動）グループを率いており、親西欧的で（あちらでは芸術家は自由なのだ！）、反ソヴィエト的なプロパガンダに没頭していた。マレーヴィチの非具象的なタブローには、実際にはフランスの雇用者に向けて暗号化されたメッセージが含まれている……。テレンチエフは強制労働五年の刑を言い渡された。いったん刑を果たしたら再び逮捕され、一九三七年に銃殺された。

一九三〇年一二月六日、二ヵ月半にわたる拘留のあと釈放されたマレーヴィチは帰宅したが、誰にも会えず、階段に座って待った。彼が友人にした話では、彼は「監獄をあとにし、地下墓所のなかで、ひどい孤独、苦痛を感じ、どうしようもなく途方に暮れており、これから何が起こるのかわからずにいた」。当時の手紙のなかで彼はしばしば体験したばかりのことにそれとなく触れており、自分が下した決意を語っている。「いろいろあるなかでも私は「いまは」芸術にかんする自分の考えを書き留める新しい方法を選びます。つまり芸術について何を考えているか知人への手紙に書くつもりです」。ということは、彼は理論的研究を公表するのを諦めたということだ。数ヵ月後、別の友人に「「ソチ」での休暇が私の心から離れません」と打ち明けている。書き続けてはいるが、もはや結果がわかっていた。「どうしたところで出版することはできないでしょう」。死ぬという考えがもう彼から離れなかった。「休息を取るときほとんどいつも死が私に付きまとって離れません。死にたいという意味ではありません。そうではなく、夜になると、その考えに苦しめられるのです[☆81]」。この言葉のあとで、彼は自分の墓の上に立てる墓碑について指示を出している。

マレーヴィチは実際には理論上の方針を棄ててはおらず、その最後の証拠は、死の間際の芸術的振る舞いのひとつに見て取ることができる。その振る舞いとは自分の葬儀にスプレマチズムの形式《フォルム》を与えていることである。他の芸術家たち、たとえばオスカー・ワイルドとは違い、自分の人生ではなく自分の死を芸術作品にすることを選んだのだ。彼はそのことを友人の画家たちにあけすけに話し、棺のなかで自分に何を着せ、自分をどのように置かなければならないか、棺をどのように装飾すればよいか、自分の遺灰を収めた骨壺をどこに埋めればよいか、どのような墓碑を建てればよいかを説明した。彼の死後、友人たちは場所で決まる技術的条件に合わせながら、見本の図案に従ってその指示を実行しようとした。マレーヴィチの遺骸には白い外衣、黒いズボン、赤い靴下が着せられた。棺は側面が緑色、上部が黒と白で、白の部分には図形——頭の場所には黒い正方形、足の場所には赤い円形——が描かれた（友人たちはあまりにも宗教的な象徴である十字架は諦めた）。葬列はレニングラードの街を横切り、人びとを大いに驚かせた。茶毘《だび》に付されたあと、遺灰がモスクワ近郊に埋められ、黒い正方形が墓石の上に置かれた。マレーヴィチは自分の死をスプレマチズム的な行ないにすることに成功したのだった。

第8章　絵画への回帰

マレーヴィチの経歴は、一九二八年夏、彼が五〇歳のときに、ある断絶が起こっている。外国人（ドイツ人）との文通が五月に突然中断された。政治・行政当局から警告を受け、正しい道を歩むべきだと指示されたのだろうか。そのとき彼はもう外国旅行には行かれないことを理解すべきだった。彼の妻が思い出して言うには（最晩年を迎えて、あいまいなところがあったのは事実だが）、パリ旅行が大問題となり、ベルリン旅行のあと一時的にロシアへ戻り、その後あらためてタブローや研究成果を披露しに別の場所へ出かけていくことを考えていた。ところが、彼女によれば、「もちろん「中断」のあと、彼はもう自分の天職を続け「させて」もらえませんでした」[☆82]。彼は自分の書いたものが一貫して拒絶され、出版されないままになっていることにも気づいていた。こうした状況が全体として彼に重要な決定をするように仕向けた。一〇年前に中断した絵画へと、タブローへと戻ることだった。

タブローに戻ることにしたのは、温めていた絵画の案に進展があったからだった。彼がかつて選んだ道では、どのような新しい発展もスプレマチズムのイメージ、すなわち黒い正方形と白い正方形より先には進めなかった。それに先立つ何年ものあいだ、彼の歩みは厳密に絵画の道をたどっており、イメージを構成する方法を次々に変えていたが、到達していた地点から、彼はものの見方を変えていかなければならなかった。問題はもはや本質的なイメージを発見することではなく——というのもそれはすでになされたことだから——何によって成り立っているのか、そして彼の世界観にそれがどのような影響を及ぼしているかを理解することだった。それゆえに絵画は哲学に場所を譲らなければならなかった。マレーヴィチは、ひとたびスプレマチズム、すなわち最終地点に到達した絵画を見いだすと文章を書き始め、それからは自分の発見を言葉で表現しなければならなかった。

この観点からすると、一九一八年にヴィテプスクに到着したことが転機となっている。そのとき彼はゲルシェンゾンへの手紙に次のように書いている。「本質的なことは、私のエネルギーがパンフレットの執筆へと向かうことがあるということです。ヴィテプスクでの流刑のような生活のあいだ、それに熱心に取り組むでしょう。絵筆がどんどん遠ざかっていきます」。二年後、それらの「パンフレット」の一冊のなかでこう認めている。「私が事物の世界の創造のすべてを考察する（これが私の主要な仕事です）のはもはや絵筆ではなく、ペンによってです。その結果、絵筆ではもはや脳皮質に到達することができなくなったように思えます。ペンのほうが鋭いのです。〔…〕私自身は自分にとって新しい思考の領域に引きこもり、自分にできる範囲で、人間の頭脳という無限のスペースで自分が見いだすものを提示していきます」[☆83]。知られているように、一九二〇年春にモスクワで開催された個展において、マレーヴィチは「印象派からスプレマチズムまで」の漸進的変化の代表的タブローを展示し、その最後の部屋で壁に掛けたのは、空っぽの白い枠であり、これによって絵画の終わりと概念《コンセプト》の勝利を示した。[☆84] その後何年かは既存のイメージを変形させたものを制作することはあったが、新しいものは何も生み出さなかった。このときからマレーヴィチは画家というよりもむしろ哲学者だった。過去の哲学者たちとのかかわりで自分を位置づけようとはしていなかったとしてもである（たとえば彼のショーペンハウアーにかんする知識は、せいぜい書店の店先に置かれた『意志と表象としての世界』という本のタイトルを読んだことくらいだった）。

というようにマレーヴィチは一〇年後、反対の決意をしたのだった。ペンを捨て、絵筆を再び取るという決意である。この方向転換の理由はいくつもあげられる。まず第一に、何年にもわたって取り組んできた著作『無対象の世界』ならびに『イゾロギア』を完成させた彼は、《白い正方形》を描いたあとに抱いたのと同じく、飽き飽きしてしまっていたのかもしれない。彼はもはや自分の思想を進展させることができず、それを通俗化させたもの以外は生み出せなかった。しかしそれ以上のこともあった。一九二七年にドイツで発表した論文「スプレマチズム建築」のなかで、マレーヴィチは伝統的な自然主義や政権が要求する功利主義を越えた、真正な芸術の再生を企てており、それを「新古典主義」と呼んでいる（これはザミャーチンの「ネオリアリズム」に近いものなのだろうか。他の場所で彼は「スーパーナチュラリズム《スプラナトゥラリズム》」という用語を使っているのがわかる）。実際、彼は「芸術は美の記号として、そして純粋形式《フォルム》として生きている」という考え、この目標は他のどんな方法によっても到達できないという考えにもとづいている。「世界と生活が「美しく」なれるのは芸術においてのみであり、思想の他の領域においてではない。[…]「何らかの「思想」が芸術を経験的裏づけなし《ア・プリオリ》に創造できると考えるのは素朴である。たとえそれが地上もしくは天空の神の国の思想であるとしてもだ[☆85]」。マレーヴィチがこのテクストをドイツで出版したのには明白な意味がある。彼はロシアの外でのみ、宗教（天空）だけでなく、共産主義政権（地上）の度を越した野心も拒絶することができたのだ。

同時に（一九三三年の）マレーヴィチの『自伝』に提示されているのは、子供の頃から内的欲求に駆られて熱心に絵を描いている男性であり、その内的欲求は父親の抵抗によっても、財力の欠如によっても、大衆の敵意によっても阻止することができないものだった。その情熱は一〇年間中断されてはいたが、消えていなかった。彼は工房で友人に自分のことを次のように語っている。「描き始めたキャンバスを見ていると、私は心を奪われ、ある種のエネルギーを与えられるし、そのおかげで人間の幸せという悪夢［すなわち、公式のプロパガンダ］が肩に重くのしかかってくることもない」。周囲の自然に感心し満足しきっていたある日、彼は罪悪感にとらわれた。「自分を激しく非難した。ここで一六年暮らしながら、それを言葉によっても絵画によっても表現してこなかった。毎年ヨーロッパヤマナラシの木立を見つめていた［…］のに、描いてこなかった」[86]。

スプレマチズムの時代でさえ、マレーヴィチが絵を描くのは自分の哲学的信念を例示するためにではなく、内側から生じる差し迫った必要に駆り立てられてのことだった。彼の行動は一九一二年の公開討論でのゴンチャロワの宣言に一致している。「天才的な創造者は理論を実践の前に持ってくることは決してなく、それ以前に創り出された作品にもとづいて理論を作り上げていた」[87]。どうして《白い正方形》を描いたのかとたずねられたとき、彼はこう答えている。「ジャングルのなかで道に迷い、救済への道しか見つけられませんでした」。別の友人が《黒い正方形》にかんする彼の説明を伝えている。「彼が描いているとき、キャンバスにはたえず「烈火」が横切っていました」。彼が同じ友人に言うには、「芸術の目を通して、色彩によって世界を見ており、世界の哲学者が全員集まっても発見できないさまざまな世界を発見します」。最後の病いのとき、病院のベッドで彼が不平を言ったのは、肉体的苦痛についてではなく、もう描くことができないことについてだった[88]。マレーヴィチの絵画的欲動は最後には彼の理論的帰結の範囲を越えていった。この点で彼が似ているのは、彼が詩人フレーブニコフのことをなぞらえた彗星だった。フレーブニコフのほうは最後は地球に引き付けられていたが。

しかしながら、マレーヴィチが絵筆を持つようになった内的理由はそれだけではなかった。彼の政治的状況、ソヴィエト連邦市民の政治的状況にかんする明快な評価にもとづいていた。このことについては、一九三二年四月にメイエルホリドへ送られた二通目の手紙のなかで説明している。メイエルホリドは、経歴が自分に近いと彼が感じていた芸術家だった。この人物もソヴィエト社会に賛同していたが、作品は何よりも彼の内的要請に従っていた。一時ふたりとも非具象芸術を熱心に目指していることもあった。しかしそのときは去った。「現在、社会主義建設の時代において、あらゆる種類の〈芸術〉がこの行動に参加しなければならないとき、〈芸術〉は見捨てられていた土地へと引き返し、具象的にならなければならない」。これこそが絵画がたどった道だった。「絵画が出会った新しいイメージは、プロレタリア革命によってもたらされたものであり、それにはひとつの形式を与えなければならない」[☆89]。この手紙は、マレーヴィチの晩年に制作する絵画の理論的根拠にこのうえなく近いものがある。

現在、このふたりの革新者の貴重な遺産を守る方法は、新しい内容といくつかの古い約束事をともに受け入れること以外にはない。演劇におけるメイエルホリドの発見の数々、絵画におけるマレーヴィチの発見の数々は、はじめにその発見がなされた枠組みに従属しているわけではない。メイエルホリドは客席と舞台の区別をなくしていたが、この点については譲歩し、そうすることで自分の芸術の本質を守ることができた。マレーヴィチは以前具象的《フィギュール》なかたちを諦め、再びそれを描き始めたが、自分にとってもっとも重要なもの、すなわち形態《フォルム》と色彩の関係は残した。守らなければならないのはこの特質だった。

「これからは芸術的感覚が第一の場所を占めるだろう」。メイエルホリドのほうも同じ結論にたどり着いたようだ。同時代の著作のなかで、革命思想がそれ自体では革命的作品を生み出すには十分ではなく、また演劇表現の形式も同様に新しくなければならないという点を明確にしようと気を配っている。「作品を新聞と同じレベルに置くもののすべてが芸術作品の価値を下げる。〔…〕演劇にはそれ自体の規範があり、その規範に則った言葉を話さなければならない☆90」。

彼らのような芸術家は二重の戦線で自分を守らなければならない。一方にいるのは純粋な功利主義者、この場合は構成主義者であり、彼らは作品が「社会的注文」にきちんと応えていさえすれば、その芸術的特質には無関心だった。彼らは時間とともに弱体化していく、とマレーヴィチは予想していた。「というのも、芸術文化がなければ、人は生きられないからである」。しかし新たな危険もあり、彼らは伝統の安全な代表者に取って代わられる恐れがあった。演劇ではスタニスラフスキーの、絵画ではレーピンの勝利となるということだ。新しい形式を守る方法はイデオロギーの要請に従い、表面的な譲歩をいくつか受け入れることしかない。「社会主義リアリズム」においてマレーヴィチは「社会主義」を受け入れるつもりでいたが、「リアリズム」を容認するのは、彼が「芸術的」と呼べるときだけだった。それは彼にとってはスプレマチズムを意味していた。いいかえれば、たとえ彼が「リアリズム」に反対していたとしても、そのときは具象的《フィギュラシオン》表現を容認していたということだ。具象的表現を公権力が要求していたからであり、またそれによってタブローに作者の生きた経験を導入することができるようになるからでもある（マレーヴィチはそれについて語ってはいない）。付け加えておかなければならないが、革新的芸術家たちはこの最後の戦いに負けるのだった。構成主義者も純粋芸術の擁護者も、その後数年間は伝統的古典主義の代表者たちに打ち負かされることになる。

はじめのうちマレーヴィチにとって重要だったのは、スプレマチズムの計画を断念することではなく、流行りの趣味や政治権力の要請にとって受け入れ可能な外観をそれに持たせることだった。新しいキャンバスの裏側に、マレーヴィチは自分の意図を隠そうともせず、「スポーツマンたちの輪郭のなかのスプレマチズム」(A・ナコフ『カジミール・マレーヴィチ、カタログ・レゾネ』、PS195)と書くこともあった。彼が描くことを受け入れた具象的形態は、実際には彼にはどうでもよいものだった。彼にとって重要なのは形式《フォルム》=形態の要請だけだった。別のキャンバスの裏面にはこう記した。「目的を達するために、技師はある特定の材料を用いる。自分の色彩感覚を説明するために、画家はある特定の自然の形態を借りる」(PS181)。「鈍い写真主義」を凌駕しなければならない、と彼はいつも固く信じていた。彼は病気だったが、健康が回復し、「写真《フォト》のように写実的《リアリスト》に描く画家たちに対する、絵画の側からの攻撃を示す」ことができればと思っていた。一九三三年、理論的見解を最後に語った『自伝』の結びに、マレーヴィチは同じ主張をくり返した。当時の権力者たちに妥協をしなければならなかったにもかかわらず、彼の信条は変わらなかった。自然は無対象であり、対象の世界を打ち負かすだろう。芸術それ自体は内容を気にかけない。「私と世界の関係はもっぱら絵画的、詩的、音楽的なものだ。イデオロギー的内容という視点とはいかなる関係もありえない」[☆91]。

この点でマレーヴィチの態度は、構成主義者の態度に似ていたエイゼンシュテインの態度とは依然として対立していた。エイゼンシュテインはすべての芸術的手法をある外的思想、すなわち共産主義革命の思想に資する方法にすぎないと考えていた。しかしそれに奉仕するために彼が選んだ手法は、自然主義の慣例とはつながりのないものだった。マレーヴィチは具象芸術の要素を再導入して、タブローを権力の保持者に受け入れやすくし、それによって形態と色彩の配置という、彼にとって本質的なメッセージを伝えるようにするつもりだった。エイゼンシュテインのメッセージにはイデオロギー的狙いがあった。彼の形式《フォルム》が「現代的《モダン》」だったとしてもだ。マレーヴィチにとって重要なメッセージは芸術的なものだった。それ以外は妥協し、別の昔風の形式的要素を受け入れることができた。

マレーヴィチが絵画に復帰した最後の理由はより実際的なものだった。収入が最小限まで減少したが、家族を養わなければならなかった。もう教職にも就いていなければ、文章も出版していないとなれば、収入源はひとつしか残っていない。それはタブローを売ることだった。だが、もはや手許にはなかった。というのも、もっとよい絵画をベルリンへ持っていき、そこに置いてきてしまったからだ。それゆえに新たに、もし可能なら数多く制作し、商品として売り出さなければならなかった。しかしながら、スプレマチズムのイメージはソヴィエトの芸術担当の役人にはよく思われていなかった。彼らは公的コレクションに加わる作品の購入を決めていたからである。おそらく一九二九年の個展に出品する古いタブローがなかったからだろうが、マレーヴィチは前代未聞の手法に頼った。一九二八年から一九二九年までの二年間におよそ四〇点ものタブローを描いたが、その着想はといえば一九〇五年から一九一五年までのデッサンやもはや手許にないタブローの記憶から得たのだった。そしてあたかも二〇年ほど前に描かれたかのように実際よりも前の日付を記した。こうして当時のリアリズムの規範となろうとしていたものからズレていないように批評家たちに思わせた。一九一〇年なら印象派、ネオプリミティヴィズム、あるいはキュビスムのタブローを制作してもよかったが、一九三〇年にそれではよく思われなかったということだ。

同時にタブローに偽りの日付を記すことで別の目的も追求できた。理論的著作のなかでマレーヴィチは、絵画の潮流の理念的継起について論じており、その根拠として、印象派から始まり、セザンヌ主義、キュビスム、立体未来派を経て、スプレマチズムの理念へと漸進的に近づいてきたことをあげている。そのとき彼は自分の変遷をそのような様式の進展の典型的な例として持ち出した。実際に変遷はあったが、完全に線的なものだったわけではない。弟子のひとりが聞いた言葉によれば、画家は「現在の解釈に従って過去を作り直す」ことを余儀なくされていた[☆92]。マレーヴィチがとくに誤魔化しているのは、象徴主義絵画に惹きつけられていた時期についてだった。理念的な歩みとのズレがあらわれていたからである。しかも、そういった作品を実際に創られた時代に理念的に収めたほうが体裁がよいという考えが他方にあり、平均で二年早い日付を作品に記し、それらが描かれるべきだった時期に位置づけている。たとえば一九二九年に制作されたタブローは、一九〇九年に描かれた絵の様式に結びつけられているが、その日付をマレーヴィチは一九〇七年にしている。その結果、この時期の作品を正確に位置づけるのはときにかなり難しくなった。画家がたいていの場合着想を得ていた原型は実際には一九一一―一九一二年にさかのぼる。同時代の人びとは大部分がこの捏造に騙された。それほどまでに様式の選択と構成要素の配置には説得力があったようだが、実際には新しいタブローは古いものとはかなり異なっていた。

しかしながら、この戦術のすべてが目的を達したかどうかは定かではない。ソヴィエト連邦でそれ以後芸術創造を規制していく鈍い役人たちはこうした術策を気にかけることはなかった。マレーヴィチの作品は自分たちがその到来を願っている芸術には似ていない、ということが彼らにはわかっていた。画家にはそれゆえにもはや公式の注文もなければ、作品をソヴィエトの人民に観せる権利もなければ、それらを得る権利もなかった。彼は同時に教職の世界からも遠ざかっていた。画家マレーヴィチと大衆の接触が途切れたのはこれで二回目だった。一回目は一九一八年以後のことで、組織者、教育者、そして哲学的理論家としての仕事を首尾よく成し遂げられるように、彼自身が絵画の活動を中断させたのだった。二回目はロシアへ帰国後、一九二八年以後のことで、責任を負っているのは行政当局だった。彼の作品が再び日の目を見るのは、ようやく六〇年後のこと、共産主義体制の崩壊のあとのことであり、まさに墓の彼方からの回想だった。

第9章　最後の探求

一九二八年の状況の激変、ならびに一九三〇年九月の逮捕はマレーヴィチの絵画のスタイルに変化をもたらした。そして生まれたのが一九三〇年までの最後の作品の数々、合計で一〇〇を超えるタブローであり、それらはまだ詳細には研究されていない。画家は出獄してきたとき、意気消沈し、ひどく怖がっており、それ以後、公的生活にはほとんど参加せず、政治的なことは近親者たちとさえ話題にしなかった。一九二九年にモスクワのトレチヤコフ美術館で開催された最後の個展は、日付を実際よりも前にした絵画を展示したが、話題にならなかった。一九三一年のグループ展のさい、彼の作品には悪意のある論評が寄せられた。「帝国主義時代」あるいは「ブルジョワ芸術の袋小路」を例証していると見なされたからだ（「帝国主義」芸術に対するソヴィエトの攻撃は、「頽廃」芸術に対するナチスの攻撃よりも前からあった）。収入は乏しく、しばしば空腹に苦しんでいた。何人かの友人と弟子を別にすれば、もはや誰も彼の絵画には興味を示さなかった。だが、彼の絵画はさらに変化した。

マレーヴィチはおずおずと公認の芸術の要請に全面的に従おうといくつかの試みをしたが、すぐに終わってしまった。少しばかりよい結果をもたらしたのは、書き込みや細部で識別されるイデオロギー的要素が、スプレマチズムの原則にもとづいて組織される作品の内部に付け加えられたことである。こうして彼はアルヒテクトンと呼ぶものを用いて自分の実験を続け、そのときは抽象的な柱の上部にソヴィエトの英雄の小さな像を置こうとした。彼が残したメモにはこの計画のことが次のように説明されている。「一九三〇年、私は記念柱《ソヴィエトの国々》を社会主義の指導者の彫像を用いて創り始めた」（S703）。少しして彼が描いたタブローには、一列に並んで、馬をギャロップで走らせる騎手たちの赤い小さな像が見える。タブローの裏面には、韻を踏んだ二行の詩句が読める。「赤い騎兵隊がソヴィエトの国境を守るために十月革命の首都からギャロップで駆けていく」。このタブロー《赤い騎兵隊》（PS120）は、一九三二―一九三三年に展示された。

このような例はとても数が少ない。その代わりにマレーヴィチは過去に実践したさまざまな絵画様式の総合となるような作品を数多く制作した。象徴主義的要素が特徴となり、人物の輪郭と色彩の配分の一貫した規則に従う具象的な作品であり、マレーヴィチ自身はこれを扱った題材の「スプレマチズム的変形」と、「ひとりの農婦の輪郭におけるスプレマチズム」と呼んでいる。数多くのタブローに人間の姿が含まれている。ほとんどが特定の個人ではなく、正面から見られ、正面のポーズで動かない簡略化された類型《タイプ》となっており、それらは生きた人間よりもむしろ幾何学的図形を想起させる。人物については、実際に生み出された時代の精神に反しないように選ばれているようだ。マレーヴィチは草を刈る人、刈り入れ人、農民のほか、たとえば大工といった労働者の世界の代表者たちを数多く描いた。彼らはしばしば同じく簡略化された風景、通常は水平に走るひと揃いの色彩の帯――ウクライナの耕された畑の空からの眺めと解釈することができる――に囲まれていた。似通ってはいるが、人物のいないいくつかの風景も見いだされる。時折、作品制作の出発点を示す言葉をイメージの傍らやタブローの裏面に読み取ることができた。

この時期のイメージの第三グループは、画家の言葉による注釈がほとんど残っていないので、よりいっそう興味をそそるものとなっている。マレーヴィチの以前の具象的なタブローは、すでに人物や事物の個々の特色を示そうとはしていなかった。いまやそうした弁別特徴の不在が新しい意味を獲得しているようだった。あるデッサン（ＰＳ４８）に描かれている四人の男性像は立ち上がっており、髭はあるが顔がない。そこになされた「ブジェトリャーネ」という書き込みは、フレーブニコフがロシア未来主義者をイタリアの未来主義者から区別するために造りだしたものであり、「未来人」と訳される。この未来の男たちは、別のデッサン（ＰＳ４７）にもあらわれており、上っ張りにはソヴィエトの象徴、槌と鎌が描かれている。三点目のデッサンに集まる三人の女性像は顔のかわりに槌と鎌、正教会の十字架〔八端十字架〕、そして黒い棺が描かれている。墓がこの行列の行き先らしい。黒い楕円形となった別の顔（ＰＳ３３）には「形態の神秘的・宗教的表現」という書き込みがある。

男の頭部を描いたある絵画（**図２**：サンクト・ペテルブルグ、ロシア美術館）には似たような添え書き、すなわち「未来の男の顔」が見いだされる。そこにあるのは個別の特徴、あるいはさらに象徴的なしるしではなく、空虚な楕円形である。しかしながら、この顔は豊かな黒い顎髭をたくわえている。このような属性が示唆しているのは革命前のロシアの伝統との関係だ。そのような顎髭があったのは司祭か過去の農民である。過去と未来にかかわるさまざまな特徴のこうした混合は、ソヴィエトの人びとが耐えていた急激な変化を示しているように思われる。

このような描き方をしたからといって、マレーヴィチは顔の不在について新しい解釈を示そうとはしていなかったのではないか、と問うことができる。もはや描写《ルプレザンタシオン》に対するスプレマチズム的拒否ではなく、ソヴィエト政権が個人に課する初期化《フォーマット》や訓練の結果であるということだ（一九一八年の彼の言葉「巨大な長靴が人間を踏み潰す」を思い出しておこう）。もしそういう事情であるなら、未来派の計画そのものの根本的な再解釈に立ち会うことになるだろう。未来派の計画をマレーヴィチは最初の段階で取り入れ、そのおかげで一九一七年の革命運動のなかに自分の姿を見ることができたが、その計画は権力の座に就いたボリシェヴィキにすでに譲り渡されているようだ。ボリシェヴィキたちは輝く未来を引き合いに出しながら、人びとを抑圧し、あらゆる個性の表出を禁止した。顔の非具象的表現は、人間の外観を損なうことを意味するだろう。この《未来の男》（**図2**）のイメージと《草を刈る人》（**図1**）を比べてみることにしよう。両者とも個体的特徴を持ってはいないが、その不在は同じ原因によるものではなく、同じ意味を担っているわけでもない。草を刈る人の外見は、単純な要素にもとづいて人間存在を形成する計画の到達点である。未来の男は、人間を変形《デフォルメ》していくプロセスの結果であり、かつては顔を持っていた人間もいまやもう顔を持たなくなっている。前者は足し算から生じ、後者は引き算から生じている。一方は幾何学の法則に従っており、他方は生得的なものなのだ。

コントラストがよりいっそう強調されるのは、顔のない男を、二〇年前に描かれた幾何学的図形ではなく、第一次世界大戦中に制作されたスプレマチズムの作品と比べたときだろう。直線と長方形からなるスプレマチズムの作品は、人間界、あるいはさらに知覚可能な現実とのいかなるかかわりをも排除し、非人間化を推し進めていた（数年前のマレーヴィチのこの宣言を思い出しておこう。「私は人間の顔とその属性を完全に消滅させた。もはや人間はいない。あるのは無対象の生である」）。それも、ユートピア的な革命計画に適った、先行する時代の「システマティック」な人物像が推し進めていた非人間化よりもはるかに甚だしくである。

《黒い顔の農婦》と呼ばれる、衣服から判断して女性の人物（**図3**：サンクト・ペテルブルグ、ロシア美術館蔵）も、「顔のない頭部」シリーズ――個々の人びとが耐えていた非人格化を表現する――に属している。この人物は、ウクライナの田舎の風景を背景に、縞状の空の前で記念碑のように立っている。人間の特徴を欠いた黒い顔を持ち、同様に黒く、棺の蓋のかたちをした何か仮面以上のものをかぶっている。別の「農民の頭部」は、前面に「スプレマチズム的」な人間の姿があり、色彩の組織的な配分がなされている。顔の線は概略的なものにとどまっているが、人物の口と顎には口籠《くつこ》のようなものがはめられている。口籠のようなものは他のタブローにも見いだされ、人物から話す能力を奪っている。背後の風景は他の場所よりも複雑である。農婦たちが大地の産物を集め、歩き、語らい、子供の手を取っているのが見える。遠景は左に教会があり、その十字架の上方を鳥たちが回っているのが見て取れる。さらに上の、白と黒からなる空には飛行機がいくつか飛んでいる。現代世界のこういった要素がその下の平和な生活を混乱させているようだ。過去と未来がここでは併置されている。

デッサンと絵画の別のグループではより直接的にマレーヴィチの刑務所での体験を思わせる。あるデッサン（ＰＳ８４）では、ふたりの男、顔のない髭の男たちが並んで立っている。一方は地面に立てた銃をつかんでおり、他方は気をつけの姿勢で動かずにいる。デッサンの下には《投獄された者、権力そして人間》とある。別のデッサン（ＰＳ８７）では、似た男が犬小屋のようなもののそばにいるが、しかし、それは錯覚であり、下方のテクストにはこうある。《投獄された男。投獄された男の感覚》。犬小屋は牢獄だったのだ。デッサンの枠自体が閉じ込められていることを示唆している。三つのデッサンを収めた別のページも事情は同じである。第一のデッサンは家であり、説明文が《街の周辺部（牢獄）》と告げている。他のふたつで描かれているのは、狭い枠のなかに閉じ込められた男たちである。他のデッサンのグループ全体が同じモチーフを取り上げているが、言葉を伴っていない。家のある種の形態が明確に牢獄を示している。

このモチーフはいくつものタブローのなかでも見つけることができる。そのひとつ《白い家のある風景》（**図4**：サンクト・ペテルブルグ、ロシア美術館蔵）では、畑のなかに一群の家々があり、はるかに大きい一軒の建物――壁が白く、窓は格子状に切られ、屋根は黒い――に支配され、圧倒されているかのようだ。別の《赤い家》（**図5**）は同様の大きさだが、平原で孤立する建物を描いている。赤い壁には窓も戸口もなく、屋根はつねに黒い。

タブローのなかには解釈の鍵をいくつも併せ持つものもある。《投獄された男の感覚》（**図6**：所蔵先不明）と題されたタブローでは、水平方向に走る色彩の帯の前にいる、顎髭を生やした、顔のない男――未来の男――がスプレマチズム様式で描かれている。彼の左手にある高い監獄は、壁が白く、窓には格子があり、屋根は黒く、柵で囲まれている。その内側では囚人たちが散歩ができそうだ。別のタブロー（**図7**：サンクト・ペテルブルグ、ロシア美術館蔵）はそのヴァリアントとなっている。監獄が今度は赤く、窓がない。男にはつねに顎髭はあるが、顔がない。タブローの裏面には最初に表題《複雑な予感》が書かれ、そのあとに次のような説明文が続いている。「この作品はさまざまな要素――虚無、孤独、出口のない生の感覚――から生まれたものだ」。私たちが観る虚無には意味が満ちている。タブローは一九一三年制作である（とされている）が、この日付ならそういった感情もソヴィエト政権にとって容認できるものだっただろう。別のタブロー《農婦のスプレマチズム的変形》でも同様の赤い家を見ることができる。前面の人物はスプレマチズムの方法で描かれているが、その後ろにはいくつもの建造物があり、そのなかで目立つように置かれているのが、赤い監獄――ロシアの街の制御できなくなった要素――と、おそらくはもうひとつ別の白い監獄である。当時のロシアにおいてこのふたつの色が共産主義政権とその敵――内戦のとき共産主義政権を襲撃した白軍――を象徴するのに使われていたことを思い出せば、この選択に意味がないと想像することはできない。世界をふたつに分ける境界のどちらの側にも監獄が見いだされるということだ。

《農夫たち》と呼ばれる別のタブロー（**図8**：サンクト・ペテルブルグ、ロシア美術館蔵）には三人の男が描かれている。それはもはや「顔のない頭部」であるだけではなく「腕のない身体」、彼らがそうならざるをえない無力さの、きわめてわかりやすい象徴でもある。顔の下部は黒ないし白の当て布で隠れているが、それは顎髭ではないように思われる。人物たちのポーズが思わせるのは、処刑用の柱に括り付けられ、背中で手枷をかけられ、拘束衣で身体が動かせない者たちだ。背景は抽象的なもので、青の帯と黄色の帯となっている。それはまさにウクライナの国旗の色であるといえる。これらのタブローが描かれたのは、マレーヴィチにとっては（同時期に書かれ、「農民芸術の情緒的性格」についても語っている『自伝』のなかで回想しているように）大切なウクライナ農民が投獄され、流刑になり、銃殺されるか餓死させられるかしたときだった。農業の強制的な集団化は数百万の犠牲者を出した。タブローが表現しているのは、抽象化という、あらかじめなされた選択ではなく、権力によって無に帰せられた人間たちの静かな叫びだろう。

この時期のもっとも複雑なタブローはおそらく《危険の感覚》と呼ばれるタブロー（**図9**：パリ、ジョルジュ・ポンピドゥー・センター蔵）である。タブローの下部はまた水平に走るいくつもの帯が占めている。ということは、これもやはりウクライナの平原、故郷なのだ。後方の風景の右側に見えるのは、白と赤のふたつの監獄であり、入口がなく、柵で囲まれている。しかし今回は、両者のあいだに巨大な、建物よりも高い、血のしたたり落ちる剣が地面に突き立てられている。しかもこの剣は十字架のかたちをしている。左側に見えるのはさらに高い十字架であり、それは上部が赤く、下部が黒い。前面の人物は、この時代の他のすべてのイメージと違い、不動ではなく、一〇年代の人物たちのように活発な動きのなかにある。すなわち走る男なのだ。表題で言及され、監獄、血に染まった武器、赤い十字架によって示される危険から逃れているように思える。横から見るこの男には顔がないが、白い染みが部分的にその不在を隠し、私たちに疑念や不安を抱かせる。

このタブローの図像《イコノグラフィ》の源泉らしいものは突き止められている。二〇年代末のウクライナの流行歌で、内容は次のようなものだ。「道のそばに赤い十字架がある。銃弾に貫かれ、血の涙を流している」[☆93]。このようにこのタブローにはマレーヴィチの作品が通り過ぎてきたさまざまな段階の教えが活かされている。色彩の配分はスプレマチズムの原則に従っており、人物の活発な動きはネオプリミティヴィズムの絵画を思い起こさせる。意味を担う事物があることから、象徴主義絵画に対するマレーヴィチの好みが思い出される。彼はこうした後期のタブローのいくつか（たとえばサンクト・ペテルブルグのロシア美術館にある《畑の娘たち》あるいは《二人の人物》）を「スーパーナチュラリズム《スプラナトゥラリズム》」という言葉で呼んだ。それらは具象的でありながらスプレマチズム的でもある。構成と表現の和解の最終段階は痕跡を残すとともに漠然とした不安を生みだした。このように走ることによって人は危険から逃れられるのだろうか。

ここでマレーヴィチの絵画の企画の仕方が激変しているのが確認できる。以前はこうしたイメージはもっぱら造形的な経験の結果として生じており、イデオロギーや生活が関与することはなかったはずである。それらは「色彩感覚」から生まれてきたはずだ。ところが、ここで一八〇度方向転換している。この方向転換がかかわっているのは何よりも実践であり、理論的方針にはなっていない。画家の経験はこれ以後自分が生きている世界にもかかわり、絵画の世界だけではなくなった。タブローの起源に虚無、恐怖、絶望の感覚が見いだされる。という次第でマレーヴィチは、一九一九―一九二〇年のヴィテプスクの時代を特徴づけるとバフチンが言う禁欲主義から抜け出したのだ。芸術と生活のあいだの深淵は難なく横断され、芸術家が絵画を通して自分の感情と自分の体験を伝える時が到来した。

この観点からすれば、マレーヴィチのほとんど具象的でない絵画は、社会主義リアリズムの要請に従い始めた同時代の画家の絵画よりも「リアリズム的」であるとさえいえるだろう。同時代の画家は、自分の人物たちに表情豊かで、楽しそうな、さまざまな顔を与えていたが、それは虚偽であり、個々人の殲滅《せんめつ》と彼らの国家権力への服従を隠すための見せかけなのだ。マレーヴィチは彼らのその後の姿、非個性化された人間存在、恐ろしい機械の歯車を示した。彼が明らかにしたのは世界の真実であり、他のタブローはそれを隠すことを務めとしていた。しかし彼がそうしたのは逆説的な仕方によってだった。すなわち、顔の線を消すか隠すことによって、充満の代わりに虚無を置くことによってである。こうした顔の消失は、現代世界との関連においては、社会主義リアリズムの画家たちが表現する数百万の顔よりも「真実味のある」ことだった。マレーヴィチはこうして共産主義の全体主義計画に反対するが、これは彼のスプレマチズム的政治参加によってはなされなかったことである。彼がいま明らかにする世界は、もはや抽象の原則にもとづく推論の結果ではなく、また、そういうものにはなりえなかった。

これらのタブローはそれゆえに行政の至上命令への消極的服従も、前スプレマチズム期への強制的回帰もまったく示していない。それらは精神を押し潰す機構への抵抗のかたちを具現しており、それはソヴィエト絵画の歴史において比類のないものとなっている。

マレーヴィチが晩年に描いたタブローのもうひとつの大きなカテゴリーは肖像画だった。その作品群を観てわかるのは、スプレマチズムの時代ばかりか、一九二八―一九三〇年と比べてもすでに変化が生じていることである。この先行する時代に人間存在の顔を描くとき、画家が顔を扱うのは通常、個人の思想と感情がこのうえなく微妙な差異を伴って表明される場所としてではなく、純粋な形態、どれも同じような楕円形としてだった。逮捕後数年間、マレーヴィチは、「抽象的」と時折呼ぶこともあった、あらゆる個性を欠き、幾何学的要請に従う肖像画の制作を続けていた。しかし、彼が少しずつ描き始めた顔は、二重の論理的思考法――特定の人物に類似させるという思考法と、スプレマチズムの規則、ならびにとりわけ衣服については既定の色彩の配分と左右対称の規則を守るという思考法――に従っているように思われれた。たとえば彼の妻、義理の姉妹、娘ウナ、同僚のプーニン、あるいは彼自身の肖像である。

彼の最後の自画像（**図10**：サンクト・ペテルブルグ、ロシア美術館蔵）は一九三三年に描かれた。これはマレーヴィチの最後のタブローのひとつであるらしく、彼は経歴のさまざまな時期の特色を組み込んでいる。一九一〇‐一九一一年の自画像のように、作者の顔の特徴をうまく捉えている。それはまた順調な人生を歩んできたがゆえの確信と力強さを具えているようにも思わせる。色の配置は、衣服の色の左右対称と同様に、スプレマチズムの時期を思わせる。タブローの右下の隅には小さな黒い正方形によって「署名」がなされており、これもまたスプレマチズムをさりげなく思い出させる。別の肖像でも見られる手の所作は、正方形を手にしているかのような空間を描くのと同時に、上方に指を立てており、こうすることでこの肖像作品の精神的意味を思い出させる。キャンバスの裏面に書かれたタブローの表題《芸術家》がさらにその模範性を強調している。この言葉はここではパステルナークの詩の表題とは別の意味を持っている。もはや造物主ではなく、美と英知へと通じる道の具現化である。

最晩年にマレーヴィチが描き始めた一連の肖像画は、スプレマチズムに必要とされるものとは一切かかわらず、むしろ一九世紀の芸術家、ドラクロワ、クールベ、あるいはファン・ゴッホのスタイルを連想させるが、そのいずれとも混同されることのないものだった。一九三三年からマレーヴィチは自分がガンに冒されていることを知っており、それが投獄で受けたショックのせいだと思っていた。当時、彼は自分に近い者たち——妻、母、娘、最良の弟子たち、友人の画家の何人か——、そのうえさらに何人かの見知らぬ人びとの特徴を懸命に再現しようとしていた。この際立って「リアリズム的」なタブローは一般の人びとが観るためのものではなかった。すべてはまるで画家があるイメージをキャンバスの上に固定しようと望んでいるかのように展開していった。そのイメージとは、彼が人生をかけて確立した純粋絵画の規範にはいかなる点においても従ってはおらず、自分が深く愛している人間、ならびに自分の写生技術の妙技、さらには卓越した技量に全面的に従うものなのだ。このことは彼が決して明らかにしてこなかったことである。家族の者たちや友だちの何人か（たとえばイワン・クリューン、PS270）の肖像画はいかなる理論も説明してくれない。それらが示しているのは、ふたりの人間、画家とモデル、あるいは画家と画家自身——一個人が分けられる主体と客体、見ている目、描いている手、見られる身体——の出逢いでしかない。

カジミール・マレーヴィチは一九三五年五月一五日にレニングラードの自宅でガンで死んだ。数ヵ月前に娘のウナに、心に深く刻まれ、鮮明に覚えている奇妙な夢のことを語って聞かせた。「その夢は一枚のタブローのようだった。真ん中に、大地に聳《そび》え立つようにして、とても美しい女性がいたんだ。ロシアだよ。顔のところの地表は、丸みを帯びた、いくつもの緑色の丘からなっていた。突然その丘が動き始めて、やがてそれがいくつもの兜だということがわかってきた。兜をかぶった者たちは上方へと這っていき、その女性を打ちのめし、命を奪おうとしているんだ[☆94]」。画家には自分の国の黄昏を表現するこのタブローを描く時間がなかった。

エピローグ　革命後

ロシア革命は歴史上最初の全体主義国家を生み出した。ヨーロッパの世論の一部によって激しく否定されたあと、この一連の出来事はかなり広い範囲で同意を得ることになった。現在、十月革命の悲惨な結果と影響を取り上げるのに特別な勇気は必要ではない。それを確認することがある種の誇りの源泉にもなっている。私たちの民主主義はたとえ不完全なものであっても、全体主義体制より――それてまた神権政治や他の場所で興隆していた軍部独裁体制より――好ましい。歴史のそのページは、私たちにとって完全にめくられたものなのだろうか。全体主義は本当に死に、埋葬されたのだろうか。いずれにせよ、私たちの国々ではこの地獄のような体験がくり返されることは二度とない！　私たちは先人よりも思慮深くなるだろうし、そのような危険な政治体制を二度と取らせはしない。私たちは民主主義において生きることに満足しており、そのことを誇りに思い、そうでない者たち、民主主義を欠き、〈善〉への歩みが遅れている者たちを哀れんでいる。では、どうしてその過去の時代を再検討することが、西欧の自由民主主義を生きる者たちにとって注意を払うに値することになるのだろうか。

私がこういったことを思い出すのは、本書の登場人物たちの運命が心を動かすものであると思っているから(だけ)でも、その運命が劇的な物語をかたちづくるからでもない。全体主義国のかつての国民の歴史への関心、あるいは私より年長の近親者たち何人かの過去への関心のみによるわけでもない。消滅した国(ソヴィエト連邦)で展開された一世紀ほどの遠い過去には、私たち、二一世紀の西欧世界の市民が学ぶべきことがある、と私が思っているからでもある。だが、このような読解の可能性を主張することは、同時に、過去の共産主義体制と現在の自由民主制という、ふたつのたいへん異なる国家のタイプのある種の連続性ないし類似性を認めることでもある。この結論——私にはまったく自明ではないこの結論——にはいくつかの説明が必要となる。

それは自明ではないだけではない。もし私が五〇年前に(ブルガリアから)フランスに来てすぐにそれを読むか聞くかしたら、憤慨しただろう。何よりもまず全体主義のかつての国民の感受性を傷つけただろう。私たちが学校やメディアで教えられたのは、「あちら」、西側ではすべてが悪く、「わが国」はすべてがうまくいっているということだった。しかしこのプロパガンダの結果は、多くの人びとにとっては正反対こそが正しく思えるというものだった。あちらは裕福であり、なおかつ自由だったが、わが国では人びとは牢獄——確かに広大だが、ひどく貧しい——のなかで暮らしていたということである。私たちは鉄のカーテンの向こう側に行きたいととても強く望んでいたので、ふたつの世界のあいだに何らかの連続性があると思わせる指摘はいかなるものもひどく悪趣味だとみなした。そのうえ私たちは誰もが、どこであれ全体主義国の他の国民の悲劇的な運命を知っていた。彼らの苦しみを忘れ、私たちが想像しているような西欧の国々ののんきな住人の経験と同一視するのは、彼らと彼らの運命に対する受け入れがたい軽視の行為、すなわち裏切りだったのだ。もちろんひとたび自由民主主義国家のひとつに来れば、対比がそれほど著しいものではなく、私たちの受け入れ国でもすべてが完全であるわけではないことがわかったが、ふたつの政治体制の対立が私にはつねにはっきりとしているように見え、私の政治的な賛意はすべて同じ側にあった。

フランスに滞在して最初の数年間、私の職業上の研究はここで提起される問題とはまったく共通点がなかった（文学作品の内的構成にのみかかわるものだった）。しかしながら、一九八〇年代はじめからこの研究は「社会問題」をも対象とするようになり、社会的・道徳的分析の領野についても学んだ。この分析は私の以前の直観を裏づけてくれるように思えたし、全体主義と民主主義の正面からの対立を、関連するさまざまな社会の構造にも、それら社会にかんする価値判断にもいつも見ていた。八〇年代にはいくつもの研究論文で全体主義体制を扱っており、そこでは同じ概念的区分をよりどころとした。このふたつの社会形態を対立する両極として提示したのだ。全体主義体制あるいは民主主義のある種の弱みが魅力を発揮しうることについて若干のニュアンスをそこに込めてはいたが。ヨーロッパ大陸の二〇世紀の歴史を扱った、二〇〇〇年刊行の省察の書『悪の記憶・善の誘惑』においては、全体主義と民主主義の衝突が二〇世紀の歴史においてもっとも重大な出来事であると主張し、他方で全体主義を、ソヴィエトのであれナチスのであれ、そのとき出現したラディカルな新制度として描いている。

自分とは異なるいくつかの意見についても内容を検討していたが、共産主義体制の苛酷さを直接知る人びとのものであっても賛同することはできなかった。たとえばアレクサンドル・ソルジェニーツィンが「ハーヴァード講演」で以下のように述べたとき、私が見るところでは、この認めがたい同等性について語っている。「私たちの内的生活を踏みにじるのは、東側では党のお祭り騒ぎであり、西側では商業のそれである」。彼はこの同等性の始まりを両者の共通の起源に見て、次のように述べている。「それは「合理主義的ヒューマニズム」と呼ぶことができるだろう。自分よりも上に位置するあらゆる力に対する人間の自律を主張し、実現するものだからである」[☆95]。同様に、「ポーランド人」教皇ヨハネ・パウロ二世は最後の著書『記憶とアイデンティティ』において、自由主義社会と全体主義社会を同様の仕方で意識的に同一視する見方を確立した。「人間が自分自身で、神なしに、何が善で何が悪かを決められるのであれば、ある人間集団が絶滅するように規定することもできる」[☆96]（言い換えれば、今日、中絶の許可はヒトラーのガス室と同じことである）。社会のこうしたふたつの形態がキリスト教の神にもとづく基本的な考え方から解放されているのは確かだが、それだけで両者が同等のものであると断言できるのだろうか。私の心の奥底からの反応はノーだった。この網の目は私にはどう考えても大きすぎるように思えたのだ。

しかしながら、二〇〇〇年の同じ著作のなかで、私たちが生きている民主主義体制の包括的批判を行なわざるをえなかった。私をそこへ導いたのは、長い間その到来を願っていた激変がきっかけとなった、同時代のいくつかの出来事だった。その激変とは、すなわち冷戦の終結であり、それを象徴するのはベルリンの壁の崩壊、言い換えれば、最初は東ヨーロッパの、つづいてロシアそのものの共産主義体制の崩壊だった。この出来事は一見したところ二種類の体制の解決できない対立を確認しているように思えるのは確かだ。なにしろ一方は自分の野心をすべて断念したが、他方は自分の計画の要素をひとつも諦めなかったのだから。この出来事は多くの観察者によって悪に対する善の勝利と解釈された。しかしながらこの激変の続きと結果が――少なくとも私に――及ぼしたのは反対の影響だった。

これに引き続いたのは、私たちに完全には予測できなかったふたつの反応だった。ひとつはかつての共産主義国の国民の反応である。かつての共産主義国の国民は、以前の体制から、より民主的な統治形態、ならびに市場経済への移行を、彼ら（と多くの親切な観察者たち）が期待していたような幸福への大きな一歩としては生きていなかった。こうした変化は明らかに他のさまざまな結果をもたらしたが、満足がいくものとは考えられなかった。もうひとつはアメリカをはじめとする西欧の大国の反応である。西欧の諸大国は「恐怖の均衡」の終焉、ならびにふたつの「陣営」――「社会主義」の陣営と「資本主義」の陣営――の競争を利用し、新たな攻撃的な政治を推し進めた。公然の目的は民主主義の大いなる価値と人権を広く浸透させることにあったが、その確かな結果はこれらの国々による他の世界全体の支配をより強固なものにすることだけだった。そうすることで西欧の諸大国は、忌み嫌っていた全体主義の行ないに――危険なほどに――近づいた。このような行為――他国の国内問題への精力的な介入――は前の時代、すなわち冷戦の時代には必ずなされていたが、隣接する地域（アメリカにとってはラテンアメリカ）に限られていたようで、しかもそれ自体相当に攻撃的な共産主義の対抗者に対する抑制政策の一部となっていた。壁の崩壊によって明らかになったのは、この政策には以上のような口実が必要とされていなかったということである。

本書の執筆と同時期の、NATOによるユーゴスラヴィアでの戦争も私にある新しいことを示してくれた。民主主義国も全体主義国の逸脱に似た逸脱をすることができる。このような類似を知って、私は全体主義の行ないにより妥協的になったわけではなく、民主主義のさまざまな進展の仕方により警戒するようになった。民主主義はその原則において救済の教義ではないし、地上の楽園の到来を約束するものでもないし、国民を完璧に指導したいと望んでいるわけでもない。しかしそれもまた、とくに勝利しているときにはヒュブリスに、傲慢に、とらわれることがある。すべてが起きているのは、ユートピア的理想主義《ユトピスム》——それまでは左翼の特性であり、共産主義体制崩壊後は消え去ったと思われることもあったユートピア的理想主義——が、まるで新保守主義的《ネオコンサバティズム》と（間違って）呼ばれる主義主張のなかで右側へと移動したかのようにしてであり、そのいわゆる新保守主義的な主義主張は、とくにブッシュが大統領の職にあった頃のアメリカ合衆国で取り入れられ、それ以後いろいろなところで取られてきた政策に痕跡を残してきた。ただし、その政策はかつて極左主義者たちがしばしば主張したものであり、その極左主義者たちは、もはや左翼には世界を変えられないと思い、右のほうを向くようになっている（たとえば私のかつての仲間アンドレ・グリュックスマンだが、私と出会ったとき彼はアロンとバルトの将来有望な学生で、一九六八年にはヴァンセンヌ大学の毛沢東主義のリーダーとなり、その後さらに「新哲学者《ヌーヴォー・フィロソフ》」にして新保守主義者となった）。

そのような姿勢を私はすでに古くなった著作のなかで「善の誘惑」とみなした。そしてこう書いた。「地球の表面から不正を、せめて人権侵害だけでも根絶したいと思うこと、戦争と暴力をなくす新たな世界秩序を確立することは、人類をよりよいものとし、地上の楽園を打ちたてようとするその試みにおいて全体主義的ユートピアに通じていく計画となる」。そしてこう結論づけた。「善の誘惑に屈することのなく悪に抗うことは可能である」[☆97]。ところが、まさにこのような意志こそが二〇〇三年のイラク戦争を正当化したのであり、その有害な影響が今日でも中東に、そればかりか残りの世界全体に重くのしかかっている。当時のアメリカ大統領G・W・ブッシュは二〇〇二年の演説のなかでみずからの計画をつぎのように発表した。「歴史を前にした私たちの責任ははっきりしている。［二〇〇一年九月一一日の］あの攻撃に対応し、世界を悪から解放することである」。数日後ホワイトハウスの公文書には、合衆国政府に課せられた「重要な任務」は「その敵たちに対する自由の勝利を確実なものにする」☆98ことにあると書かれていた。もはや恐怖の均衡が存在しなくなって以後、アメリカの指揮の下で西欧が推し進める戦争は——ユーゴスラヴィアにつづいてウクライナで、アフガニスタンにつづいてシリアで、ソマリアにつづいてコートジボワールで——ほぼ中断することなく続いている。フランスとイギリスという、かつての植民地帝国はこの動きに従った。フランスでは新保守主義の主張《テーゼ》が左翼にも右翼にも採用された。

つまり政治的救世主信仰《メシアニズム》の一形態が共産主義政権下でも今日の自由民主制においても観察されるのだ。このような行ないだけが、二〇世紀の全体主義と、それに先行し、そのあとに続くヨーロッパの歴史との連続性を明らかにするわけではない。その連続性は、国どうしの関係——あらゆる規制から逃れるのを人が見るのに慣れてしまっている、国どうしの関係——においてのみ生じるのではなく、国の内部で、国民と政府のあいだで確立される関係においても生じている。共産主義体制が私たちのもとに降りてきたのは火星からではなかった。それらは過去数世紀のあいだ精神を揺り動かしてきた思想に数多くの特色によって結びつけられている。共産主義体制の特徴のいくつかは、それが消滅して以後、私たちが住んでいる世界においても生き続けている。

今日、私たちはキリスト教の教理と啓蒙思想を、マルクスとニーチェを、科学と信仰を、引き合いに出し続けている。たとえ当てにするのが教育の力や環境の影響よりもむしろ遺伝コードの操作のほうだとしても、私たちはつねに人類を向上させることを夢みている。たとえ頼みとするのがいたるところにいる警察や密告者のネットワークよりも、私たちの電子商取引全体の「ビッグデータ」を集める技術のほうだとしても、権力を握っている者たちはつねに人びとを完全に支配したいと思っている。今日の自由民主主義諸国が、その先駆的な国々と同様に必要としているのは、戦い、もしできれば絶滅させるべき、それほど人間的ではない敵の像である（自由の敵たちに自由はない！）が、資本主義者やブルジョワの代わりに見つかるのはテロリストやイスラム主義者である。多くの面で現代の急進的自由主義は、一八世紀と一九世紀の伝統的な自由主義よりも共産主義的全体主義のほうに似ている。個人による暴政は、国家による暴政と同じくらい重大な結果を招くことがある。[☆99]

プロメテウス主義、ユートピア的理想主義、善の誘惑とは、ルネサンスと啓蒙主義以後の私たちの世界——そこには二〇世紀の全体主義社会と二一世紀の急進的自由主義的民主主義諸国も含まれる——にある、考え、行動する方法のことである。現代世界は、全体主義社会と同様、私たちをあらゆる領域——労働、正義、健康、教育——において、アラン・シュピオが「数による統治」と呼ぶもののほうへと追いやっている。それはかつてエンゲルスがひとつの理想、「人間の支配をモノの管理で[☆100]」置き換える理想と語った方向である。昔も今も続いているのは、画一化し、標準化し、人びとを同じ行動の規範に従わせるプロセスであり、すべてが通じていくのは社会による個人の支配と、まさにそれによる存在の非人間化である。民主主義のこうした弱点を確認したとしても、その理想を諦めることになるわけではない。反対に、そうした最初の身ぶりのおかげで、私たちは民主主義をよりいっそう「民主化」したいと思いたくなるにちがいない。

その場合、ふたつの政治形態、全体主義と民主主義の形態の対立という意識を棄てるべきだったのだろうか。私にはそれはできない。だが、この不整合を克服したいのであれば、私は、根本的に異なる体験を、両者が引き受ける機能や、根底にある、互いに似通ったメカニズムから明確に区別しなければならない。目的、目標、意図はしばしば類似しているが、方法は大いに異なっているともいえるだろう。

朝の教会の祈りのさい、あなたのマンションの門の前に止まった車の騒音を心配するかどうかの違いは、体験においては並外れて大きい。フィアット社で働く労働者の体験とアウシュヴィッツの囚人のそれが同等であると見なすのは容認できない、というのも、前者は工場を辞めることができるが、後者は収容所の外へ自由に出ることができないからだ、とプリーモ・レーヴィは言っていた。[☆101]「フランス共和国保安機動隊、ナチス親衛隊」と叫ぶのは愚かしい。違いは体験において最大となり、人にはそれを無視する権利はない。

間違えることを心配せずに次のように言い添えることもできる。両者の体験の一方は他方よりもはるかに快い。全体主義国家の指導者たちが目的を達しようとして用いる主要な手段は強制や束縛にあり、それゆえに地域の組織、密告者、多層的な警察組織のネットワークを利用して人びとを支配することがきわめて重要となる。自由民主主義国家において用いられる主要な手段は、市民たちの同意——そのように振る舞うことが自分たちの利益となると市民たちが信じるがゆえに得られる、市民たちの同意——である。何を言っているか理解していただくために喩え話をひとつ。もし病院が手術を受ける患者たちに麻酔をかけないとしたら、彼らは思いやりがないといって憤慨し、不愉快に思いながら出ていくことだろう。反対に患者たちが手術のあいだ麻酔をかけられるなら、抗議をせず、そのことに快い思い出を抱くことさえできるだろう。違いは現実のものだが、どちらの病院の患者も片脚をなくして帰っていくかもしれない！

そのうえ、私がこれまでのページで語ってきた時代の書き手たちは、この区別を巧みに扱っていた。彼らは混同することなく、共産主義体制とナチスの体制を比較できるだけでなく、機会があれば、ソヴィエト社会の特徴のいくつかとほかのさまざまな社会の特徴を比較することもできる。たとえばザミャーチンが自分の小説『われら』を解説しながら、テイラー主義の技術の讃美——ということは、労働を（そして残りの生活をも）科学的分析と効率の要請に従わせたいという願い——がソヴィエト連邦とアメリカ合衆国で共有されていると述べるときがそうである。あるいはさらにマレーヴィチが、共産主義の教義は宗教のように押しつけられており、死亡した指導者は不滅のものとされ、共産主義国家は聖書の神と同様、自分の特権に執着する神のような存在となると指摘するときもそうだ。あるいはザミャーチンが異端審問の手続きとソヴィエトの司法の手続きが類似しているというときもそうである。今日では難なく増やして、より充実したものにできるこうした比較の例はもっともで、よくわかるものだが、体験された出来事の独自性をいかなる点においても消し去ることはない。言い添えておくが、このように共産主義のユートピアを宗教に「近いジャンル」に包含するのは、私にはソヴィエトの無神論的プロパガンダを真に受けて、両者を対立させるよりもはるかに実り豊かなものであるように思われる。イギリスの哲学者ジョン・グレイは、『黒ミサ』と題された、西欧のユートピア的理想主義の輝かしい歴史を次のようなぶっきらぼうなフレーズで始めている。「近代政治は宗教史の一章である」☆102。私は彼の判断に賛成する（し、ソルジェニーツィンやヨハネ・パウロ二世の主張が自分には受け入れにくいということをよりよく理解している）。

民主主義が非人間化へと移行していくのはありうることだが、不可避なことではない。芸術的創造は、その大部分の形式において逆方向に作用し、画一化と体系化への障害となる。このことは私がここでその運命を描いた、ロシアの芸術家と作家についても当てはまっている。革命の騒乱の犠牲者たちではあるが、彼らには私たちに伝えるべきものがある。現代の芸術家や作家たち、自由民主主義国の市民たちが、先行者たちが耐え忍んだ制約や試練を体験し、同じように苦しむことを願うなどということは確かにできない。それは自分たちの状況に対する彼らの多少とも明晰な意識のあらわれの例として持ち出せるものでも、彼らがソヴィエト国家の地ならし用機械《ロードローラー》にときに対置しようとする抵抗の諸形態でもない。それら抵抗の諸形態がどれほど絶望的なものだったかを人は見てきた。この点で現代の芸術家たちは比較にならないほど大きな行動の自由を享受している。その代わりにロシアの一九二〇年代と三〇年代の先行者たちの責任感は記憶に留めておいてよい。二重の関与の仕方——自分たちの芸術と自分たちの社会への——を身をもって、じつにわかりやすいかたちで示していた。社会への忠誠ゆえに、彼らは社会が経る試練をしっかり体験しようとしているが、だからといって社会に役立つ（「有用な」）作品を作らなければならないとは感じていない。自分たちの芸術について抱く高い志に忠実であるがゆえに、彼らは妥協を避け、快適な生活を捨て、さらには命を賭ける覚悟もできていた。

「システマティック」な（みずからの芸術の内的法則のみによって決定される）絵画から「歴史的な」（画家が生きる世界との関係を回復させる）絵画へと移行したマレーヴィチの例をここでも思い出すのがふさわしい。彼の芸術の進展が示しているのは、人間を破壊する社会的諸力から人間を守りたければ、人間が抽象的な原理原則によってのみ作られており、それゆえに好きなだけ複製できる（ブハーリンの予言が告げていたように、「私たちは知識人を工場の流れ作業で造られる製品のように生産しようとしている」）と想像するだけで十分ではなく、人間がみずからの運命の痕跡を携えているものとして見ることも受け入れなければならない、ということである。

誰もが芸術家であるというわけではないが、このようなかたちの抵抗なら誰でもすることができる。このことに驚いてはならないだろう。芸術は万人に共通した日々の行ないを要約し、称揚するからだ。

周囲の順応主義に対して同じように服従しようとしない意志が、実り豊かな科学的探求の源泉にあり、人格の成熟には不可欠のものである。行動の完全な制御、存在の初期化《フォーマット》、規範の厳格な遵守、こうした企てのすべてが、個々人が取り替えのきかない状況では失敗に終わるが、そのような状況は数多い。だが、そこで問題となるのは、勝利でも、また決定的な敗北でも終わることのできない戦いである。こうした反抗的人間たちが渇望する国はこの世界にはない。それゆえにふたつの勢力の緊張は続くことになる。

それならば、この文脈においてこの『芸術家の勝利』という表題は何を意味するのだろうか。大勢の寄生虫のような者たち――管理者とその命令を実行するチェキストたち――に取り巻かれた、レーニンやスターリンや他のボリシェヴィキの有力者たちによって代表される、国家＝党＝警察の執行機関と創造的芸術家とのあいだの、ありのままの勢力均衡《パワー・オヴ・バランス》が問題となるのであれば、この表現は反語としてしか理解されないだろう。孤独な人間は自分を押し潰そうとする巨大な機構を前にしたとき何を考えるだろうか。芸術家たちは嫌がらせを受け、迫害され、流刑になり、さらには銃殺に処せられ、勝利するのは死刑執行人だった。私はスターリンも特殊な種類の芸術家、伝統と過去の遺産を軽んじるアヴァンギャルド芸術家であるなどとは言わない。もし私たちが一九四一年にいるとしたら、語れたのは芸術家の敗北だけだっただろう。しかし、十月革命から一〇〇年経ち、事情はもはや同じではない。芸術家たちが政治的対立をもたらしたからではない。ふたつのグループの参加者は同じ秩序（パスカルの言葉を借りるなら）に属していない。権力の保持者は自分たちが服従させたいと思う者たちを破滅させることができるが、そういった芸術家たちによって作られる作品（あるいは他の源泉）から生じてくるさまざまな美的・倫理的・精神的価値にはいかなる影響を及ぼすこともない。そのような美的・倫理的・

精神的価値がなければ、人間は昔も今も生き延びることができないだろう。そこにこそ私たちの物語のか弱い主人公たちの勝利がある。

謝辞

まず最初に本書で扱った作家たちにかんする豊富な資料を収集し、そうすることで作家たちの考え方をいっそう容易に知りうるものにしてくれたすべての編集者、翻訳者、伝記作家たちに謝意を表したい。そのうち私にとってその仕事がとくに有用だったふたりの名前をあげておく。

一度も会ったことのないロシアの批評家ベネディクト・ミハイロヴィチ・サルノフ（一九二七―二〇一七）。『スターリンと作家たち』（*Stalin i pisateli*）と題された、四巻からなる彼の研究は、まとめられた情報によっても、著者の明快な注釈によっても貴重なものである。この書物はインターネットで自由にアクセスできる。

（個人的に知っている）スラヴの文学と歴史の専門家ジェラール・コニオ。彼は私が異なる見地から同じ作家たちを研究しているのを知りながら、所有しているすべての原文を惜しむことなく貸してくれ、私の著作のためにいつも助言をし、励ましの言葉をかけてくれた（このことは彼の数多くの出版物――最新のものは『挑発の神学』[*Théologie de la provocation*, Éditions des Syrtes, 2016]――を通して知ることができる）。

私の親愛なる友人たち、マルティーヌ、リザ、そしてラルフにも心からの感謝を伝えたい。本書を執筆しているあいだ、彼らは自宅で温かくもてなしてくれた。そのおかげで私は執筆することができた。

訳者あとがき

本書は、Tzvetan Todorov, *Le Triomphe de l'artiste : la révolution et les artistes, Russie 1917-1941*. Paris : Flammarion - Versilio, 2017の全訳である（原著では「芸術家の勝利」がメインタイトルとなっている）。

十月革命以後（一九一七年から一九四一年まで）のロシア／ソヴィエト連邦において、芸術の諸領域（文学、絵画、音楽、演劇、映画）の創り手たちと国の政治指導者たちがイデオロギーをめぐってどのような関係を取り結んでいたのか。――革命前、革命の思想に懐疑的な芸術家もいれば、望ましいものと考える芸術家もいた。

後者はそれを作品の題材として取り上げることによって、来たるべき革命のイメージをより具体的で明確なものにすることに貢献した。ところが、ひとたび革命が起こると、当局側は自分たちにとって役立つ芸術以外は必要とせず、それどころか、自分たちの考えと相容れない芸術家たちを弾圧していくこととなる。このとき、とりわけ大きな矛盾を抱えなければならなかったのはアヴァンギャルド芸術家たちだった。芸術の文脈においてその作品は革命的なものだったが、政治的・社会的な意味での革命の文脈では排斥されるしかないものとなったからだ。このような状況において、芸術家たちは革命のイデオロギーにたいしてどのような態度を取り、どのように振る舞っていったのか。――トドロフが論じているのはこのことである。

本書は二部構成で、第一部では上記のような視座から一五人の芸術家の肖像を描いており、それらを併置しながらこの時代の特質を考察している。つづく第二部ではひとりの芸術家、カジミール・マレーヴィチのみを取り上げ、その経歴を綿密にたどりながら、このテーマをめぐるさまざまな問題を検討している。

本書はトドロフの遺著でもある。彼がソ連の衛星国だったブルガリアの出身であり、政治的イデオロギーという点でロシア／ソ連とはきわめて微妙な関係にあっただろうことは想像にかたくない。結果として最後にそのロシア／ソ連の芸術家、しかもアヴァンギャルド芸術家を扱っていることはそれ自体が注目に値するし、そこで語られる彼の言葉には印象深いものがある（これについてはトドロフの『越境者の思想――トドロフ、自身を語る』［小野潮訳、法政大学出版局、二〇〇六年］もじっに興味深い）。

たいへん関心はあっても、決して明るいとはいえない内容だったが、日本には関連テーマにかんする研究の蓄積があり、日本語で読める文献も少なくない。翻訳作業を進めながらその都度おおいに参考にさせていただいた。そこにはたとえばテーマが本書に重なる亀山郁夫『磔のロシア――スターリンと芸術家たち』（岩波現代文庫、二〇一〇年）、マレーヴィチについてこのうえなく多くのことを教えてくれる大石雅彦『マレーヴィチ考――「ロシア・アヴァンギャルド」からの解放にむけて』（人文書院、二〇〇三年）、不明点が出てきたときはこれを調べることから始めていたタチヤナ・ヴィクトロヴナ・コトヴィチ『ロシア・アヴァンギャルド小百科』（桑野隆監訳、水声社、二〇〇八年）などがふくまれる。もしこういった数多くの文献が参照できなかったら本書を訳すことなど到底不可能だっただろう。ここでその著者・訳者・編者に感謝の意を表しておきたい。

いうまでもないことだが、ここにいたるまでにはじつに多くの方々に助けていただいている。なかでも、ショスタコーヴィチを専門とするロシア文化研究者の梅津紀雄氏にはロシア語・ロシア文化にかかわるじつにさまざまなことがらについてご教示いただいた。とくに固有名詞の表記についてはたいへん貴重なご提案をいただき、それがあったからこそこの翻訳もなんとか完成させることができた。梅津氏には最大限の謝意を伝えたいと思う。フランス語のわからない個所については、西洋古典の専門家であり、なおかつ抜群に日本語もできる同僚のジョスラン・グロワザール氏にたいへん有益で示唆的なご助言をいただいた。グロワザール氏には格別の謝辞を送らなければならない。最後になってしまったが、和久田頼男氏に編集をご担当いただき、本のかたちにしていただいた。記して感謝を申し上げたい。

赤塚 若樹

二〇二五年二月一四日

著者略歴

ツヴェタン・トドロフ[Tzvetan Todorov]
1939 – 2017年。ブルガリア出身、フランスで活躍した理論家・思想家・批評家。ロシア・フォルマリズムを西欧に紹介し、記号論に依拠する文学研究を推進することによって、構造主義詩学の発展に寄与する。その後、「異郷に生きる者」の立場から歴史・文化・政治をめぐって「他者」の問題を考察し、「人間主義」を探求した。おもな著書に『小説の記号学——文学と意味作用』(1967年)、『幻想文学論序説』(1970年)、『象徴の理論』(1977年)、『他者の記号学——アメリカ大陸の征服』(1982年)、『われわれと他者——フランス思想における他者像』(1989年)、『未完の菜園——フランスにおける人間主義の思想』(1998年)、『悪の記憶・善の誘惑——20世紀から何を学ぶか』(2000年)などがある。

訳者略歴

赤塚若樹[あかつか・わかぎ]
1964年生まれ。東京都立大学大学院人文科学研究科教授。専攻、映像文化・比較文学・表象文化論。おもな著訳書に『シュヴァンクマイエルとチェコ・アート』(未知谷、2008年)、『ミラン・クンデラと小説』(水声社、2000年)、M・オクチュリエ『ロシア・フォルマリズム』(共訳、白水社、1996年)などがある。

ロシア革命と芸術家たち1917–41

芸術家の勝利

2025年 3月20日 印刷
2025年 4月10日 発行

著　者　ツヴェタン・トドロフ
訳　者© 赤塚若樹
発行者　岩堀雅己
発行所　株式会社白水社
電話　03-3291-7811(営業部) 7821(編集部)
住所　〒101-0052 東京都千代田区神田小川町3-24
www.hakusuisha.co.jp
振替　00190-5-33228
編集　和久田頼男(白水社)
装丁　奥定泰之
印刷　株式会社三陽社
製本　株式会社松岳社

乱丁・落丁本は送料小社負担にてお取り替えいたします。

ISBN978-4-560-09133-3

Printed in Japan

[索引]

ア

カ

サ

タ

ナ

ハ

マ

ヤ

ラ

ワ

［文献］

マレーヴィチの著作

■ ロシア語

Sobranie sochinenij, 5 vol., Moscou, Guilleia, 1995-2004（SSと略記）（私は第5巻から引用する）。

■ フランス語訳（上の部分訳）

Écrits, présentés par J.-Cl. Marcadé, Lausanne, L'âge d'homme, 4 vol., 1974-1994（*E*と略記、続く数字は巻を示す）。この翻訳の挿絵入り増補新版が2015年に *Écrits*, t. I という標題で出版社Alliaから刊行された。*Le Suprématisme. Le monde sans-objet ou le repos éternel*, présenté par Gérard Conio, Golion, Infolio, 2011（Conioと略記）。

■ 自伝的テクストと回想録

Malevich o sebe. Sovremenniki o Maleviche, 2 vol., Moscou, RA, 2004（それぞれ*M 1*、*M 2*と略記）。

■ 図録

A. Nakov, *Kasimir Malewicz, catalogue raisonné*, Adam Biro, 2002（作品は文字で示し、節と番号を記す）。

■ フランス語の伝記

F. Valabrègue, *K.S. Malevitch*, Marseille, En Manœuvre éd., 1994.

■ フランス語の包括的研究

J.-Cl. Marcadé, *Malevitch*, Casterman, 1990, réédition enrichie et généreusement illustrée, Fernand Hazan, 2016.

[原註]

序文

☆1　Cité par A. Besançon, *Les Origines intellectuelles du léninisme*, Calmann-Lévy, 1977, p. 228. Plus générale- ment cf. Martin Malia, *Comprendre la révolution russe*, Points-Seuil, 1980、*id., Histoire des révolutions*, Points- Seuil, 2010; en bref N. Werth, « Paradoxes et malentendus d'Octobre » *in : Le Livre noir du communisme*, Robert Laffont, 1997, p. 49-63.〔ふたつの引用はそれぞれ日本語版レーニン全集では以下に含まれている──「モスクワ蜂起の教訓」、『レーニン全集』第11巻、ソ同盟共産党中央委員会付属マルクス＝エンゲルス＝レーニン研究所編、マルクス＝レーニン主義研究所訳、大月書店、1955年、ならびに「アメリカ労働者への手紙」、『レーニン全集』第28巻、同編、同訳、大月書店、1958年〕
文献の出版地は、とくに断わりがないかぎりパリである。

☆2　O. Mandelstam, *Le Bruit du temps*, Christian Bourgois éd., 2006, p. 93-94.〔O・E・マンデリシュターム『時のざわめき』、安井侑子訳、中央公論社、1976年〕

☆3　Cité par Renée Poznanski, *Intelligentsia et révolution*, éd. Anthropos, 1981, p. 235.

☆4　L. Trotski, *Littérature et révolution*, 10/18, 1974, p. 151, 183.〔L・トロツキイ『文学と革命（上）』、桑野隆訳、岩波文庫、1993年〕

☆5　R. Aron, *L'Opium des intellectuels*, chapitre « Le mythe de la révolution », Hachette Littératures, 2002, p. 55-56.

☆6　この結びつきについて私は「芸術家と独裁者」（« Artistes et dictateurs »）と題した論考において、世界的な範囲でその概略を示している。この論考は、『人間の署名』（*La Signature humaine*, Seuil, 2009）で発表し、『全体主義の経験』（*L'Expérience totalitaire*, Points-Seuil, 2011）に再録されている。

☆7. 私はここでバーニス・グラツァー・ローゼンソールが『ニーチェからスターリン主義までの新しい神話、新しい世界』（Berenice Glatzer Rosenthal, *New Myth, New World. From Nietzsche to Stalinism*, University Park, PA, Pennsylvania

State University Press, 2002）で収集した情報を用いている（このことではエリザベス・ボージャーに感謝している）。

☆8. これについては、フランソワ・フラオーの著作『プロメテウスの黄昏——人間の思い上がった態度の歴史への貢献』（François Flahault, *Le Crépuscule de Prométhée, Contribution à une histoire de la démesure humaine*, Mille et une nuits, 2008）を参照のこと。

☆9.『第八回全ロシア・ソヴィエト大会の演説』（*Discours au Huitième Congrès des Soviets*, 1920）から借りた表現。〔「第八回全ロシア・ソヴィエト大会 一九二〇年十二月二十二日-二十九日（二 人民委員会議の活動についての報告 十二月二十二日）」、『レーニン全集』第31巻、ソ同盟共産党中央委員会付属マルクス＝エンゲルス＝レーニン研究所編、マルクス＝レーニン主義研究所訳、大月書店、1959年〕

☆10. Dans un article paru dans la *Pravda*, le 1er janvier 1934.

☆11. Propos cités par B. Rosenthal, op. cit., p. 414-416.

第１部　愛から死へ

☆1　Lettre du 16.7.1922, citée par Benedikt Sarnov, *Stalin i pisateli*, 4 vol., Moscou, Eksmo, 2008-2011, ici t. III, p. 262-263 (disponible sur Internet).

☆2　Ivan Bounine, *Jours maudits*, Lausanne, L'âge d'homme, 1988, p. 52-53, 101.〔イワン・ブーニン『呪われた日々／チェーホフのこと（ブーニン作品集5）』、佐藤祥子・尾家順子・利府佳名子訳、群像社、2003年〕

☆3　*Ibid.*, p. 132.

☆4　*Ibid.*, p. 114.

☆5　Mikhaïl Boulgakov, Lettre à Nadejda Zemskaïa du 31.12.1917, *Sobranie sochinenij*, t. VIII, Moscou, Vostok- Zapad, 2011, p. 11 [trad. partielle dans M. Boulgakov, *Les Manuscrits ne brûlent pas*, Julliard, 1991, p. 31]）。

☆6　M. Gorki, *Pensées intempestives*, avec une préface de Boris Souvarine, Lausanne, L'âge d'homme, 1975, p. 40.

☆7　*Ibid.*, p. 92, 93, 133, 100, 115.

☆8　*Ibid.*, p. 100, 113-114.

☆9　Lettre à Rykov du 1.7.1922, *in Vlast' i khudozhestvennaja intelligencija*, Moscou, Fond Demokracija, 2002, p. 37-38）。

☆10　V. Meyerhold, *Stat'i, pis'ma, rechi, besedy*, Moscou, 2012, I, p. 318.

☆11　Cité par G. Abensour, *Vsevolod Meyerhold*, Fayard, 1998, p. 276.

☆12 *Ibid.*, p. 271.

☆13 *Ibid.*, p. 47.

☆14 V. Meyerhold, *Écrits sur le théâtre*, L'âge d'homme, t. II, 1975, p. 36.

☆15 *Ibid.*, p. 294.

☆16 Cité par M. Tsvetaïeva, *Vivre dans le feu*, Robert Laffont, 2005, p. 148.

☆17 Cité par G. Abensour, *op. cit.*, p. 559.

☆18 Cité par Lev Rochal', *Gore umu ili Eisenstein i Meyerhold*, Moscou, Materik, 2007, p. 213.

☆19 Cité par Bengt Jangfeldt, *La Vie en jeu, une biographie de Vladimir Maïakovski*, Albin Michel, 2010, p. 103-105.

☆20 Cité par R. Poznanski, *op. cit.*, p. 214.

☆21 Cité par B. Jangfeldt, *op. cit.*, p. 143.

☆22 R. Poznanski, *op. cit.*, p. 219.

☆23 L. Trotski, *op. cit.*, p. 170-172.

☆24 A. Blok, *Œuvres en prose*, L'âge d'homme, 1974, p. 191.

☆25 Cité par D. Halevy, *Nietzsche*, Grasset, 1944, p. 489.

☆26 A. Blok, *op. cit.*, p. 325-326.

☆27 *Ibid.*, p. 432.

☆28 L. Trotski, *op. cit.*, p. 143.

☆29 A. Blok, *op. cit.*, p. 473-476.

☆30 *Écrits autobiographiques* (abrégé désormais en EA), p. 126.

☆31 À O. Zbarskaïa, décembre 1917 (les lettres sont identifiées par la date d'écriture).

☆32 *Sobranie sochinenij* (abrégé désormais en SS), t. I, p. 620-621.

☆33 *Sauf-conduit, EA*, p. 112.

☆34 À S. Bobrov, le 2.7.1913 ; *Sauf-conduit, EA*, p. 110.

☆35 *Sauf-conduit, EA*, p. 42.

☆36 *SS*, IV, p. 367.

☆37 *Sauf-conduit, EA*, p. 120.

☆38 *SS*, IV, p. 29-30.

☆39 *Vivre dans le feu*, op. cit., p. 54-56.

☆40 *Ibid.*, p. 93.

☆41 *Ibid.*, p. 85.

☆42 *Œuvres*, t. II, « Indices terrestres », p. 34.

☆43 *Vivre dans le feu, op. cit.*, p. 91-92, 172.

☆44 *Ibid.*, p. 92 ; *Œuvres, op. cit.*, p. 151, p. 100 ; à Bakhrakh, le 9 juin 1923, M.

Tsvetaïeva, *SS*, Moscou, Ellis Luck, 1994-1995, t. VI, p. 559) ; à Goul, le 27 mai 1923, *SS*, t. VI, p. 528.

☆45 *SS*, t. I, p. 576.

☆46 *Œuvres*, t. II, p. 58, 191.

☆47 L. Trotski, *op. cit.*, p. 24-37 et 162.

☆48 Vlast', *op. cit.*, p. 36-38.

☆49 Cité par Igor Golomstock, *L'Art totalitaire*, éd. Carré, 1991, p. 76.

☆50 Rapporté par S. Sechoukov, *Neistovye revniteli*, Moscou, 1970, p. 339, cité par V. Strada, « Le réalisme socialiste », in *Histoire de la littérature russe, Le XXe siècle*, t. III, Fayard, 1990, p. 20.

☆51 *Pervyj vsesojuznyj s'ezd sovetskikh pisatelej*, Moscou, 1934, p. 5.

☆52 Cité par V. Chentalinski, *La Parole ressuscitée*, Robert Laffont, 1993, p. 225-226.

☆53 B. Pilniak, *L'Année nue*, Gallimard, 1926, p. 159, 193, 209.

☆54 B. Sarnov, *op. cit.*, t. III, p. 143.

☆55 B. Pilniak, *L'Acajou*, Lausanne, L'âge d'homme, 1980, p. 85, 81-82.

☆56 Sarnov, *op. cit.*, t. III, p. 148.

☆57 V. Chentalinski, *op. cit.*, p. 263.

☆58 N. Mandelstam, *Contre tout espoir*, t. I, Gallimard, 2012, p. 43, p. 18.

☆59 R. Ditli, *Mandelstam, mon temps mon fauve*, Le bruit du temps, 2012, p. 410, 406.

☆60 *Ibid.*, p. 398, 410.

☆61 O. Mandelstam, *Stikhotvorenija. Proza*, Moscou, Eksmo, 2011, p. 488 (« Skriabin i khristianstvo »).

☆62 Publié dans *Vlast', op. cit.*, p. 27-28.

☆63 Dilti, *op. cit.*, p. 407.

☆64 E. Zamiatine, « La révolte des capitalistes », *Écrits oubliés*, Lausanne, L'âge d'homme, 1989, p. 156 ; « Des laquais », *ibid.*, p. 154.

☆65 *Ibid.*, « Scythes ? », p. 150 ; E. Zamiatine, *Le Métier littéraire*, Lausanne, L'âge d'homme, 1990, « Demain », p. 109 ; *ibid.*, « J'ai peur », p. 117.

☆66 E. Zamiatine, *Nous autres*, Gallimard, 1979, p. 33.

☆67 L. Trotski, *Novyj kurs*, Moscou, 1923, p. 158-159, cité d'après B. Sarnov, *op. cit.*, t. III, p. 303.

☆68 *Les Nouvelles littéraires*, avril 1932, cité par Sarnov, *ibid.*, p. 366.

☆69 *Nous autres, op. cit.*, p. 43, 85-86.

☆70 *Ibid.*, p. 43.

☆71　Trotski, *Littérature et révolution, op. cit.,* p. 289.

☆72　*Le Métier littéraire, op. cit.,* p. 152-153.

☆73　À Vera Bounina, le 12.3.1937, *SS*, t. VII, p. 298.

☆74　Cité par I. Babel, *Œuvres complètes*, Le Bruit du temps, 2011, p. 1253.〔イサーク・バーベリ『騎兵隊』、中村唯史訳、松籟社、2022年〕

☆75　*Ibid.*, p. 674, 520-521.

☆76　Cité par G. Feidin, « Revolution as an aesthetic phenomenon », *in* B.G. Rosenthal (ed.), *Nietzsche and Soviet Culture*, Cambridge, Cambridge UP, 1994, p. 167.

☆77　V. Chentalinski, *La Parole ressuscitée,* Robert Laffont, 1993, p. 50.

☆78　Cité par Sarnov, *op. cit.*, t. IV, p. 41 ; Babel, *op. cit.*, p. 1049.

☆79　Chentalinski, *op. cit.*, p. 61.

☆80　*Œuvres complètes*, p. 1029, 1033, 1049 ; Chentalinski, *op. cit.*, p. 39.

☆81　*Œuvres complètes*, p. 1041 ; Chentalinski, *op. cit.*, p. 72.

☆82　Chentalinski, *op. cit.*, p. 50.

☆83　V. Chentalinski, *Les Surprises de la Loubianka*, Robert Laffont, 1996, p. 217, 219.

☆84　M. Boulgakov, *Écrits autobiographiques*, Arles, Actes Sud, 1997, p. 279-285.〔引用されたこの個所を含むブルガーコフの手紙──トドロフのいう「第二の」手紙と思われる──は日本語でも読むことができる。「ソヴィエト連邦政府への手紙」（1930年3月28日付け）、宮澤淳一訳、『ブルガーコフ作品集』、宮澤淳一・大森雅子、杉谷倫枝訳、文化科学高等研究院出版局、2010年。この作品集には後出の『篤信家の一味』（邦題『偽善者たちのカバラ』）も収められている。〕

☆85　*Vlast', op. cit.,* p. 101, 106.

☆86　M. Bulgakov, « Zhizn' gospodina de Moliera », chapitres 8, 17, 14, *in* : *Teatral'nyj roman. Romany. P'esy*, Moscou, Eksmo, 2002.

☆87　À D. Petrovski, le 6.4.1920.

☆88　*SS,* I, p. 280.

☆89　À Iou. Iourkine, le 14.6.1922 ; à V. Brioussov, le 15.8.1922.

☆90　À S.Obradovitch,le29.8.1927; *SS*, IV, p.617-618.

☆91　À M. Gorki, le 10.10.1927.

☆92　*Hommes et positions*, *EA*, p. 195-196 ; à V. Maïakovski, le 4.4.1928 ; *SS*, IV, p. 626.〔マヤコフスキーとツヴェターエワにかんする記述については、オリガ・イヴィンスカヤ『パステルナーク 詩人の愛』（工藤正広訳、新潮社、1982年）の第二部第23節に重なる部分があり、引用されたツヴェターエワの言葉も引かれて

いる。〕

☆93 *Œuvres*, II, Seuil, 2011, p. 552 et 598.

☆94 *SS*, IV, p. 620 ; à V. Posner, le 13.5.1929.

☆95 Le 10.5.1928.

☆96 À L. Pasternak, le 9.1.1930 ; à M. Gorki, le 31.5.1930.

☆97 À O. Freidenberg, le 11.6.1930.

☆98 Lettre du 25.12.1934, citée par L. Fleishman, *Boris Pasternak*, Cambridge, Mass., Harvard UP, 1990, p. 188.

☆99 パステルナークの人生におけるこのエピソードについて、私は『服従しない者たち』で扱っている（*Insoumis*, Robert Laffont, 2015, p. 113-128）。

☆100 *Vlast', op. cit.*, p. 272.

☆101 Cf. D. Chostakovitch, *Témoignage*, Albin Michel, 1980.〔ソロモン・ヴォルコフ編『ショスタコーヴィチの証言』、水野忠夫訳、中公文庫、1986年〕

☆102 D. Chostakovitch, *Pis'ma I.I.Sollertinskomu*, St- Pétersbourg, 2006, p. 109.

☆103 *Ibid.*, p. 188-189.

☆104 Cf. L. Maksimenkov, *Sumbur vmesto muzyki*, Moscou, Juridicheskaja kniga, 1997.

☆105 *Vlast'*, p. 289.

☆106 *Pis'ma*, p. 135, 178.

☆107 D. Chostakovitch, *Lettres à un ami*, Albin Michel, 1994, p. 160.

☆108 *Vlast'*, *op. cit.*, p. 293.

☆109 Cf. Eric Schmulevitch, *Un « procès de Moscou » au cinéma*, L'Harmattan, 2008.

☆110 *Vlast'*, *op. cit.*, p. 373.

☆111 *Vlast'*, *op. cit.*, p. 583.

☆112 *Vlast'*, *op. cit.*, p. 613.

☆113 *Vlast'*, *op. cit.*, p. 291.

☆114 V. Chentalinski, *La Parole ressuscitée, op. cit.*, p. 87-95.

☆115 Chentalinski, *ibid.*, p. 41 ; Abensour, *op. cit.*, p. 494, 524-525.

☆116 Sur sa vie, voir M. Tsvetaïeva, *Vivre dans le feu*, Robert Laffont, 2006.

☆117 E. Zamiatine, *Le Métier littéraire, op. cit.*, p. 14, 17.

☆118 V. Grossman, *Œuvres*, Robert Laffont, « Bouquins », p. 1011.

☆119 N. Mandelstam, *Contre tout espoir*, t. I, Gallimard, 2012, p. 159.

☆120 M. Tsvetaïeva, *Œuvres*, t. II, Seuil, 2011, « Pouchkine et Pougatchev », p. 481.

第2部　カジミール・マレーヴィチ

☆1 *SS*, V, p. 304.
☆2 À Matiouchine, le 8.9.1917, *M 1*, p. 106.
☆3 Le 10.11.1917, *M 1*, p. 107.
☆4 *SS*, V, p. 304 ; à M. Gerchenzon, le 19.4.1918, *M 1*, p. 108.
☆5 *E*, II, p. 57; *ibid.*, p. 68.
☆6 *Ibid.*, p. 51, 52, 71.
☆7 *Ibid.*, p. 49, 71 ; *E*, IV, p. 45.
☆8 *E*, II, p. 68 ; cité par Valabrègue, p. 131.
☆9 *E*, II, p.192; *M 1*, p. 434.
☆10 *M 2*, p. 345 ; intervention à Moscou le 8.6.1920, cité par Valabrègue, p. 161.
☆11 *M 1*, p. 442.
☆12 *E*, II, p. 87; le 18.9.1920, *M. 1*, p. 129; *M. 1*, p. 453.
☆13 *Ibid.*, p. 129, 135.
☆14 *Ibid.*, p. 136 ; « Lettre aux peintres hollandais », le 7.9.1921, *M 1*, p. 146.
☆15 *E*, I, p. 136 ; cf. J.-Cl. Marcadé, préface, *ibid.*, p. 22 et *E*, II, p. 129.
☆16 Le 14.4.1920, *M 1*, p. 127-128; *M 2*, p. 201 ; à Gerchenzon, le 1.1.1921, *M 1*, p. 134.
☆17 Conservée au Stedelijk Museum, citée par A. Nakov, *op. cit.*, p. 30.
☆18 Au même, le 18.3.1920, *M 1*, p. 125 ; *E*, I, p. 142 ; à Koudriachev, le 14.4.1921, *M 1*, p. 138-139.
☆19 *M 2*, p. 172; *M 2*, p. 64; *SS*, V, p. 91.
☆20 Cité par Valabrègue, p. 167 ; à L. Lissitzky, le 4.7.1922, *M. 1*, p. 153.
☆21 *M. 1*, p. 41, 43.
☆22 *Ibid.*, p. 21, 26.
☆23 *Ibid.*, p. 29.
☆24 Cité par Valabrègue, p. 48.
☆25 Cité par J.-Cl. Marcadé, *Le Futurisme russe*, Dessain & Tolra, 1989, p. 7.
☆26 *M 1*, p. 37 ; lettre à Matiouchine du 24.9.1915, *M 1*, p. 69.
☆27 *Manifestes futuristes russes*, présenté par Léon Robel, Éditeurs français réunis, 1971, p. 14-15.
☆28 M. Larionov, *Une avant-garde explosive*, L'âge d'homme, 1978, p. 52.
☆29 *M 2*, p. 113.
☆30 *E*, I, p. 52-53, 55.

☆31 Les souvenirs de Jakobson de cette époque ont été édités par Bengt Jangfeldt dans le livre R. Jakobson, *Budetljanin nauki*, Guilleja, 2012.

☆32 *M 2* p. 127; *M 1*, p. 72.

☆33 *Ibid.*

☆34 *M 1*, p. 33, 35 ; Livchits, *L'Archer à un œil et demi*, Lausanne, L'âge d'homme, 1971, p. 88 ; cf. Larionov, *op. cit.*, p. 101.

☆35 *Ibid.*, p. 66, 72-73 ; le 7.3.1913, *M 1*, p. 53.

☆36 Début janvier 1915, *M 1*, p. 65 ; *E*, I, p. 38.

☆37 *M 1*, p. 32 ; *E*, I, p. 102 ; Malevitch emprunte cette formulation à un autre futuriste, David Bourliouk, cf. J. Cl. Marcadé, in *E*, III, p. 170.

☆38 *E*, I, p. 39 ; à Matiouchine, le 6.11.1916, *M 1*, p. 97 ; *E*, I, p. 94.

☆39 Rapporté par Livchits, *op. cit.*, p. 88, cf. Larionov, *op. cit.*, p. 101.

☆40 *M 1*, p. 34 (note), p. 35.

☆41 Début juin 1915, *M 1*, p. 67.

☆42 Les deux textes de 1919, *Poétique*, 2, 1970, p. 243 et 238.

☆43 À Matiouchine, le 4.4.1916, *M 1*, p. 79-80 ; le 16.4.1916, *M 1*, p. 81.

☆44 *SS*, V, p. 138.

☆45 *Philèbe*, 60c ; *SS*, V, p. 413.

☆46 *M 2*, p. 69, 71, 203.

☆47 Cité dans Tzvetan Todorov, *Poétique de la prose*, Seuil, 1971, p. 207 ; *SS*, V, p. 204.

☆48 Le 17.6.1924, *M 1*, p. 159 ; le 17.1.1925, p. 168 ; le 15.2.1932, p. 269.

☆49 *Ogoniok*, 30.11.1927, cité par G. Souter, *Malevitch*, New York, Parkstone, 2001, p. 208.

☆50 Le 28.5.1930, *M 1*, p. 210.

☆51 *SS*, V, p. 112.

☆52 *SS*, V, p. 216.

☆53 *M 1*, p. 143-145.

☆54 *Ibid.*, p. 190, 36.

☆55 Le 1er janvier 1927, p. 181-182.

☆56 Le 3 août 1928, *M 1*, p. 200; *M 2*, p. 346.

☆57 À Choutko, 1929-1930, *M 1*, p. 204-205 ; p. 36.

☆58 Le 12.12.1932, *M 1*, p. 235 ; *SS*, V, p. 350.

☆59 *SS*, V, p. 223.

☆60 *SS*, V, p. 206 (la référence biblique est à Exode, XX, 3) ; *ibid.*, 223.

☆61 *Ibid.*, p. 206, 411.

☆62 *Ibid.*, p. 367, 372.

☆63 *Nous autres, op. cit.*, p. 31 ; *Le Métier littéraire, op. cit.*, p. 143.

☆64 *Op. cit.*

☆65 À Petnikov, *M 1*, p. 239-240.

☆66 *Staline, œuvre d'art totale*, Nîmes, J. Chambon, 1990, p. 30.

☆67 *Ibid.*, p. 24 ; à A.V. Bakouchinski, mai-juin 1923, *M 1*, p. 154.

☆68 Cf. Valabrègue, p. 218.

☆69 *M 1*, p. 254 ; le 23.2.1927, p. 254 ; p. 255.

☆70 À Matiouchine, le 25.3.1927, *M 1*, p. 185.

☆71 *Tagebücher*, le 7.4.1927 ; à Ioudine et Rojdestvenski, le 7.5.1927, *M 1*, p. 189.

☆72 *M 1*, p. 186, 186-187 ; le 12.5.1927, p. 258.

☆73 À Ioudine et Rojdestvenski, *ibid.*, p. 188.

☆74 *M 1*, p. 187.

☆75 *M 1*, p. 187; *M 2*, p. 380.

☆76 *M 1* p. 563.

☆77 *M 2*, p. 384 ; à A. von Riesen, *M 1*, p. 193.

☆78 *M 1*, p. 554-555.

☆79 *M 1*, p. 553.

☆80 *M 2*, p. 307.

☆81 *M 2*, p. 306 ; à Pounine, le 29.12.1930, *M 1*, p. 217 ; à Klioune, le 2.6.1931, p. 225-226.

☆82 *M 2*, p. 37.

☆83 Le 7.11.1918, *M 1*, p. 110 ; « Le suprématisme, 34 dessins », *E*, I, p. 122-123.

☆84 Cf. Conio, p. 49.

☆85 *Ibid.*, p. 65-66.

☆86 À Petnikov, septembre 1930, *M 1*, p. 215 ; à Petnikov, le 31.8.1933, p. 244.

☆87 Livchits, *op. cit.*, p. 88 ; cf. le même texte avec des variantes mineures dans Larionov, *op. cit.*, p. 101.

☆88 A. Pevsner, in *E*, II, p. 193 ; I.V. Klioune, *M 2*, p. 78, 80-81.

☆89 Le 8.4.1932, *M 1*, p. 231-232.

☆90 *Op. cit.*, t. II, 1975, p. 244, 260.

☆91 À Klioune, le 5.5.1934, *M 1*, p. 247 ; au même, le 28.6.1934, p. 250 ; *M 1*, p. 40.

☆92 *M 2*, p. 253.

☆93 Cf. Dmytro Horbatchov, « L'Art en Ukraine », cité par J.-Cl. Marcadé, « Malevitch face à Staline », *L'Œil*, mars 1998, p. 57-66 et dans son *Malevitch*, 2016, p. 259.

☆94 *M 2*, p. 35.

☆95 A. Soljenitsyne, *Le Déclin du courage*, Seuil, 1978, p. 46, 53-54.

☆96 Jean-Paul II, *Mémoire et Identité*, Flammarion, 2005, p. 23.

☆97 *Mémoire du mal, tentation du bien*, repris dans *Le Siècle des totalitarismes*, Bouquins-Robert Laffont, 2010, p. 834, 837.〔ツヴェタン・トドロフ『悪の記憶・善の誘惑―20世紀から何を学ぶか』、大名尚文訳、法政大学出版局、2006〕

☆98 G.W. Bush, « Remarques du Président », Cathédrale nationale, le 14 septembre 2002 ; *The National Security Strategy*, La Maison-Blanche, le 20 septembre 2002.

☆99 私はこの主題を『民主主義の内なる敵』(*Les Ennemis intimes de la démocratie*, Robert Laffont, 2015)においてより詳細に論じている。〔ツヴェタン・トドロフ『民主主義の内なる敵』、大谷尚文訳、みすず書房、2016年〕

☆100 Cité par A. Supiot, *La Gouvernance par les nombres*, Fayard, 2015, p. 172.

☆101 Ferdinando Camon, *Conversations with Primo Levi*, Marlboro, The Marlboro Press, 1989, p. 19-20.

☆102 J. Gray, *Black Mass*, New York, Farrar, Straus and Giroux, 2007, p. 1.

[訳註]

序文

◉1　フランス語原文でこの論文タイトルは「Élements et culture」とされており、「élements」（élementの複数形）の個所には「ロシア語では単数形のstikhija〔スチヒーヤ、стихия〕」という原註が添えられている。ブロークにかんするこの節の見出しのほか、本文にも何度となく登場するこの「élements」については原則として「自然の力」と訳している。

◉2　「超意味的」と訳したのは「transmental」で、フランス語ではいわゆる「ザーウミ」にかんする文脈では通常この言葉が用いられている。すでに第2部第3章（p.190）でも一度出てきている。文字通りに訳せば「超精神的」といったところだろうし、意味あいを考えれば「超理知的」といった訳語も考えられる。しかしながら、「ザーウミ」について日本語では多くの場合「超意味言語」、「超理性的」といった言葉が使われている。そこでいくぶん意訳をして「超意味的」という訳語を採用することにする。ちなみに、次の段落で引用されているマレーヴィチの言葉の原文では、そこにそのものずばりの「ザーウミの」、「ザーウミ的」にあたるロシア語（形容詞）「заумный」が用いられている。

［図版一覧］

■タイトルはトドロフの原著に従う。

図1　《草を刈る人I》(*Le Faucheur I*)、1911年、ニジニイ・ノヴゴロド国立美術館。

図2　《未来の男の顔》(*Face d'un homme futur*)、1928-32年、サンクト・ペテルブルグ、ロシア美術館。

図3　《黒い顔の農婦》(*Paysanne à la face noire*)、1930年頃、サンクト・ペテルブルグ、ロシア美術館。

図4　《白い家のある風景》(*Paysage avec maison blanche*)、1929年、サンクト・ペテルブルグ、ロシア美術館。

図5　《赤い家》(*La maison rouge*)、1932年頃、サンクト・ペテルブルグ、ロシア美術館。

図6　《投獄された男の感覚》(*Sensation d'un homme emprisonné*)、1930-31年頃、所蔵先不明〔ウィーン、アルベルティーナ美術館〕。

図7　《複雑な予感》(*Pressentiment complexe*)、1932年頃、サンクト・ペテルブルグ、ロシア美術館。

図8　《農夫たち》(*Paysans*)、1928年頃、サンクト・ペテルブルグ、ロシア美術館。

図9　《危険の感覚》(*Sensation de danger*)、1928-30年、パリ、国立近代美術館、ポンピドゥー・センター。

図10　《自画像》(*Autoportrait*)、1933年、サンクト・ペテルブルグ、ロシア美術館。